Fridtjof Nansen

Eskimoleben

Verlag
der
Wissenschaften

Fridtjof Nansen

Eskimoleben

ISBN/EAN: 9783957001931

Auflage: 1

Erscheinungsjahr: 2014

Erscheinungsort: Norderstedt, Deutschland

Hergestellt in Europa, USA, Kanada, Australien, Japan
Verlag der Wissenschaften in Hansebooks GmbH, Norderstedt

Cover: Foto ©Ulli Lehner / pixelio.de

Fridtjof Nansen

Eskimoleben

Aus dem Norwegischen übersetzt
von
M. Langfeldt

Illustrierte Ausgabe

Globus Verlag G.m.b.H. Berlin W.

Inhalt:

Kapitel	I	Grönland und der Eskimo	1
„	II.	Aussehen und Kleidung	14
„	III.	Der Kajak und die Kajakgeräte	25
„	IV.	Auf dem Meere im Kajak	46
„	V.	Winterhäuser, Zelte, Frauenboote und Reisen	66
„	VI.	Kochkunst und Leckerbissen	75
„	VII.	Charakter und soziale Verhältnisse	84
„	VIII.	Stellung und Arbeit der Frau	101
„	IX.	Liebe und Ehe	115
„	X.	Moral	132
„	XI.	Gerichtspflege, Trommeltanz und Vergnügungen	155
„	XII.	Begabung. — Kunst. — Musik. — Dichtung. — Erzählungen Eingeborener	161
„	XIII.	Die Religion der Eskimos	187
„	XIV.	Europäer und Eingeborene	275
„	XV.	Was haben wir erreicht?	286
„	XVI.	Schluß	297

„Die weite Schneefläche, die sich starr und weiß von einem Meer zum anderen erstreckt."

Vorwort.

Den Winter über waren wir abgeschieden von aller Welt und ganz auf die Gesellschaft der Grönländer angewiesen. Ich wohnte in ihren Hütten, teilte ihre Arbeit und versuchte, so gut es ging, mich bei ihnen einzuleben und ihre Sprache zu erlernen. Doch leider ist ein Winter viel zu kurz, um dieses merkwürdige Volk, sein Gedankenleben und seine Kultur von Grund aus kennen zu lernen. Dazu gehört ein ernsteres Studium. Nichtsdestoweniger habe ich versucht, meine Eindrücke vom Leben der Eskimos in diesem Buche wiederzugeben, und mich dabei, soweit es mir möglich war, auf die Schriften älterer Grönlandsforscher gestützt. Es giebt ja auch Dinge, die dem Ankommenden mehr ins Auge fallen, als dem langjährigen Beobachter, der sie täglich vor Augen hat.

Sollte man mir auch nicht immer beistimmen, wenn ich mir gelegentlich eine Kritik erlaube oder die Schwäche zeige, ein untergehendes Volk zu beklagen, das, vom Giftstachel unserer Civilisation gestochen, nicht mehr zu retten ist, so tröste ich mich damit, daß dadurch die Lage der Eskimos nicht verschlimmert werden kann, und hoffe, daß man meine Bemerkungen so auffassen wird, wie sie gemeint sind. — Amicus Plato, amicus Socrates, magis amica veritas — die Wahrheit vor allem! Und sollte ich meinen Lesern manchmal unverständlich erscheinen, so möge es mir zur Entschuldigung dienen, daß man nicht unter diesem Volke leben kann, ohne es lieb zu gewinnen. Dazu ist ein Winter lang genug.

An den langen dunklen Abenden, wenn ich in der niedrigen Stube sitzend in die Flamme der Thranlampe starrte, hatte ich viel Zeit, meinen Gedanken nachzuhängen. Da war es mir oft, als sähe ich diese Naturmenschen Schritt für Schritt auf ihren Hundeschlitten und in ihren eigentümlichen Fellbooten aus dem fernen Westen herangezogen kommen. Ich sah sie sich durchkämpfen und ihre sinnreichen Gerätschaften nach und nach vervollkommnen, sah sie sich selber zu großartiger Seetüchtigkeit ausbilden. Jahrhunderte, Jahrtausende vergingen, eine Generation nach der anderen erlag im Kampfe mit der Natur, während die Stärkeren unter ihnen Sieger blieben. Und ich konnte nicht umhin, für ein so tapferes Volk Bewunderung zu empfinden.

Doch hinter den glänzenden Bildern der Vergangenheit erhoben sich zwei andere, Gegenwart und Zukunft, in düsterem, hoffnungslosem Grau.

Auf Grönland lernten die Eskimos die Europäer kennen. Die ersten waren unsere Vorfahren, und die wurden von ihnen überwunden. Doch als wir wiederkamen — diesmal mit dem Christentum und unseren Kulturprodukten — da mußten sie uns als Herren anerkennen, und seitdem geht es mit ihnen bergab. Die Welt zuckt mitleidig die Achseln. Du liebe Zeit,

„Was war's denn weiter! 's ist ja einerlei,
Wenn so ein Bettler stirbt!"

Und doch haben auch die Eskimos Gefühle wie andere Menschen. Auch sie freuen sich ihres Lebens und der Natur und winden sich blutend unter unseren Eisentritten. Wer daran zweifelt, sehe sie in ihrer Liebe zu ihren Kindern, in ihrem gegenseitigen Mitgefühl oder lese ihre Sagen und Ueberlieferungen.

„Ein großer Seehundsfänger von der Insel Aluk, an der Ostküste, liebte seine Heimat so sehr, daß er sie nicht einmal im Sommer verließ. Es war ihm ein besonderer Genuß, die Sonne morgens aus dem Meere aufsteigen zu sehen. Einmal gelang es seinem Sohne jedoch, ihn zu einer Reise nach dem Westen zu bereden. Als sie aber soweit gelangt waren, daß sie morgens die Sonne über dem Lande statt über der See aufgehen sahen, befahl der Vater sofort, alles zur Heimreise zu rüsten. Als sie endlich wieder auf Aluk ankamen, schlugen sie ihr Zelt auf. Sobald der Tag graute, ging der Alte zum Strand. Anfangs hörten seine Angehörigen noch seine Stimme, dann wurde es plötzlich still, und als sie an den Strand eilten, sahen sie ihn in demselben Augenblicke, als die Sonne aus dem Meer emportauchte, zu Boden sinken. Er war tot. Die Freude hatte ihn getötet."

Ein Volk, das solche Erzählungen besitzt, ist nicht gefühllos!

Doch jedesmal, wenn ich einen dieser Menschen unter dem Elende, in das wir sie gebracht haben, leiden oder erliegen sah, erwachte in mir der Rest des Gerechtigkeitsgefühles, den die meisten von uns noch besitzen. Und mich erfüllte der heiße Wunsch, die Wahrheit in die Welt hinauszuschreien. Wüßte man es nur bei uns, so müßten ja alle Menschen aus ihrer Gleichgiltigkeit aufgerüttelt werden und gleich wieder gut zu machen suchen, was sie verbrochen.

Armer, junger Mann! Du hast nichts vorzubringen, was nicht schon besser gesagt worden wäre. Das unglückliche Schicksal der Grönländer wie das anderer Eingeborener ist den civilisierten Nationen schon von so vielen Seiten vorgehalten worden, und alles hat doch nichts geändert.

Gleichviel, ich will mein Gewissen erleichtern. Es scheint mir heilige Pflicht, ebenfalls Einspruch zu erheben. Meine Feder ist leider nur schwach. Was ich am tiefsten empfinde, kann ich nicht mit Worten sagen — nie hat mir Dichtergabe mehr gefehlt. Ich weiß, meine Mahnung wird einem Rufe in einer weiten Ebene gleichen, der das Echo der Berge nicht erweckt. Mir bleibt nur die Hoffnung, daß ich vielleicht in einer Brust Mitgefühl für die armen Eskimos und Trauer über ihr Geschick wachrufe.

Godthaab, Lysaker.
November 1891.

Fridtjof Nansen.

Kapitel I.

Grönland und der Eskimo.

Grönland ist auf eigentümliche Weise mit unserem Lande und Volke verbunden. Unsere Vorfahren kamen als die ersten Europäer in dies Land. Auf ihren alten Schuiten machten die alten Vikinger bei Sturm und durch Treibeis die waghalsige Reise nach dem fernen Schneeland, ließen sich dort nieder und machten es zu einer Besitzung der norwegischen Krone. Dann hörte plötzlich der Zuzug von Norwegen auf, und sogar die Kunde von dieser Kolonie ging verloren. Und wieder war es ein Norweger, der das kalte Land entdeckte und dort im Auftrag einer norwegischen Gesellschaft eine neue europäische Kolonisation begann.

Arm ist das Land, das wir den Eskimos raubten, arm an Gold und grünen Wäldern, nackt, entlegen und keinem von Menschen bewohnten Lande gleich. Und doch ist es in seiner Armut schön! Ja, wenn Norwegen schön ist, so ist es Grönland nicht minder. Wer es sah, dem bleibt es in der Erinnerung teuer! Ich weiß nicht, ob es anderen ebenso geht, mir aber verschmilzt es mit der ganzen träumerischen Schönheit des Märchenlandes meiner Kinderjahre, und ich habe dort unsere Natur wiedergefunden in noch größerer und reinerer Gestalt.

Die starke, wilde Natur gleicht einer in Eis und Schnee gehauenen, altersgrauen Sage, die bisweilen so feine weiche

Stimmungsbilder enthält, wie ein Gedicht. Sie gleicht dem kalten Stahl, in dem sich die spielenden Farben des Sonnenscheines spiegeln.

Sehe ich Schneefelder und Gletscher, so eilen meine Gedanken nach Grönland, wo die Schneefelder größer sind als bei uns und die Gletscher in ein von Treibeis und Eisbergen erfülltes Meer abfallen. Höre ich lautes Lobsingen über die Fortschritte der Kultur, große Männer und große Thaten, dann sucht mein inneres Auge die weite Schneefläche, die sich starr und weiß von einem Meer zum anderen erstreckt und einst fruchtbare Thäler und Gebirge unter sich begrub. Vielleicht wird uns alle dereinst ewiger Schnee bedecken.

Alles ist dort oben einfach und doch so großartig. Weißer Schnee, blaues Eis, kahle, dunkle Berge wie schwarze Kegel, sturmbewegte, heulende See. Aber wenn ich die Sonne glühend ins Meer sinken sehe, denke ich an das ferne Land, wo die Klippen und Holme der glitzernden See in der untergehenden Sonne rosenrot erscheinen und auf den Eisbergen das herrlichste Alpenglühen dämmert. — Und wenn ich bisweilen das „Almleben" unserer Heimat auskoste, Sennerinnen und weidende Kühe sehe, muß ich an das Zeltleben und die Renntierherden an den Buchten und auf den Bergen Grönlands denken, an balzende Birkhähne, an die mit Weiden bestandenen Moore, Sümpfe, Gewässer und Thäler jener Gebirge, in denen der Eskimo seinen kurzen Sommer verlebt.

Doch nichts auf Erden läßt sich vergleichen mit der grönländischen Nordlichtwinternacht. Sie ist der geheimnisvolle Atem der Natur selbst.

Das Land übt eine unerklärliche Macht auf das

Gemüt aus, das Volk des Landes aber ist nicht weniger merkwürdig.

Mehr als jedes andere Volk gehört der Eskimo der See und dem Küstenlande an. Am Meere wohnt er, auf ihm sucht er seinen Unterhalt; das Meer giebt ihm alles, was er braucht, und auf ihm macht er alle seine Reisen; im Sommer in seinen mit Fellen überzogenen Booten, im Winter in seinem Hundeschlitten. Darum spielt das Meer im Leben des Eskimos auch die Hauptrolle — und darum ist es auch kein Wunder, daß sein Gemüt ein Bild des Meeres ist. Wie das Meer, verändert sich seine Stimmung, ernst im Sturme, ausgelassen heiter bei Sonnenschein und ruhiger See. Er ist ein Kind des Meeres, leichtsinnig, fröhlich wie die spielenden Wellen, oft aber auch düster wie die schäumende Flut. In seinem Kindergemüte verwischt sich alles schnell. Ist das Unwetter vorüber, so glättet sich ja die See und gleicht nicht mehr dem tobenden Wogenschwalle von vorhin. Die Güter dieser Welt sind hienieden sehr ungleich verteilt. Einigen wird es sehr leicht gemacht, sie können in ihrer Jugend einen Brotfruchtbaum pflanzen und sich damit für den Rest ihres Lebens versorgen, während es den Anschein hat, als sei anderen alles, außer der Kraft zu kämpfen, versagt und als müßten sie der feindlichen Natur Schritt für Schritt jedes Bischen, dessen sie zum Leben bedürfen, erst abtrotzen. Das große Heer der Menschheit hat solchen Völkern bei seinem beständigen Kampfe zur Unterwerfung der Natur die Stellung äußerster Vorposten angewiesen. Zu diesen Vorposten gehört das Eskimovolk, und von allen lebenden Völkern ist es das merkwürdigste. Es liefert den besten Beweis für die eigene Begabung des Menschen, sich den Verhältnissen anzupassen

1*

und sich über die Erde zu verbreiten. Der Eskimo bildet den äußersten Vorposten gegen die Todesstille des ewigen Eises, und soweit wir bisher nach Norden vorgedrungen sind, haben wir auch Spuren dieses abgehärteten Volkschlags gefunden.

Die von allen anderen verschmähten Himmelsstriche nahm der Eskimo für sich in Besitz. Durch steten Kampf und langsame Entwickelung lernte er mehr als alle anderen. Wo für die anderen jede Möglichkeit des Lebens aufhört, fängt für ihn das Leben an — er hat sein Land lieben gelernt, es ist für ihn die Welt, in der er „der Mensch" ist, und jenseits deren er dem Untergange verfallen wäre.[1]

Dieses Volk will ich auf den folgenden Blättern schildern, ihm sei mein Buch gewidmet.

So scharf sich der Eskimo im Aussehen, in der Körperbildung, durch seine sinnreichen Gerätschaften und durch seine ganze Lebensweise von allen anderen Völkern unterscheidet, so ähnlich sind die verschiedenen Eskimostämme untereinander. Ein Eskimo von der Behringstraße gleicht dem Grönländer so sehr, daß man keinen Augenblick an der Verwandtschaft der beiden zweifeln kann. Ein Alaska-Eskimo und ein Ostgrönländer verstehen einander ohne Schwierigkeit. Kapitän Adrian Jakobsen, der Grönland und Alaska bereist hat, versichert, daß er sich mit den Brocken der Eskimosprache, die er in Grönland erlernt hatte, in Alaska habe verständigen können. Und doch sind beide Völker durch mehr als sechshundert geographische Meilen voneinander getrennt, eine Entfernung, wie von

---

[1] Anmerkung des Verfassers: Die Eskimos nennen sich selber Inuit oder Mensch und rechnen alle anderen Völker zu den — höher organisierten — Tieren.

Christiania bis an die chinesische Grenze oder bis Innerarabien. Solche Spracheinheit bei soweit voneinander wohnenden Stämmen dürfte in der Geschichte der Menschheit einzig dastehen.

Die große Aehnlichkeit aller Eskimostämme, ihre abgesonderte Lage anderen Völkern gegenüber und ihre vollkommenen Geräte scheinen auf eine sehr alte Rasse hinzudeuten, bei der alles in bestimmten Formen erstarrt ist und die sich nur unendlich langsam verändern kann. Andere Umstände sprechen jedoch auch wieder gegen diese Annahme und machen es wahrscheinlicher, daß dieses weitzerstreute Volk ursprünglich ein kleiner Stamm war, der sich erst in neuerer Zeit über die verschiedenen, heute von Eskimos bewohnten Länder verteilte.

Daß diese Einwanderung verhältnismäßig bald stattfinden konnte, ohne doch zu einer Völkerwanderung zu werden, ist leicht erklärlich. Man braucht nur zu bedenken, daß ihre jetzige unwirtsame Heimat, bevor sie sich dort niederließen, garnicht oder doch fast nicht bewohnt war, daß also niemand als die Natur selbst ihrer Ausbreitung Hindernisse in den Weg legte.

Der jetzt von den Eskimos bewohnte Himmelsstrich erstreckt sich von der Westküste der Behringstraße über Alaska, das nördlichste Nordamerika und die zu diesem Kontinente gehörenden arktischen Inselgruppen bis nach West- und Ostgrönland.

Durch seine in jeder Weise abgesonderte Lage hat der Eskimo den Anthropologen viel Kopfzerbrechen gemacht, und die widersprechendsten Ansichten wurden hinsichtlich seiner Herkunft laut.

Dr. H. Rink, der das Studium der grönländischen

Natur und des grönländischen Volkes zu seiner Lebensaufgabe machte und in diesem Fache unzweifelhaft die größte Autorität ist, meint, daß die Geräte und Waffen der Eskimos größtenteils aus Amerika stammen. Er hält es für wahrscheinlich, daß die Eskimos ursprünglich als ein Stamm im Innern von Alaska, wo es heute noch Eskimos giebt, wohnten und von dort aus an die Küsten des Eismeeres auswanderten. Er hebt ferner hervor, daß ihre Sprache mit der amerikanischen Ursprache nahe verwandt ist und ihre Sitten und Sagen vieles mit denen der Indianer gemeinsam haben.

Ein Unterschied aber, der die Eskimos unter anderem von den Indianern trennt, ist der Gebrauch der Hundeschlitten. Nehmen wir die Inkaperuaner, die das Lama als Lasttier benutzten, aus, so finden wir bei keinem der amerikanischen Urvölker Last- oder Zugtiere. Hierin nähert sich der Eskimo also mehr den asiatischen Polarvölkern.

Ein näheres Eingehen auf diese verwickelte wissenschaftliche Forschung, in der noch lange nicht das letzte Wort gesprochen ist, würde uns zu weit führen. Nur soviel können wir mit einiger Sicherheit behaupten, daß die Eskimos zuletzt von den Küsten der Behringstraße oder des Behringmeeres — möglicherweise von der amerikanischen Seite — kamen und sich von dort aus Schritt für Schritt nach Osten hin über das arktische Amerika bis nach Grönland verbreiteten.

„Wann" sie sich dauernd in Grönland ansiedelten, wird, meiner Meinung nach, nicht festzustellen sein. Daß dieser Zeitpunkt verhältnismäßig neueren Datums sein muß, habe ich schon angedeutet. Im Gegensatz zu mehreren Forschern halte ich es aber nicht für erwiesen, daß die

Eskimowanderungen erst im vierzehnten Jahrhundert, wie die isländischen Sagen behaupten, stattfanden. Wenn ich auch von der Richtigkeit der Thatsache überzeugt bin, daß um diese Zeit der erste ernstliche Zusammenstoß der norwegischen Kolonisten mit den in großen Scharen von Norden kommenden Eskimos oder Skraellingern (Scheusale) stattfand, so schließt dies die Möglichkeit nicht aus, daß sie schon in Westgrönland ansässig waren, bevor der Fuß eines Norwegers den ostgrönländischen Boden betrat. In den ersten vierhundert Jahren der norwegischen Ansiedelung scheinen in Südgrönland (dem Ost- und Westgebiete) keine Eskimos gewohnt zu haben, da ihrer in den Sagen nirgends erwähnt wird. Dagegen wird in diesen Sagen ausdrücklich hervorgehoben, daß die ersten Norweger, die ins Land kamen, Erik der Rote und seine Freunde, sowohl im Ost-, wie im Westgebiete Südgrönlands verlassene Menschenwohnungen, Ueberreste von Booten und steinerne Geräte fanden, die, ihrer Ansicht nach, einem häßlichen Volke, das sie Skraellinger (Scheusale) nannten, gehört haben mußten. Daraus läßt sich schließen, daß dort Skraellinger gewesen, und ihre Hinterlassenschaft beweist, daß sie der Gegend nicht nur einen flüchtigen Besuch abgestattet haben. Es ist nicht unmöglich, daß die Eskimos Hals über Kopf davonliefen, als sie die nordischen Wikingerschiffe heransegeln sahen. Dieselbe Erfahrung machten wir auf der Ostküste. Doch weniger annehmbar scheint mir, daß sie ihre Flucht ungesehen von den Norwegern sollten ausgeführt haben. Ich schließe mich der vielfach ausgesprochenen Ansicht an, daß die Eskimos damals ihre festen Wohnsitze höher hinauf an der Küste hatten, oberhalb des 68. Grades nördlicher Breite. Dort ist noch heute die beste Seehundsjagd und die häufigste Gelegenheit zum Walfischfang. Und da sie von Norden¹) her in das Land gekommen sein müssen, lag hier für sie auch die erste natürliche Station auf ihrem Zuge. Von diesem festen Wohnsitz aus werden sie nach echter Eskimoweise häufig den südlicheren Teil der Insel auf längere oder kürzere Zeit besucht und dort jene zuerstgefundenen Spuren hinterlassen haben. Als sich dann die Norweger dort angesiedelt hatten und später auch Streifzüge nach Norden unternahmen, trafen sie schließlich mit den Eskimos zusammen, was nach Professor Gustav Storms Erachten²) vor dem zwölften Jahrhunderte geschah.

Die Historia Norvegiae berichtet, daß die grönländischen Waidmänner in den unbebauten Gegenden Nordgrönlands kleine Menschen antrafen, denen sie den Namen Skraellinger gaben und die Steinmesser und Pfeilspitzen von Walfischknochen besaßen. — Mit der Zeit begannen jedoch die nördlichen Eskimoniederlassungen an Uebervölkerung zu leiden, und ein Teil mußte sich weiter südlich neue Wohnsitze suchen. Da die Norweger beim Zusammentreffen mit ihnen oft Gewalt gebraucht hatten, scheinen die Eskimos sich gerächt zu haben. Sie griffen 1341 das „Westgebiet" an und sollen diese Kolonie verwüstet (?) haben. 1397 unternahmen sie einen Feldzug gegen das Ostgebiet³), das im

---

¹) Anmerkung des Verfassers: Dort im Norden konnten sie den ganzen Winter viele Walfische und Seehunde auf dem Eise fangen, und diese Fangart müssen sie in noch höherem Norden, wo sie ihnen die wichtigste war, erlernt haben.

²) Gustav Storm: Studien über die Winlandsfahrer u. s. w. Jahrbücher für nordische Altertumskunde und Geschichte. 1887. Kopenhagen 1888. Sonderabdruck, Seite 56.

³) Anm. d. Verf.: Man hat aus der Floamannasage schließen wollen, daß Thorgils Orrabeinsfostre schon um das Jahr 1000 Eskimos

folgenden Jahrhundert gleichfalls von der Bildfläche verschwunden zu sein scheint. Um diese Zeit haben die Eskimos zuerst festen Fuß in Südgrönland gefaßt.

Auch aus den Sagen der Eskimos geht hervor, daß zwischen ihnen und den alten Norwegern Kämpfe stattfanden. Doch aus denselben Sagen ersehen wir, daß sie mit ihnen auch oft in friedlichem Verkehr standen, ja, an einigen Stellen wird sogar mit großer Anerkennung von den alten Norwegern gesprochen. Es ist bei dem jetzigen Charakter der Eskimos auch kaum glaublich, daß sie einen förmlichen Ausrottungskrieg führten, und ein solcher kann jedenfalls kaum die alleinige Ursache des Untergangs der Kolonien gewesen sein. Außer dem inneren Verfall infolge der Loslösung vom Mutterlande, hat wohl auch die Vermischung der Kolonisten mit den Eskimos mitgespielt. Die damaligen Europäer dürften schwerlich unempfänglicher gegen die Reize der Eskimoschönen gewesen sein, als unsere jungen Landsleute heute.

Ueber den Weg, auf dem die Eskimos nach Westgrönland gelangten, herrschen gleichfalls verschiedene Ansichten. Dr. Rink behauptet, die Eskimos seien, nachdem sie den Smithsund überschritten, nicht längs der Westküste

---

auf der Südostküste getroffen, indem man annimmt, die in dieser Sage erwähnten „Koboldweiber" könnten nur Eskimos gewesen sein. Allein schon Professor Storm hat in seinen „Studien über die Winlandsfahrer" auf Seite 56 darauf aufmerksam gemacht, daß der abenteuerliche Charakter dieser Sage einen solchen Schluß nicht erlaubt. Es muß auch daran erinnert werden, daß die Handschrift erst von etwa 1400 datiert, also lange nach der Zeit, da die Norweger auf der Westküste Eskimos trafen. Wenn sich die „Koboldweiber" also wirklich auf die Eskimos beziehen, was sehr zweifelhaft ist, so kann dies auch eine spätere Hinzudichtung sein.

nach Süden gezogen, was uns doch am natürlichsten erscheint, sondern nordwärts um die Nordspitze des Landes herumgegangen und dann längs der Ostküste herabgekommen. Von hier aus wären sie dann später über Grönlands Südspitze nach der Westküste gezogen. Diese Annahme gründet sich hauptsächlich darauf, daß Thorgils Orrabeinfostre im Jahre 1000 an der Ostküste Eskimos angetroffen haben soll, während die alten Norweger auf der Westküste um diese Zeit noch keine Ahnung von der Existenz jenes Volkes hatten. Die Handschrift über die Abenteuer jenes Thorgils stammt jedoch aus dem vierzehnten Jahrhundert und steht in direktem Widerspruch mit den übrigen Sagen, aus denen hervorgeht, daß die Eskimos von Norden und nicht von Süden kamen, und daß die Westkolonie vor der Ostkolonie unterging. Denselben Schluß kann man auch aus einer Eskimosage ziehen, in welcher das erste Zusammentreffen mit den alten Norwegern beschrieben wird. „In alten Zeiten," heißt es da, „als die Küste noch schwach bevölkert war, kam ein Boot mit Reisenden in die Godthaabsbucht. Die Reisenden erblickten dort ein großes Haus, dessen Bewohner sie nicht kannten, weil sie keine ‚Kaladlit' (Eskimos) waren. Sie waren also zum ersten Male auf die alten Norweger gestoßen. Diese sahen auch zum ersten Male Kaladlit und nahmen sie sehr freundlich auf." Das geschah also im alten Westgebiet der Norweger, ihrer nördlichsten Kolonie an der Küste. Noch ein anderer Umstand macht, meiner Meinung nach, die Wanderung um Grönland herum unwahrscheinlich. Sollten sie bis an die Nordspitze Grönlands vorgedrungen sein, so müssen sie dort wie die sogenannten arktischen Hochländer (die Eskimos nördlich vom Kap York) gelebt haben. Dann hätten sie natürlich von

Jagd gelebt und wohl Hundeschlitten, aber keine Boote besessen, da das in Nordgrönland stets eisbedeckte Meer den Kajak überflüssig macht. Daß sie sich, als sie dann an die eisfreie Küste kamen, neue Boote erbauten, ist an und für sich nicht unmöglich. Aber mehr als unwahrscheinlich klingt es, daß sie die Boote und die zum Fischfang nötigen Geräte hier in so kurzer Zeit in so hohem Grade sollten vervollkommnet haben, nachdem sie so ganz aus der Gewohnheit gekommen, den Fang vom Kajak aus zu betreiben.

Ich meine, die natürlichste Erklärung ist, daß die Eskimos über den Smithsund kamen, den sie überschritten haben müssen, und dann an der Westküste entlang und über die Südspitze nach der Ostküste zogen. Ob sie schon vor der Ankunft der Norweger auf der Ostküste waren, wissen wir nicht. Auf ihrem Wege vom Smithsunde nach Süden trat ihnen freilich in dem Melvillegletscher (ungefähr auf 76° nördlicher Breite) ein großes Hindernis entgegen, da dieser direkt ins Meer fällt und die Küste eine ganze Strecke weit nicht von Inseln beschützt wird. Aber einerseits konnten sie längs des inneren Randes des Treibeises in ihren Fellbooten vordringen, und andererseits waren die Schwierigkeiten für sie gewiß auch nicht größer, als es die bei einer Wanderung nördlich um das Land herum gewesen wären. Gegen diese Annahme läßt sich freilich einwenden, daß die Ostgrönländer Hundeschlitten haben, welche an der Südwestküste des fehlenden Eises wegen nicht in Gebrauch sind. Bedenkt man jedoch, wie verhältnismäßig schnell die Eskimos in ihren Frauenbooten reisen, wie häufig sie in früheren Zeiten längs der Küste hin- und herzogen, und daß auf der ganzen Westküste immer Hunde gehalten wurden, so wird auch dieser Einwand beseitigt.

Die gegenwärtige Verbreitung der Eskimos über die Westküste Grönlands erstreckt sich vom Smithsunde bis zum Kap Farvel. Ihre Zahl beläuft sich im dänischen Teil der Küste auf nahezu Zehntausend. Auf der Ostküste giebt es, nach dem, was wir durch die dänische Frauenbootexpedition unter Kapitän Holms Führung (1884—1885) erfahren haben, bis nach Angmagsalik (66° nördlicher Breite) hinauf Eskimos. Ihre Anzahl betrug Herbst 1884 im ganzen fünfhundertachtundvierzig. Die Eskimos erzählten Kapitän Holm, daß weiter nördlich ihres Wissens keine Eskimos mehr ansässig seien. Sie selber machten jedoch häufig Reisen nach Norden, manchmal bis an den 68. oder 69. Breitengrad, und vor einigen Jahren hätten zwei Frauenboote auch diesen Weg eingeschlagen, ohne daß man je wieder etwas von ihnen gehört habe. Ob nördlich vom 70. Breitengrade auf der Ostküste keine Eskimos mehr wohnen, ist noch nicht festgestellt. Clavering fand, wie bekannt, 1823 ein paar Familien auf dem 74. Grade nördlicher Breite, doch nach jener Zeit hat man dort keine mehr gesehen, und die deutsche Expedition, die an dieser entlangzog und dort überwinterte, fand wohl Hütten und Geräte, aber keine Menschen und nahm daher an, daß letztere dort ausgestorben seien. Dies kommt mir jedoch kaum wahrscheinlich vor. Die Eskimos sind eine sehr zähe Rasse, und es mag andere Gründe haben, daß man sie nicht antraf. Sie können grade um diese Zeit weiter nach Norden oder nach Süden gezogen sein. Vielleicht wohnen sie auch sehr zerstreut, und man ist zufällig nicht auf sie gestoßen. Es bleibt nämlich immer zu bedenken, um welch ungeheuere Strecken eines sehr zerklüfteten Landes es sich hier handelt. Meiner Ansicht nach können dort an der Küste noch immer Eskimos wohnen, und wir wollen hoffen, daß die dänische Expedition, die, wie bekannt, jetzt dort oben ist, mit ihnen zusammentrifft. Durch ihre abgeschiedene Lage, die jede direkte oder indirekte Verbindung mit der zivilisierten Welt unmöglich gemacht hat, müßten sie in ethnologischer Hinsicht zu den interessantesten aller lebenden Völker gehören.

Kapitel II.

Aussehen und Kleidung.

Nun, da ich, so fern von diesen Menschen und der Natur, in der wir mit einander umherstreiften, eine Beschreibung von ihnen machen soll, steht mir das erste Zusammentreffen mit ihnen auf Grönlands Ostküste lebhaft vor Augen. Zwei braune, lachende Gesichter, von langem, rabenschwarzem Haar umrahmt, mitten im Eise. Sie strahlen vor heiterer Zufriedenheit mit sich und aller Welt, und halb gutmütig freundlich, halb verwundert blicken sie die seltsamen Fremdlinge an.

Der Eskimo reiner Rasse wird den meisten Europäern auf den ersten Blick hin nichts weniger als hübsch erscheinen. Er hat ein rundes, breites Gesicht, große grobe Züge, kleine dunkle, oft schrägliegende Augen, eine platte Nase, die zwischen den Augen schmal und unten breit ist, runde fettstrotzende Wangen, einen großen Mund und sehr entwickelte breite Kinnbacken, die mit den runden Wangen zusammen das Untergesicht eine hervorragende Rolle in der Physiognomie spielen lassen. Wenn der Mund sich zu einem fettglänzenden Lächeln öffnet, sieht man zwei Reihen großer weißer Zähne. Das Ganze macht den Eindruck eines vorzüglichen Kauapparates und läßt uns mit Wohlbehagen an vieles und gutes Essen denken. Gleichzeitig aber liegt in diesen Zügen, besonders bei den Frauen, eine große einschmeichelnde Weichheit.

Nach den uns anerzogenen Begriffen können wir dies nicht hübschnennen, und doch — wie vorurteilsvoll sind wir in dieser Beziehung! Es bedarf langer, sehr langer Zeit, ehe man von seinen Traditionen loskommt. Wir denken an die langgesichtigen, langnasigen Schönen unserer Heimat, und unser Sinn erfüllt sich mit Wehmut bei der Erinnerung an die vielen, für die wir geschwärmt, jene interessanten, bleichen — aber ach so farblosen Schönheiten! Es ist doch merkwürdig, wie brutal der Geschmack werden kann: ich fand diese braunen, von Gesundheit und Fett glänzenden Naturgesichter wirklich hübsch. Bei ihrem Anblick mußte ich an das blaue Meer und hellen Sonnenschein denken, an weiße Gletscher und inmitten dieser Umgebung schlagende Menschenherzen von wirklichem Fleisch mit siedendheißem Blute.

Doch hauptsächlich waren es die jungen, die solchen Eindruck machten, und sie altern schnell — betrübend schnell. Die vertrockneten, triefäugigen, kahlköpfigen alten Weiber waren nicht hübsch, sie erinnerten an erfrorene Aepfel, und doch lag auch über ihnen ein gewisser Stil. „Arbeit" stand auf ihrem Gesichte geschrieben, aber auch „Essen, viel Essen" und gutmütige Resignation. Keine Spur von der glasartigen Härte oder dem steifen Anstand, mit denen anderswo die Schule des Lebens oft alte Gesichter stempelt.

Die auf der Westküste durch Kreuzung zwischen Europäern und Eskimos entstandene Mischrasse ist nach europäischem Geschmacke schöner, sie macht mit ihrer Bronzefarbe, ihren dunklen Brauen und schwarzen Augen den Eindruck eines romanischen Volkes. Manchmal aber hat sie auch Individuen von ausgesprochen jüdischem Typus aufzuweisen. Häufig zeigt sie wirkliche Schönheiten sowohl unter dem starken, wie unter dem schwachen Geschlecht. In der Regel aber liegt etwas Weichliches im Wesen und Ausdruck dieser Mischlinge, die echten Eskimos machen einen gesunderen, unverfälschteren Eindruck.

Es ist ein in Europa allgemein verbreiteter Irrtum, die Eskimos für klein zu halten. Wenn die skandinavisch-germanischen Rassen sie auch an Größe übertreffen, so muß man sie doch zu den mittelgroßen Völkern zählen. Ich selber habe mehrere echte Eskimos gesehen, die ungefähr drei Ellen (1 m 80 cm) maßen. Ihr Körper macht durchgehends einen kräftigen Eindruck, besonders der Oberkörper. Die Männer sind achselbreit, haben muskulöse Arme und eine breite Brust, aber verhältnismäßig schmale Hüften und nicht entsprechend kräftige Beine. Daher haben sie in späteren Jahren gewöhnlich einen unsicheren Gang und ein wenig krumme Kniee. Die schwächere Entwicklung des Unterkörpers dürfte wohl hauptsächlich von dem täglichen Sitzen im engen Kajak herrühren.

Bei den Frauen fallen uns hauptsächlich die schmalen Hüften auf, die viel weniger hervortreten, als wir es bei einer bekleideten Europäerin zu sehen gewohnt sind, und die wir gewöhnlich für unvereinbar mit dem Typus weiblicher Schönheit halten. Dies kommt, wie man mir sagt, daher, daß die Eskimoweiber sogenannte runde, die Europäerinnen aber flache, breite Becken haben. Besonders reizend sind die schön geformten, auffallend kleinen Hände und Füße der Grönländerinnen. Ihre Gestalt macht überhaupt einen zierlichen, ansprechenden Eindruck.

Die Hautfarbe der Eskimos reiner Rasse ist bräunlich oder graugelb, und auch bei den Mischlingen fällt diese braungelbe Farbe manchmal sehr ins Auge. Die von Natur schon dunkle Farbe wird jedoch, wenigstens bei den Männern und den älteren Frauen, durch vollständigen Mangel an Reinlichkeit noch dunkler. Als Fingerzeig in dieser Richtung will ich nur berichten, daß unser Landsmann, Seine Hochehrwürden Hans Egede, ihre Waschmethode — namentlich die von den Männern angewandte — folgendermaßen beschreibt: „Sie schaben sich den Schweiß mit einem Messer vom Gesicht herunter und lecken dann das Messer ab."

Die neugeborenen Kinder sind heller gefärbt, doch hat dies seinen Grund nicht darin, daß sie noch keine Schmutzkruste haben ansetzen können. Schon H. E. Saabye hat in seinem Tagebuch[1]) darauf aufmerksam gemacht, daß sie auf dem Kreuz einen blauschwarzen Fleck, ungefähr von der Größe eines unserer alten Zehnschillingstücke, haben, von dem sich die dunkle Farbe erst später über den ganzen Leib ausbreitet. Holm erzählt etwas Aehnliches von der Ostküste[2]). Ich selber erlaube' mir hierüber kein Urteil. Es würde dem gleichen, was von den Kindern der Japaner erzählt wird.

Die Kleidung der Eskimos ist den meisten Leuten wohl aus Bildern bekannt. Das Auffallendste ist, daß die Tracht der Frauen derjenigen der Männer gleicht und bedeutend praktischer und malerischer ist, als unsere häßlichen, schwedischen Frauengewänder.

Die Männer hüllen in Südgrönland den Oberkörper in den sogenannten Timiak. Dieser wird aus Vogelbälgen mit den Federn oder Daunen nach innen verfertigt, hat ungefähr die Form unserer wollenen Unterjacken und wird

---

[1]) H. E. Saabye: Bruchstücke eines Tagebuches, geführt in Grönland in den Jahren 1770—1778. Odense 1816. Seite 136.

[2]) Holm: Mitteilungen über Grönland. Band 10, Seite 58. Kopenhagen 1889.

wie diese über den Kopf gezogen. Oben am Timiak sitzt eine Kapuze, die sich über den Kopf ziehen läßt, und die sonst mit ihrem hochstehenden Rand von Hundefell eine Art Kragen um den Hals bildet. An den Handgelenken ist der Timiak ebenfalls mit Hundefell eingefaßt, ganz so wie ein eleganter Promenadenpelz bei uns in Norwegen. Auf der Außenseite hat er einen Ueberzug (Anorak), der jetzt meistens aus Baumwollenzeug besteht. Die Beine stecken in Hosen von Seehundsfell oder auch von europäischem Düffel und die Füße in Kamikern, einer besonderen Art Stiefel aus Seehundsfell. Diese sind ebenfalls doppelt; die Innenseite ist ein mit den Haaren nach innen gekehrter richtiger Fellstrumpf, die Außenseite ein haarloser Stiefel von wasserdichtem Leder. Die Sohle zwischen Strumpf und Stiefel wird mit Stroh oder Seegras gefüttert. In diese Kamiker werden die nackten Füße gesteckt.

Die Kleidung der Frau ist der des Mannes sehr ähnlich. In Südgrönland trägt sie auf dem Oberkörper einen Vogelhautpelz, jetzt allerdings ohne Kapuze, dafür aber mit hochstehendem Kragen, der oben mit schwarzem, möglichst glänzendem Hundefell eingefaßt ist, und dieser Kragen wird zusammengehalten von einem breiten Halsband von bunten Glasperlen, das in allen Farben des Regenbogens schillert. Die Aermel sind ebenfalls an den Handgelenken mit Hundefell eingefaßt. Der Baumwollenbezug des Pelzes ist natürlich so leuchtend als möglich, rot, blau, grün oder gelb, und wird unten herum gewöhnlich mit einem breiten, bunten, baumwollenen oder noch lieber seidenen Bande besetzt. Ueber die Beine werden Hosen von gesprenkeltem Seehunds- oder auch Renntierfell gezogen. Diese Hosen sind bedeutend kürzer als die Beinkleider der Männer; sie reichen nicht ganz bis ans Knie und sind vorne mit bunter Lederstickerei oder weißen Streifen von Renntier- oder Hundefell reich verziert. Die Kamiker dagegen sind länger als die der Männer und werden übers Knie gezogen; sie sind gewöhnlich von roter Farbe, manchmal aber auch blau, lila oder weiß. An der Vorderseite ist ein von oben herablaufender, gestickter Lederstreifen festgenäht.

Außer den oben beschriebenen Kleidungsstücken giebt es noch einen Anzug für Frauen, die Säuglinge haben. Dieser, Amaut genannt, gleicht einem gewöhnlichen Anorak, nur mit dem Unterschiede, daß er auf dem Rücken eine große Tasche hat, in der das Balg zu jeder Arbeit mitgenommen wird. Da der Amaut sowohl auf der inneren, wie der äußeren Seite mit Renntier- oder Seehundsfell ausgefüttert ist, giebt diese Tasche einen weichen, warmen Liegeplatz für das Kind ab.

In Grönland erscheinen keine Modezeitungen. Die Eskimomoden wechseln daher nicht so häufig wie bei uns. Daß sie in dieser Beziehung aber auch nicht ganz von Gott verlassen sind, beweist das folgende Beispiel.

Früher war der Anorak der Frauen ebenso lang wie der der Männer, doch seit die Europäer bei ihnen den großartigen Luxus der weißen Leibwäsche einführten, meinen sie, das weiße Hemd sei viel zu elegant, um so versteckt zu werden. Statt sich nun, wie unsere Schönen, die Kleider oben auszuschneiden, begannen sie damit von unten und machten sich ihren Anorak so kurz, daß zwischen ihm und dem unterhalb der Hüften sitzenden Hosenbunde ein Zwischenraum von Handbreite oder mehr blieb, aus dem das obenerwähnte Kleidungsstück hervorguckte. Dies ist eine für uns etwas ungewöhnliche Art, sich zu „dekolletieren".

Die Eskimos auf der Ostküste haben im allgemeinen dieselbe Tracht, nur verfertigen sie ihren Timiak nicht aus Vogelbälgen, sondern meist aus Seehundsfell. Im nördlichen Grönland wird auch gewöhnlich Seehunds- oder Renntierfell dazu genommen, und ebenso geschah es auch in früheren Zeiten auf der ganzen Westküste.

Auf der Ostküste herrscht die überraschende Sitte, daß die ganze Familie, Männlein, Weiblein und die lieben Kindlein, im Hause und im Sommerzelt splinterfasernackt umherläuft. Wenigstens kam es mir so vor. Balto, der vermutlich genauer hingesehen hat, versicherte jedoch, daß alle Erwachsenen ein schmales Band um die Lenden trügen, was meine züchtigen Augen natürlich nicht so schnell hatten entdecken können. In dieser merkwürdigen Entdeckung

Ostgrönländische Haustracht; links für Männer, rechts für Frauen.

stimmt Freund Baltos Behauptung überein mit der Aussage der meisten Reisenden, die sich mit dergleichen Forschungen beschäftigt haben, und ich muß ihr also wohl Glauben schenken. Dieses Band, das die Reisenden so freundlich mit dem Namen „Unterhosen" beehren — ob es diesen Titel verdient, mag der Leser nach Besichtigung beifolgender Zeichnung selbst entscheiden —, soll der Grönländer Nâtit (Hauskleid) nennen. Früher trug man dergleichen bequeme Hauskleider in ganz Grönland, bis in die nördlichste Ansiedelung am Smithsunde hinauf, wo sie auch jetzt noch üblich sind.

Dieses leichte Kostüm ist natürlich sehr gesund und
gut. Die dicken Fellkleider hindern die Hautausdünstung
sehr, es ist also ein natürliches Bedürfnis, das die Eskimos
veranlaßte, sie in den warmen Räumen, wo sie doppelt
ungesund sind, abzulegen. Doch als die Europäer ins
Land kamen, predigten die Missionare heftig gegen diesen,
ihr Anstandsgefühl verletzenden, gemütlichen Brauch. So
kam es denn schließlich dahin, daß diese Hauskleider auf
der Westküste abgeschafft wurden. Ob es die Moral ver-
bessert hat, wage ich nicht zu entscheiden — ich möchte es
bezweifeln —, doch daß es nicht zur Verbesserung des
Gesundheitszustandes beigetragen, das unterliegt für mich
keinem Zweifel.

Im Punkte des Entblößens ist auch der Westgrönländer
noch heute ein Naturkind. Manche Eskimodamen machen
freilich einen schüchternen Versuch, ihre Blöße zu bedecken,
sobald ein Europäer ins Zimmer tritt. Aber ich fürchte —
ich fürchte, daß dies mehr geschieht aus Ziererei, die uns
ihrer Meinung nach gefällt, als aus wirklichem Scham-
gefühl. Denn sobald sie merken, daß wir keine Notiz davon
nehmen, wird sich damit auch nicht weiter angestrengt.
Auch ihren Landsleuten gegenüber zeigen sie wenig Scham-
gefühl. Man höre nur, was der gute Hans Egede sich
genötigt sieht, hierüber zu berichten, und was ich aus
eigener Erfahrung bestätigen muß:

„Sie machen sich garnichts daraus," sagt er, „in Gegenwart anderer ihre Notdurft zu verrichten. Jede Familie
hat vorne im Zimmer eine große Tonne oder Kufe stehen,
in die alle ganz ungeniert ihr Wasser ablassen, wenn auch
noch soviel Besuch zuguckt. Besagte Tonne bleibt stehen,
bis der Inhalt, mit Erlaubnis zu sagen, stinkt, und die

Tonne mit obenbemeldeter Flüssigkeit dient dazu, die zu gerbenden Felle auszulaugen" u. s. w.

Das Haar der Eskimos ist rabenschwarz, glatt und steif, wie ein Pferdeschwanz und darf bei den Männern wachsen, wie es ihnen gefällt. Auf der Ostküste wird es in der Regel nicht beschnitten, ja, es gilt für gefahrbringend, wenn man etwas davon einbüßt. Stellenweise wird es mit einer Schnur aus der Stirn zurückgebunden. Manchmal wird jedoch Kindern das Haar geschnitten. Dann aber müssen sie es ihr ganzes Leben hindurch thun und gewisse Formalitäten dabei beobachten, z. B. wird unter anderem ihren Hunden im ersten Lebensjahre Schwanz und Ohren gestutzt. Eisen darf unter keinen Umständen mit dem Haar in Berührung kommen, weshalb es mit einem Haifischkiefer abgesägt wird.

Die Frauen drehen das Haar oben auf dem Schädel in einen Knoten. Dabei wird es auf allen Seiten gleichmäßig straff gezogen. Die Frauen der Ostküste umschnüren es mit Lederstreifen, die der Westküste dagegen mit einem farbigen Band. Junge Mädchen tragen Rot, — haben sie ein Kind, so legen sie Grün an, — Frauen Blau und Witwen Schwarz. Wollen letztere wieder heiraten, so pflegen sie Schwarz und Rot zu verbinden. Aeltere Witwen, welche die Hoffnung, noch einen Mann zu bekommen, endgültig aufgegeben haben, pflegen das schwarze Band mit einem weißen zu vertauschen. Hat eine Witwe noch nach dem Tode ihres Gatten Kinder, so muß auch sie Grün anlegen.

Der Haarknoten ist der Stolz der Grönländerinnen und muß so straff und aufrecht wie möglich in die Luft stehen. Dies ist besonders bei den jungen heiratsfähigen

Eskimomädchen der Fall, und da diese kaum weniger eitel sind, als ihre europäischen Schwestern, so drehen sie ihr Haar mit solcher Gewalt zusammen, daß es nach und nach von Stirn, Nacken und Schläfen zurücktritt, und sie in verhältnismäßig jungen Jahren mehr oder weniger kahle Stellen bekommen, was nicht gerade ansprechend wirkt, aber einen sichtbaren Beweis für die Eitelkeit dieser Welt liefert. Damit sich nun das Haar recht fest zusammendrehen läßt und zugleich einen schönen Glanz erhält, ist es bei den Grönländerinnen Brauch, es vor dem Frisieren in Urin zu baden, wodurch es naß und klebrig wird und sich leichter aufbinden läßt. Ich weiß noch, wie ich eines Abends bei einem Tanzvergnügen in Godthaab eine mir befreundete Eskimodame zum Scherze damit neckte, daß ihr Knoten heute nicht so aufrecht stehe, wie er eigentlich sollte. Sie verschwand sofort und kam nach einer Weile mit einem glänzenden, steif in die Luft ragenden Knoten wieder, roch aber schrecklich nach besagtem Haarwasser. Mit derselben Flüssigkeit wäscht sich auch, wer besonders auf Reinlichkeit hält und sich oft wäscht. Sie lieben den Geruch, der ihnen von alledem anhaftet, nennen ihn jungfräulich und halten ihn für ein wirksames Zaubermittel zum Anlocken der Männer. Europäischen Nasen sagt er anfangs weniger zu. Saabye erzählt von einem Buchhalter in Nordgrönland, der sich in ein Eskimomädchen, d. h. in ihre Person, aber nicht in ihr Parfüm, verliebt hatte: „Er verfiel auf ein gutes Mittel, den von ihr ausgehenden, ihm so widerwärtigen Geruch zu beseitigen, und wandte es an. Er besprengte sie nämlich, erst verstohlen, dann offen, mit Lavendelessenz, und das half vorzüglich. Jetzt hielt er um sie an und wurde angenommen. Sie leben jetzt sehr glücklich und haben viele

Kinder, aber die Frau riecht noch immer nach Lavendel-essenz."

Es ist überhaupt merkwürdig, wie gleichgültig sie mit Urin umgehen. Saabye sagt unter anderem: „Eine Mutter hielt ihr Kind über einer Schüssel ab, leerte diese in der Tonne aus, nahm das gekochte Fleisch aus dem Kessel, legte es ohne Weiteres in dieselbe Schüssel und setzte es den Gästen vor, die es mit gutem Appetit verzehrten."

Die Mütter lecken ihre Kinder ab, statt sie zu waschen, — früher machten sie es wenigstens so — und wenn sie lausen oder kämmen, wird jede Laus nach Affenmanier aufgegessen. Denn: „Was beißt, muß wiedergebissen werden."

Hier müßte ich eigentlich wohl aufhören, doch damit der Leser sich ganz mit den uns ungewohnten Sitten dieses Volkes vertraut mache, will ich noch einmal Egede citieren, der über ihr „äußeres Comportement" sagt:

„Im übrigen sind sie in ihrem ganzen Benehmen tölpelhaft und ungeschliffen, essen von demselben Geschirr, von dem ihre Hunde gefressen haben, ohne es vorher zu säubern, verzehren — was abscheulich anzusehen ist — Läuse und Ungeziefer von ihrem eigenen und anderer Leibe und leben genau nach dem Sprichwort, daß alles, was aus der Nase kommt, in den Mund fallen muß, auf daß nichts umkomme."

Sollte jemand an diesen Eigentümlichkeiten im äußeren Auftreten der Eskimos Anstoß nehmen, so bitte ich ihn, zu bedenken, daß unsere eigenen Vorfahren vor noch garnicht so vielen Menschenaltern sich nicht viel anders betrugen. Man lese nur eine Beschreibung des häuslichen Lebens der Skandinavier in früheren Zeiten, und man wird erstaunliche Dinge vernehmen.

Eskimos bei der Ausbesserung des Kajaks.

Kapitel III.
Der Kajak und die Kajakgeräte.

Bei oberflächlicher Betrachtung einzelner Kleinigkeiten im äußeren Benehmen des Eskimo kommt man leicht zu der falschen Annahme, er stehe auf einer niedrigen Kulturstufe. Giebt man sich aber die Mühe, ihn genauer zu studieren, so wird man ihn bald in anderem Lichte sehen.

Es sind heutzutage viele Menschen so von der Größe unserer Zeit erfüllt, daß sie meinen, die täglich von uns gemachten Fortschritte und Erfindungen stellten die begabte weiße Rasse hoch über alle anderen. Diesen Vielen wäre es dienlich, sich einmal die Entwicklung des Eskimovolkes gründlich klarzumachen und sich die Geräte und Erfindungen anzusehen, die es gemacht, um sich inmitten einer nur äußerst beschränkte Mittel bietenden Natur seinen Lebensunterhalt zu schaffen.

Denkt Euch ein Volk auf einer so unwirtlichen, öden Küste wie der grönländischen ausgesetzt — ohne Verbindung mit der übrigen Welt, ohne Metalle, ohne Verteidigungswaffen, ja ohne andere Hilfsmittel, als die, welche es an Ort und Stelle findet. Es sind das Steine, ein wenig Treibholz und dann noch Felle und Knochen. Doch um die Felle und Knochen zu bekommen, müssen die Tiere, denen sie gehören, erst erlegt werden. Wären wir an Stelle der Eskimos und unterstützte uns nicht unser Mutterland, so gingen wir zu Grunde. Der Eskimo hingegen schlägt sich nicht nur durch, er findet sogar sein Glück, und seine Zufriedenheit, und die Verbindung mit der übrigen Welt ist ihm bisher nur zum Schaden gewesen.

Um dem Leser ein Bild zu geben, auf welche Summe von Erfahrungen sich die Kultur dieses Volkes gründet, will ich versuchen, ihre wahrscheinliche Entstehung zu erklären.

Wir wollen also, in Uebereinstimmung mit Dr. Rinks Ansicht, voraussetzen, daß die Vorfahren der Eskimos einst im Innern von Alaska lebten. Außer der Jagd auf dem Lande haben diese Eskimos auch in Kanoes von Birkenrinde auf den Flüssen und Seen Fischfang getrieben, wie es die Alaska-Eskimos und die Indianer des Nordwestens noch heute thun. Später wurde jedoch ein Teil dieser Inlandseskimos entweder vom Fischreichtum des Meeres angelockt oder von feindlichen kriegerischen Indianerstämmen verdrängt und zog in Kanoes die Flüsse hinab nach der West- oder der Nordküste. Je mehr sie sich dem Meere näherten, um so spärlicher wurden die Waldbäume. Sie mußten auf andere Mittel als Birkenrinde sinnen, um ihre Kanoes zu beziehen. Da ist es nicht unwahrscheinlich, daß sie es schon auf den Flüssen mit den Fellen von gefangenen Seetieren versuchten, umsomehr, als man hiervon noch heute bei einzelnen Indianerstämmen Beispiele findet. Doch erst als der Eskimo in der Flußmündung Seegang kennen lernte, kam er darauf, seinem Boote ein Deck zu geben, es dann oben ganz zu schließen und zuletzt noch seine eigenen Felljacken so damit zu verbinden, daß das Ganze wasserdicht wurde. Damit war der Kajak fertig. Doch welchen Fortschritt in ihrer Zeit bedeuten diese Erfindungen, die uns, nun wir sie vollendet sehen, so natürlich und leicht erscheinen! Wieviel Arbeit müssen sie gekostet haben und wie mancher Versuch mag mißglückt sein! An der Meeresküste angelangt, merkten die alten Eskimos, daß ihre Existenz wesentlich vom Seehundsfange abhängen werde. Sie verwandten folglich ihren ganzen Verstand und ihre ganze Kraft darauf, und der Kajak führte zur Erfindung der vielen eigenartigen, bewunderungswürdigen Fanggeräte, die noch immer mehr vervollkommnet wurden. Ein schlagender Beweis für die Behauptung, daß viele von uns Menschen doch im Grunde kluge Tierchen sind.

Mit Bogen und Pfeilen zu schießen, wie sie es auf dem Lande getan, ging bei der unbequemen sitzenden Stellung im Kajak natürlich nicht an, sie mußten sich also Schleuderwaffen schaffen.

Die Idee dazu erhielten sie wieder aus Amerika. Sie nahmen zuerst den indianischen Pfeil mit der Steuerfeder, wie sie ihn früher selber zur Landjagd benutzt hatten. Solcher kleinen Harpunen oder Wurfpfeile bedienen sich die Eskimos auf der Südwestküste von Alaska noch heute.

Doch im Norden, längs der Küste, verschwinden die Vogelfedern, und eine kleine, am Pfeilschaft befestigte Blase tritt an ihre Stelle. Man fand, daß solche Mittel notwendig waren, um dem getroffenen Seehund beim Untertauchen und Fortschwimmen Hindernisse in den Weg zu legen. Ferner hielt man es für nötig, die Pfeilspitze so einzurichten, daß sie bei den heftigen Bewegungen des Tieres, um sie abzuschütteln, nicht abbrechen konnte, sondern sich vom Pfeilschafte loslöste (bei c der Figur auf Seite 29) und an dem in der Mitte des Schaftes (b') befestigten Riemen (c—b) hängen blieb, wodurch der Schaft in eine Querlage geriet und dem Tiere beim Schwimmen hinderlich wurde, wenn es mit ihm durchging. Auf diese Weise ist der sogenannte Blaerepil (Blasenpfeil) entstanden, den wir bei allen an der Meeresküste wohnenden Eskimostämmen finden.

Die Blase wird aus einer Möven= oder Scharbenkehle gemacht, die aufgeblasen und getrocknet wird. Am Pfeilschaft ist sie mit einem Knochenstück befestigt, in das ein Loch gebohrt ist, damit man sie aufblasen kann; das Loch wird mit einem Holzpflöckchen verschlossen.

Aus diesem Blasenpfeile hat sich möglicherweise die wichtigste Jagdwaffe der Eskimos, die sinnreiche Harpune mit Leine und Fangblase, entwickelt. Um größere Seetiere fangen zu können, hat man dem Pfeile allmählich eine immer größere Blase gegeben. Dabei aber sah man bald ein, daß sich durch den von der Größe der Blase hervorgerufenen stärkeren Luftwiderstand die Treffweite und die Kraft des Wurfes verminderte. Man machte sie also vom Pfeile los und verband sie nur mit seiner Spitze mittelst eines langen, starken Riemens, der Harpunenleine. Die Harpune, die größer und schwerer gemacht wurde, als der ursprüngliche Blasenpfeil, wurde von nun an allein geschleudert, schleppte aber die Leine mit. Die am anderen Ende der Leine befestigte Blase blieb auf dem Kajakdeck liegen und wurde erst dann ins Wasser geworfen, wenn das Tier getroffen war.

Nach dem Kajak ist die Harpune mit ihrer ganzen sinnreichen Konstruktion das vorzüglichste Erzeugnis des Eskimogeistes.[1)]

[1)] Anm.: Die Nordwestindianer und die Tschuktschen — ja, ich glaube, auch die Korjaken und Kamtschadkadalen — bedienen sich übrigens derselben Harpune mit Leine und großer Blase zur Jagd auf Seetiere

Ihr Schaft wird in Grönland aus rotem Treibholz, einer Art sibirischer Föhre, verfertigt, das schwerer ist, als das weiße Treibholz, aus dem man kleinere und leichtere Schleuderwaffen macht. Vorn ist der Schaft mit einer dicken, starken Knochenplatte versehen, an der oben ein gewöhnlich aus Walroßzahn geschnitzter, langer Knochenzapfen sitzt, den ein Riemengelenk so mit dem Schafte verbindet, daß der Zapfen bei starkem Druck oder Stoß von der Seite aus dem Gelenke geht, anstatt abzubrechen. Dieser Zapfen paßt genau in ein Loch in der eigentlichen Harpunenspitze, die ebenfalls aus Knochen gemacht wird — am liebsten aus Walroß- oder Narwalzahn — und die nunmehr stets mit einer Spitze oder vielmehr einem scharfen Blatte von Eisen versehen ist. Die Harpunenspitze hängt durch ein Loch mit der Fangleine zusammen und ist mit Agnorern oder Widerhaken versehen, der sie dort, wo sie einmal eindringt, festsitzen läßt. Ueberdies ist sie so eingerichtet, daß sie im Fleisch in eine Querlage gerät, sobald der Seehund sie abzuschütteln versucht. An dem Schaft wird sie so befestigt, daß man sie auf den obenerwähnten Zapfen steckt. Darauf wird die Leine mit einem in entsprechendem Abstand angebrachten, ebenfalls mit einem Loche versehenen Knochenstückchen an einem Knochenhaken (a) am Harpunenschafte derart angehakt, daß Schaft und Spitze fest zusammen halten.

Blasenpfeil.

Wenn nun die Harpune trifft und der Seehund sich

---

und schleudern sie vom Vordersteven ihrer großen offenen Kanoes oder Fellboote aus. Wahrscheinlich aber haben sie den Gebrauch dieser Waffe erst von den Eskimos erlernt.

überschlägt, geht der Zapfen sofort aus dem Gelenk (siehe a beim nebenstehenden Bild), und die Harpunenspitze mit der Fangleine löst sich vom Schaft, der auf dem Wasser treibt, bis ihn sein Eigentümer wieder auffischt, während der Seehund mit der Spitze im Leibe und der Harpunenleine mit der Blase im Schlepptau weiterschwimmt. Ich glaube, ein jeder muß einräumen, daß sich eine sinnreichere Erfindung aus Treibholz, Knochen und Seehundsfell kaum denken läßt, und man wird überzeugt sein können, daß sie die Arbeit vieler Generationen kostete.

In Grönland giebt es zwei Arten dieser Harpune. Die eine heißt Unâk, ist am Unterende oben nur mit einem beinernen Knopf versehen und ist länger und schlanker als die zweite. Diese heißt Ermangnak und läuft unten in zwei Knochenschienen oder Flügel aus, die jetzt meistens aus Walfischrippen gemacht werden. Sie dienen dazu, die Harpune schwerer zu machen und sie durch die Luft zu steuern. Eine solche ist auf Seite 30 abgebildet.¹) In Godthaab wurde gewöhnlich die Ermangnak gebraucht, doch ich hörte alte Seehundsfänger

Harpune.

¹) Anm. In Nordgrönland giebt es noch eine dritte und größere Harpunenart, die zum Walroßfange gebraucht und ohne Wurfholz geschleudert wird; sie hat dafür zwei beinerne Knöpfe (tikagut), einen für den Daumen und einen für den Zeigefinger.

vielfach darüber klagen, daß sie sich bei Wind schwerer werfen lassen als die Unâk, weil der Wind, sobald er von der Seite kommt, zu sehr in die Knochenschienen greifen und dadurch die Wurfrichtung verändern kann.

Die Fangleine wird aus Haut gemacht, die entweder der große Robbe (blauer Seehund = Phoca barbata) oder ein junges Walroß liefert. Sie ist gewöhnlich 14—16 m lang und einen guten halben Centimeter (etwa 7 mm) breit.

Zur Fangblase wird die Haut eines jungen Ringseehundes (Phoca foetida) genommen. Sie wird abgebälgt, enthaart, am Kopfe, den vorderen und den hinteren Gliedern luftdicht zugebunden und getrocknet.

Zur Aufwicklung der Fangleine gilt der Kajakstuhl, der vor dem Ruderer auf dem Deck angebracht ist. Auf ihm liegt die Leine, gut vor dem beständig über das Deck spülenden Seewasser geschützt, und bereit zum ungehinderten Ablaufen, wenn die Harpune geschleudert wird.

Zum Töten des harpunierten Seehundes wird eine Lanze (Anguvigak) gebraucht. Sie besteht aus einem Holzschaft, der, um möglichst

Vorderende der Harpune.

weit fliegen zu können, gewöhnlich aus weißem Treibholze hergestellt ist und vorne eine lange, in ein eisernes Blatt auslaufende Knochenspitze hat. Zu dem Blatte nahm man früher Stein statt Eisen. Die Knochenspitze besteht meistens aus Renntierhorn, oft aber auch aus Narwalzahn oder anderen Knochenarten. Damit der Seehund sie nicht abbrechen kann, ist sie am Schaft mit einem Gelenke, das dem Knochenzapfen der Harpune gleicht, befestigt.

Außerdem benützen sie auch den Vogelpfeil (Nufit). Dieser hat gleichfalls einen Schaft von weißem Treibholz. Vorne ist eine lange, schmale Spitze, jetzt von Eisen, früher aus Knochen. Daneben stehen noch mitten auf dem Schafte drei schrägliegende, nach vorne gerichtete Renntierhornspitzen mit großem Widerhaken. Sie rechnen nämlich darauf, daß, falls die vordere Pfeilspitze den Vogel nicht treffen sollte, der Schaft an diesem entlanggleite und dabei eine der Seitenspitzen den Vogel spieße und durchbohre, was auch die gewöhnlichste Art ist, den Vogel zu treffen. Ebenfalls eine Erfindung, die unsereinen zum berühmten Manne machen würde.

Alle diese Schleuderwaffen lassen sich, wie angedeutet, vom Federpfeil der Indianer ableiten. Doch um seine Waffen weiter und mit größerer Wucht schleudern zu können, hat der Eskimo eine Erfindung gemacht, durch die er sich von allen seinen Nachbarn, den asiatischen wie den amerikanischen Stämmen unterscheidet. Diese Erfindung ist das Wurfholz. Dieses vorzügliche Instrument, das die Länge und die Kraft des Armes in hohem Grade vergrößert, indem es wie eine Schleuder wirkt, ist merkwürdigerweise nur an wenigen Stellen der Erde bekannt. Wahrscheinlich nur an dreien. Erstens, in sehr primitiver

Im Kampf mit den Wellen.

Form, bei den Australnegern, zweitens im Lande der Coni und Puru am oberen Amazonenstrome, und drittens bei allen Eskimostämmen[1]), die es zu seiner höchsten Entwicklung gebracht haben. Die Annahme, daß das Vorkommen des Wurfholzes an so verschiedenen Stellen auf gemeinsamen Ursprung hinweise, ist wohl kaum zulässig, und somit können wir das der Eskimos als eine eigene, von ihnen selbst gemachte Erfindung ansehen. In Grönland wird das Wurfholz gewöhnlich aus rotem Treibholz gemacht. Es ist etwa einen halben Meter lang (vierzehn in meinem Besitz befindliche Wurfhölzer haben eine Länge von 42—52 cm), am unteren, breitesten Ende 7 bis 8 cm breit und ungefähr 1$^1/_2$ cm dick. Seitlich sind am unteren breiten Ende Kerben zum Anfassen, an der einen Seite für den Daumen, gegenüber für den Zeigefinger.[2]) Auf der oberen flachen Seite ist längs des ganzen Holzes eine Rinne für den Pfeil oder die Harpune. Es giebt zwei Wurfholzarten. Die eine dient hauptsächlich zum Abschnellen des Blasenpfeils und des Vogelpfeils. Sie hat oben am Schmalende einen Zapfen, der genau in eine Vertiefung des am Hinterende des Pfeils angebrachten Knochenknopfes paßt (vergleiche die beiden

---

[1]) Ueber die verschiedenen Formen des Wurfholzes bei den Eskimos, siehe Masons diesbezügliche Abhandlung im Annual Report etc. of Smithsonian Institution for 1884, Teil II, Seite 279.

[2]) An einigen Orten, z. B. im südlichsten Grönland und auf der Ostküste, hat das Wurfholz nur eine Vertiefung für den Daumen, während die andere Seite glatt oder mit einem Knochenstücke beschlagen ist, in welchem sich kleine Rillen befinden, damit die Hand nicht herabgleite.

Lanze.

folgenden Illustrationen.) Mit der zweiten Art schleudert man die Harpune und die Lanze; sie hat im oberen Schmalende ein Loch, in das ein schräg nach hinten gerichteter Zapfen an der Seite des Harpunen- oder Lanzenschaftes hineinpaßt, und dazu noch ein Loch weiter unten im Griffe, in das ein zweiter, gradeherausstehender Zapfen faßt. (Siehe Illustration auf Seite 36.) Wurfhölzer dieser

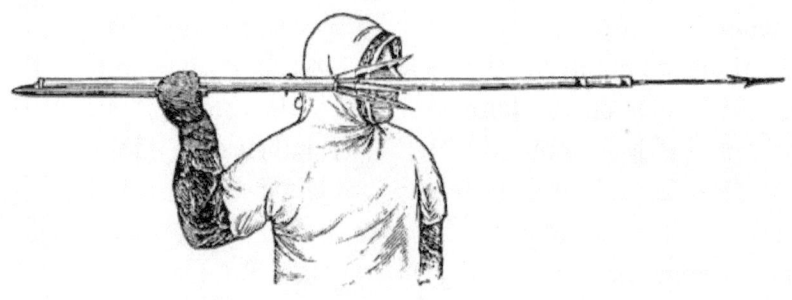

Wurf mit Vogelpfeil (a).

Art werden weiter nördlich, z. B. in Sukkertoppen, auch zum Schleudern des Vogelpfeils gebraucht.

Im südlichsten Grönland und auf der Ostküste finden wir aber noch ein Wurfholz, das zum Schleudern der Ernangnak oder Flügelharpune dient. Diese Form hat am oberen schmalen Ende einen Zapfen wie das Vogelpfeilwurfholz, und der Zapfen paßt in eine Vertiefung zwischen den Knochenflügeln der Harpune, dagegen sind am unteren Ende des Wurfholzes, dicht am Griffe, ein oder zwei Löcher, in welche die oben beschriebenen Knochenzapfen an der Seite des Harpunenschaftes hineingreifen.

Soll die Harpune oder der Pfeil mit dem Wurfholz — gleichviel welcher Art — geschleudert werden, so faßt man den Griff des Wurfholzes und führt es mit der Waffe zusammen in horizontaler Armhaltung wurfbereit rückwärts (siehe Illustration a). Indem man es dann aber kräftig wieder nach vorne schnellt, löst sich das untere Ende des Wurfholzes von der Harpune oder dem Pfeile los, während man mit dem oberen Ende, das noch an seinem Zapfen oder Knopfe festhält (siehe Illustration b und die folgende), die Waffe auf bedeutende Entfernung hin mit großer Treff-

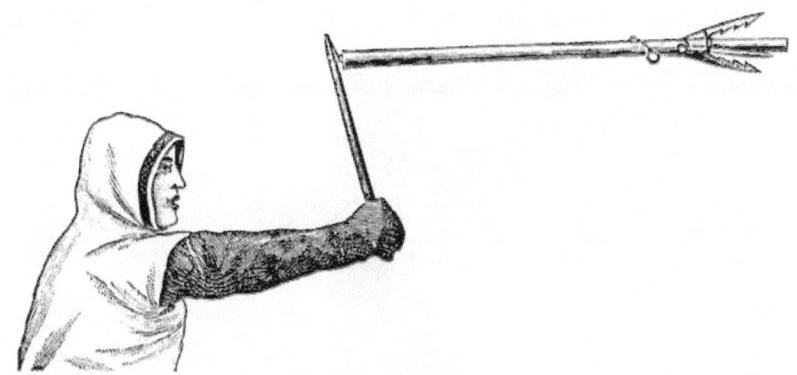

Wurf mit Vogelpfeil (b).

sicherheit fortschleudert. Eine außerordentlich einfache und wirkungsvolle Erfindung.

Außer den genannten Waffen hat der Eskimo, wenn er auf den Fang ausgeht, hinten auf seinem Kajak noch ein Messer liegen, dessen Schaft 1 Meter 30 Centim. und dessen spitze Klinge 20 Centimeter lang ist. Mit ihm wird dem Seehunde oder dem erbeuteten Seetier der Gnadenstoß gegeben. Vorn auf dem Kajak liegt ein kleineres Messer. Es dient zum Einstechen von Löchern in die Haut des Seehundes, um die Knochenstücke der Bugsierleine hindurchzuziehen, die der Eskimo stets mitnimmt, und mit der der zu bugsierende Seehund an der Seite des Kajaks festgemacht wird. Zu diesem Zwecke nimmt er auch eine oder mehrere Bugsierblasen mit, die sich aufblasen lassen und die den Seehund über Wasser halten.

Um die Beschreibung vollständig zu machen, sei auch noch das Knochenmesser angeführt, das, besonders im Winter, zur Kajakausrüstung gehört und hauptsächlich zum Abkratzen des Eises von den Kajakwänden gebraucht wird.

Nach der beigefügten Zeichnung wird man sich einen Begriff davon machen können, wie alle Waffen auf dem

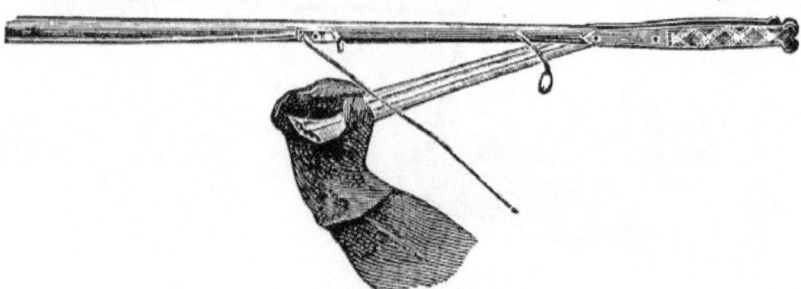

Wurf mit Harpune.

Kajak angebracht sind, wenn der Eskimo auf den Fang geht (a Kajakloch, b Fangblase, c Kajakstuhl mit aufgewickelter Harpunenleine [e], d Harpune, an ihrem Platze hängend, f Lanze, g Kajakmesser, h Blasenpfeil, i Vogelpfeil und k das Wurfholz des letzteren).

Doch das Wichtigste fehlt noch: die Beschreibung des Kajaks selbst.

Innen hat der Kajak ein Holzgerippe. Dieses Gerippe, von dem man sich hoffentlich nach der beigefügten Zeichnung eine Vorstellung machen kann, wurde früher stets aus Treibholz gemacht, und zwar am liebsten aus weißem, dem leichtesten. Zu den Rippen nahm man auch wohl Zweige von Weidengebüsch, das an den inneren Fjorden wächst. Heutzutage kauft man in den Kolonien an der

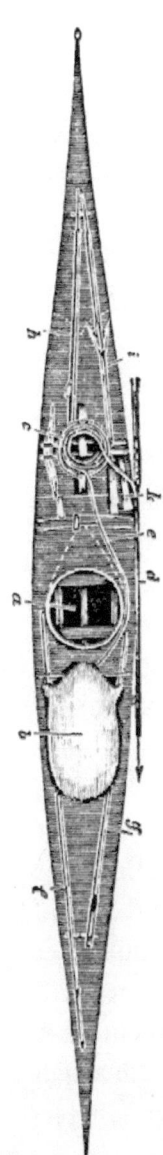

Kajak von oben gesehen.

Westküste oft europäische Tannen- oder Fichtenbretter aus dem Kolonieladen zum Kajakbau, obwohl man das Treibholz, hauptsächlich seines leichten Gewichtes halber, noch immer für viel geeigneter hält.

Dieses Holzgerippe wird außen mit Leder überzogen, vorzugsweise mit der Haut des Grönlandsseehundes (phoca groenlandica) oder dem Fell der Klappmütze (Cystophora cristata). Letzteres ist nicht so dauerhaft und wasserdicht. Bekommt man aber das Fell einer jungen Klappmütze, deren Haut noch nicht so große Poren hat, so gilt auch das für gut. Erlauben es die Vermögensverhältnisse, so nimmt man die Haut des blauen Seehundes (phoca barbata), die für die beste und stärkste gilt. Da aus ihr aber auch die Harpunenleinen gemacht werden, ist sie eigentlich nur auf der Süd- und Ostküste in genügender Menge vorhanden, um allgemein zum Kajakbeziehen genommen werden zu können. Seltener Verwendung findet das Fell des großen Ringseehundes (Fleckenseehund) [Phoca foetida].

Die Behandlung der Kajakfelle wird später (im achten Kapitel) besprochen werden. Am liebsten bezieht man den Kajak gleich, solange die Häute noch frisch

Kajakgerippe.

sind. Hat man sie schon trocknen lassen, so müssen sie ein paar Tage sorgfältig eingeweicht werden, ehe das Beziehen vor sich gehen kann. Sie müssen so naß und dehnbar wie möglich sein, damit sie sich richtig strammziehen lassen und getrocknet so straff wie ein gespanntes Trommelfell sitzen. Gerben, Kajakbeziehen und Nähen der Häute ist Frauenarbeit. Sie ist nicht leicht, und wehe, wenn der Bezug schlecht oder nicht straff genug sitzt! Das halten sie für eine große Schande.

Soll ein Kajak bezogen werden, so kommen alle oder wenigstens sehr viele Frauen des Ortes zusammen, um dabei zu helfen. Dies gilt ihnen für ein großes Vergnügen, weil sie zum Lohn für ihre Arbeit vom Kajakbesitzer gewöhnlich mit Kaffee traktiert werden. Die Bewirtung variiert je nach den Vermögensverhältnissen zwischen 25 Oere und einer Krone und drüber.

In der Mitte des Kajakdeckes ist ein Loch, nur gerade so groß, daß ein Mann seine Beine hineinstecken und sich setzen kann. Seine Hüften füllen die Oeffnung beinahe vollständig aus. Es bedarf daher einer gewissen Uebung, um einigermaßen gewandt in den Kajak hinein- und wieder aus ihm herauszukriechen. Oben umschließt das Loch der Kajakring, ein gebogener Holzreifen. Er erhebt sich 3 bis $3^{1}/_{2}$ cm über das Deck des Kajaks, und über ihn wird der Wasserpelz, auf den ich später zurückkomme, gezogen. An den Sitz werden über die Rippen des Kajakbodens ein oder mehrere Stücke alter Kajakhäute und ein Stück Bärenfell oder ein anderes weichhaariges Fell gelegt, um einen einigermaßen bequemen und weichen Sitzplatz herzustellen.

Gewöhnlich baut jeder Fänger seinen Kajak selbst und nimmt dabei so genau Maß am eigenen Körper, als wollte er sich einen Anzug schneidern. Ein Kajak für einen Grönländer von Durchschnittsgröße ist in der Gegend von Godthaab etwa 5½ m lang. Die Breite des Deckes beträgt vor dem Kajakring, wo sie am größten ist, ungefähr 45 cm oder etwas mehr, am Boden aber ist er bedeutend geringer. Sie richtet sich natürlich nach der Hüftenbreite des Kajakmannes und wird gewöhnlich genau so bemessen, daß er gerade darin Platz hat. Uebrigens muß ich noch bemerken, daß an der Godthaabsbucht, z. B. in Sardlok und Kornok, die Kajake länger und schmaler waren, als die Boote draußen an der offenen Meeresküste, wie in Kangek. Wahrscheinlich, weil der stärkere Seegang da draußen festere und leichter zu regierende Kajake verlangt und ein kurzer, breiter auch besser schaukelt und weniger Spülwasser nimmt.

Der Kajak pflegt zwischen Boden und Deck 12—15 cm hoch zu sein, vor dem Kajakringe ist er einige Centimeter höher, um das Einsteigen zu erleichtern und den Schenkeln des Sitzenden Raum zu geben.

Querschnitt des Kajaks. Die punktierte Linie stellt den Bezug vor.

Der Kajakboden ist ziemlich flach und bildet zwei sehr stumpfe Winkel (von ungefähr 140°) nach der Mitte zu. Nach vorne und hinten verschmälert er sich proportionsmäßig und läuft an beiden Enden in eine Spitze aus. Einen Kiel hat er nicht, dafür aber auf der Unterseite an beiden Enden gewöhnlich einen Beschlag von Knochenschienen, meistens aus Walfischrippen, der dazu dient, den Kajakbezug beim Landen vor Beschädigung durch scharfe Eisstücke und spitze Steine zu schützen. Beide Kajakspitzen sind gewöhnlich teils zum Schutz, teils zur Verzierung mit einem Beinknopf versehen.

Oben auf dem Verdeck sind meist sechs Querriemen

vor und drei bis fünf hinter dem Kajakring angebracht. In diese Riemen werden alle zum Fange nötigen Waffen und Geräte gesteckt, so daß sie sicher liegen und zur Hand sind. In diese Riemen sind Knochenstücke eingedrückt, teils um sie zu befestigen, teils auch, um sie etwas über das Verdeck zu erhöhen, damit sich die Waffen schneller hineinstecken lassen, und schließlich wohl auch, um den Kajak zu zieren. An einigen dieser Riemen wird die erlegte Beute befestigt. Besteht sie aus Federwild, so werden die Vögel mit dem Kopf unter den Riemen gesteckt. Ist es aber ein Seehund, Wal oder Wels, so wird die an dem Tiere befestigte Bugsierleine durch einen Riemen gezogen. Kleinere Fische werden überhaupt nicht festgemacht, sondern bleiben entweder lose auf dem Verdeck liegen oder werden in den hinteren Raum gestaut.

Ein Kajak ist so leicht, daß er mit allem Zubehör ohne Mühe oft mehrere Meilen über Land auf dem Kopfe getragen werden kann.

Zum Rudern bedient man sich eines zweiblattigen Ruders, das in der Mitte festgehalten und abwechselnd rechts und links eingetaucht wird, wie die Ruder unserer spitzen Kähne. Dieses Ruder ist wahrscheinlich aus dem einblattigen Kanoeruder der Indianer entstanden. Bei den Eskimos an der Südwestküste von Alaska finden wir noch heute nur letztere; erst nördlich von Yukonriver stößt man auf zweiblattige Ruder, aber auch dort sind die einblattigen noch überwiegend. Noch nördlicher und weiter östlich, längs der amerikanischen Küste, kommen beide Arten vor, bis schließlich östlich von Mackenzie das zweiblattige Ruder die Herrschaft behält.

Ruder.

Die Aleuten scheinen merkwürdigerweise nur das zweiblattige Ruder zu kennen¹), und soviel ich weiß, ist dies auch bei den asiatischen Eskimos der Fall²).

Bei schönem Wetter zieht der Kajakmann den sogenannten Halbpelz (Akuilisak) an. Ein Kleidungsstück aus wasserdichtem, enthaartem Fell, mit Sehnen zusammengenäht. In den unteren Rand ist eine Zugschnur oder richtiger ein Zugriemen eingenäht, der so angezogen werden kann, daß der Pelzrand gerade um den Kajakring paßt. Einige Mühe kostet es, ihn über diesen Ring zu streifen. Aber dann ist er auch so festzuschnüren, daß der Halbpelz den Kajak wasserdicht verschließt. Der obere Rand reicht dem Ruderer bis unter die Arme und hält sich hier durch Achselbänder oder Riemen, die über den Schultern liegen und nach Belieben durch einen einfachen Verschlußmechanismus, eine Knochenschnalle, verlängert oder verkürzt werden können. Die Knochenschnalle ist bei aller Einfachheit so sinnreich, daß wir einen so guten Verschluß mit all unseren Metallspangen und -Schnallen nicht herstellen könnten.

Halbpelz.

Ueber die Arme werden lose Fellärmel gezogen, die

---

¹) Siehe hierüber unter anderem schon die alten Verfasser Cook und King: A Voyage to the Pacific Ocean etc., third edition, London 1785, Band II, Seite 513.

²) Merkwürdig ist, daß die Bewohner der Sankt Lorenzinsel den Kajak garnicht zu kennen scheinen. Sie haben große, offene Fellboote, Baidaren, von gleicher Bauart wie die Boote der Tschuktschen. Vergleiche Nordenskiöld, Die Reise der Vega um Asien und Europa Christiania 1881, zweiter Teil, Seite 249.

am Oberarm und am Handgelenk festgebunden werden und den Arm beim Rudern trocken halten. Wasserdichte, lederne Fausthandschuhe mit besonderen Daumen bedecken die Hände.

Der Halbpelz genügt, um das Innere des Kajaks vor kleineren Wellen zu schützen. Bei hohem Seegang aber muß man den Wasserpelz (Tuilik) anziehen, der beinahe ebenso wie der Halbpelz zugeschnitten ist und ebenfalls um den Kajakring schließt. Nur nach oben zu ist er länger und mit Aermeln und einer Kapuze versehen. Er wird rund um das Gesicht herum und an den Handgelenken zugeschnürt, und mit ihm kann der Kajakruderer den größten Sturzseeen trotzen. Ja, er kann sogar kentern und sich wieder aufrichten, ohne naß zu werden und ohne einen Tropfen Wasser in den Kajak zu bekommen.

Wasserpelz.

Man kann sich denken, daß es nicht leicht ist, in einem Fahrzeug, wie dem Kajak, zu sitzen, ohne zu kentern, und daß dies mit einiger Uebung erlernt sein will. Einer meiner Freunde wollte den Kajak, den ich aus Grönland mitgebracht hatte, probieren und kenterte dabei viermal binnen zwei Minuten; kaum hatten wir ihn wieder aufgerichtet, so sahen wir ihn schon wieder Kopf stehn, den Boden des Kajaks nach oben.

Doch hat man erst die nötige Uebung, so kann man sich auch mit Hilfe des zweiblattigen Ruders bei jedem

Wetter wunderbar schnell durch das Wasser bewegen, und der Kajak ist ohne Vergleich auf der ganzen Welt das beste einsitzige Boot.

Man muß freilich seine Lehrzeit früh antreten, wenn man ein tüchtiger Kajakruderer werden will. Die grönländischen Knaben üben sich vom sechsten Jahre an im Boot ihres Vaters, und wenn sie zehn bis zwölf Jahre alt sind, giebt der tüchtige grönländische Fänger jedem Sohn einen eigenen Kajak. So war es wenigstens früher. Ja, Lars Dalager sagt über diesen Punkt: „Wenn sie acht bis zehn Jahre alt sind, müssen sie schon an solide Geschäfte gehen und in ihrem kleinen Kajak draußen auf See arbeiten."

Von dieser Zeit an geht der junge Grönländer beständig auf den Fang aus. Anfangs beschäftigt er sich nur mit Fischerei, erst später erlernt er den schwierigen Seehundsfang.

Sehr wichtig ist für den Kajakruderer die Fähigkeit, sich nach dem Kentern selbst wieder aufzurichten. Dies geschieht, indem man mit einer Hand das eine Ende des Ruders umspannt, mit der andern aber das Ruder möglichst in der Mitte packt und es längs der einen Seite des Kajaks nach oben hebt, wobei das freie Ende nach der Vorderspitze des Kajaks zeigen muß. Darauf führt man das Ruder hastig seitwärts[1] nach außen, so nahe wie möglich an der Oberfläche des Wassers, und beugt den Oberkörper tief auf das Verdeck herab. Ist man noch nicht ganz oben, so ist noch ein Wricken mit dem Ruder nötig.

Ein tüchtiger Kajakmann kann das Ruder zum Auf-

---

[1] Dadurch, daß das Ruder soweit wie möglich seitwärts geführt wird, bis es schließlich quer auf dem Kajak steht, kommt es in eine etwas schräge Lage, wodurch das Ruderblatt bei der Bewegung das Wasser niederdrückt, also emportreibende Kraft erhält.

richten völlig entbehren. Er hilft sich ebenso gut mit dem Wurfholz, ja sogar mit einem Arme. Der Gipfel der Geschicklichkeit besteht darin, daß man dabei nicht einmal die Hand flach hält, sondern sie ruhig ballt. Ich sah die Eskimos oft zum Beweise, daß sie dies wirklich könnten, vor dem Kentern einen Stein in die Hand nehmen und damit wieder emporkommen.

Ein Eskimo erzählte mir von der außerordentlichen Geschicklichkeit eines gewissen Fängers in dieser Hinsicht. Er könne sich nach rechts aufrichten — nach links — mit Ruder — ohne Ruder — mit Wurfholz — ohne Wurfholz — mit ausgestreckter Hand — mit geballter Faust, ja, das einzige, womit er sich nicht aufrichten könne, sei — die Zunge. Und dabei streckte mein guter Eskimo seine eigene Zunge heraus und schnitt abscheuliche Grimassen, um mir zu veranschaulichen, welche ungeheure Anstrengung es kosten würde, sich mittelst eines so unbequemen Werkzeuges in die Höhe zu arbeiten.

Früher mußte jeder einigermaßen tüchtige Kajakruderer auf der Westküste sich in jeder Lage „aufrichten" können und konnte es auch. Seit aber die europäische Zivilisation und damit der Verfall hier ihren Einzug hielten, geht es auch in diesen Dingen den Krebsgang. Immerhin findet man es noch an vielen Stellen, und ich kann aus eigener Anschauung behaupten, daß in Kangek bei Godthaab die meisten Seehundsfänger es konnten. Auf der Ostküste scheint, nach Kapitän Holms Aussage, diese Geschicklichkeit noch allgemein zu sein, aber jedenfalls nicht so, wie früher auf der Westküste. Das ist sehr wohl begreiflich, da es an der Westküste wenig Eis und viel hohen Seegang giebt, während im Osten das umgekehrte Verhältnis herrscht.

Ein Kajakmann, der sich in jeder Lage aufrichten lernte, kann jedem Wetter trotzen. Kentert sein Kajak, so ist er gleich wieder oben. Er spielt mit den Wellen und durchstreift sie wie ein Seevogel. Bei schwerem Seegang legt er die Seite des Kajaks bei und das Ruder flach aufs Deck, beugt sich vornüber und läßt sie über sich hinrollen. Oder er wirft sich ihnen auch wohl seitwärts entgegen und richtet sich wieder auf, wenn sie über ihn hingerollt sind. Das schwerste Seemanöver, von dem ich hörte, sollen einige Fänger bei tobender See ausführen, indem sie beim Stehen der Sturzwellen freiwillig kentern und sich erst wieder aufrichten, wenn die Wellen über den Boden des Kajaks hingegangen sind. Eine kühnere Art von Seetüchtigkeit ist schwerlich denkbar.

Kann man sich nicht selber aufrichten, so ist, falls keine Hülfe in der Nähe ist, mit dem Augenblicke des Kenterns alle Hoffnung auf Rettung aus. Und man kentert so leicht! Eine Sturzsee genügt, und auch das Festhalten der Leine beim Harpunieren eines Seehundes kann dazu führen. Es geschieht aber auch ebenso oft bei stillem Wetter oder durch eine einzige unvorsichtige Bewegung.

Heutzutage finden alljährlich viele Eskimos ihren Tod auf diese Weise. Als Beispiel sei angeführt, daß im Jahre 1888 im dänischen Südgrönland von 162 Todesfällen (worunter 90 Personen männlichen Geschlechtes) 24 oder etwa 15 % (also mehr als ein Viertel der männlichen) durch Ertrinken beim Kajakkentern verursacht wurden.

Im Jahre 1889 kamen auf 272 Todesfälle (worunter 152 Personen männlichen Geschlechtes) wieder 24 oder ungefähr 9 % Ertrunkene. Dies bezieht sich auf eine Bevölkerung von 5614, von denen 2591 Männer sind.

Kapitel IV.
Auf dem Meere im Kajak.

Man hört so oft, wie der Eskimo der Feigheit beschuldigt wird. Dies liegt gewiß zum großen Teile daran, daß die, die so über ihn urteilen, ihn entweder nur auf dem Lande und bei schönem Wetter auf See beobachtet haben, — und dann ist er zu gutmütig oder zu bequem, um Mut zu zeigen — oder daß sie sich nicht die Mühe nahmen, sich in seine Denkweise hineinzuversetzen. Oft mochte er auch aufgefordert sein, etwas zu thun, was er weder verstand, noch mochte.

Wenn wir unter Mut verstehen, sich wie ein Tiger bis auf den letzten Blutstropfen selbst gegen Uebermacht zu schlagen, den Mut, der sich, wie Spencer sagt, am häufigsten gerade bei den niedrigststehenden Menschenrassen und besonders bei vielen Tieren findet, dann müssen wir einräumen, daß die Eskimos nicht übermäßig viel davon besitzen. Sie sind zu friedfertig und gutmütig, um z. B. wiederzuschlagen, wenn man sie ohrfeigt, und daher haben die Europäer, von Egede und den ersten Missionaren an, sie ungehindert erst prügeln und dann feige nennen können. Doch der streitbare Mut steht in Grönland nicht in hohem Ansehen, und ich fürchte, daß sie uns darum nicht höher achten, weil wir ihn so reichlich besitzen und zeigen.

Von jeher huldigten sie dem christlichen Lehrsatz: „So Dir jemand einen Streich giebt auf Deinen rechten Backen, dem biete den andern auch dar." (Ev. Matth. 5, V. 39.)

Hieraus zu schließen, daß der Eskimo feig ist, wäre verkehrt.

Um sich den rechten Begriff von dem Werte eines Menschen zu bilden, muß man ihn bei seiner Berufsarbeit gesehen haben. Folgt dem Eskimo aufs Meer hinaus, seht ihn dort arbeiten, und Ihr werdet ihn bald mit anderen Augen ansehen. Denn, versteht man unter Mut, daß man im Augenblicke der Gefahr ruhig seinen Plan macht, wie man die Schwierigkeiten wohl überwinden könnte, und ihn dann mit rascher Geistesgegenwart ausführt, oder daß man einer unvermeidlichen Gefahr und sogar dem sicheren Tode mit unerschütterlicher Selbstbeherrschung entgegengeht, — dann finden wir in Grönland mutigere Männer, als wir zu sehen gewohnt sind.

Der Kajakfang bringt viele Gefahren mit sich. Der Vater kam auf dem Meere um, Bruder und Freund oft gleichfalls, und dennoch geht der Eskimo täglich, im Sturme wie bei Windesstille, ruhig an seine Arbeit draußen in See. Stürmt es gar zu arg, so tut er es vielleicht ungern, denn Erfahrung hat ihn gelehrt, daß bei solchem Wetter manch einer umkommt. Ist er aber einmal draußen, so geht es so ruhig vorwärts, als sei ihm ein Sturm das gleichgültigste Ding der Welt.

Der Kajakfang ist ein herrlicher Sport, ein spielender Tanz mit dem Meer und dem Tode. Man kann nichts Stolzeres sehen, als den Kampf des Ruderers gegen die schweren Wellen, die ihn ganz unter sich begraben. Oder wenn die Boote, draußen vom Unwetter überfallen, den

Hafen suchen müssen und gleich schwarzen Sturmvögeln vor dem Winde her heransausen, während ihnen die Wogen wie rollende Berge folgen. Dann wirbeln die Ruder durch Wasser und Luft, der Oberkörper ist leicht vornübergebeugt, und der Kopf wendet sich häufig, nach Sturzwellen ausspähend, halb zurück. Alles ist da Leben und Mut, obwohl die See rings umher einem schäumenden Schlunde gleicht.

Dann taucht vielleicht, mitten im wildesten Spiele, ein Seehund auf: schneller als ein Gedanke fliegt die Harpune durch den hochspritzenden Wasserschaum. Der Seehund entflieht mit der Blase, wird jedoch bald eingeholt und getötet. Und wieder geht es weiter, mit der Beute im Schlepptau — und alles das geschieht mit derselben großartigen Fertigkeit und dem ruhigsten Gesicht, ohne eine Ahnung, daß dies eine Heldentat war.

Da ist er groß. Und wir? Ja, in solcher Umgebung erscheinen wir sehr klein!

Begleiten wir den Eskimo einen Tag auf den Fang.

Schon mehrere Stunden vor Tagesanbruch ersteigt er den Aussichtsberg hinter seinem Wohnorte und hält Umschau, ob das Wetter günstig zu werden scheint. Ist er hierüber mit sich im Reinen, so geht er langsam wieder nach Hause und legt den Kajakpelz an. In der guten alten Zeit bestand sein Frühstück aus einem tüchtigen Schlucke frischen Wassers. Jetzt, da er auch schon etwas von der europäischen Verzärtelung angesteckt worden ist, trinkt er gewöhnlich mehrere Tassen Kaffee, und zwar recht starken. Morgens ißt er nichts, er behauptet, es sitze sich dann unbequem im Kajak, und man arbeite so leichter; auch nimmt er keinen Mundvorrat mit, nur ein wenig Kautabak.

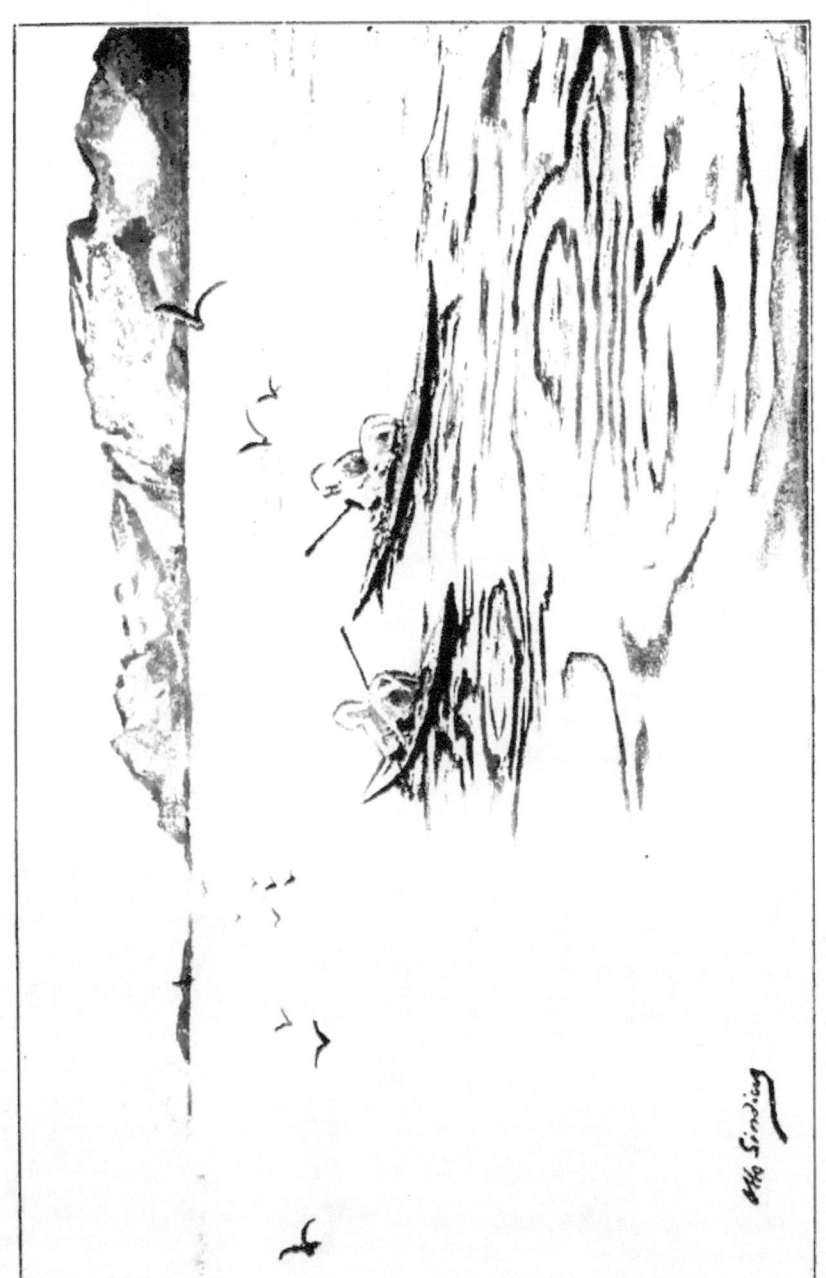

Ausfahrt zum Fang.

Hat er den Kajak an den Strand getragen und liegen die Fanggeräte an ihrem Platz, so kriecht er in das Kajakloch, macht den Wasserpelz sicher am Kajakring fest und sticht in See. Gleichzeitig gehen aus den anderen Häusern des Ortes mehrere mit ihm hinaus. Heute gilt es den Klappmützen, und der Jagdgrund liegt zwei Meilen entfernt bei einigen Bänken draußen im offenen Meere.

Es ist ruhiges Wetter, die Wellen rollen in langen Dünungen auf die Holme zu. Ein leichter Dunst liegt noch zwischen den Inseln über den Engen, durch die sie rudern, und läßt die auf dem Wasser liegenden Seevögel doppelt groß erscheinen. Seite an Seite durchschneiden die Kajake mit leisem Plätschern das Wasser, die Ruder tauchen im Takte ein, die Männer unterhalten sich lebhaft mit einander, und hin und wieder bricht einer in heiteres Lachen aus. Bald schleudert dieser, bald jener spielend den Vogelpfeil, um Auge und Arm zu üben. Da kommt einem von ihnen ein Alk in den Wurf: der Pfeil fliegt durch die Luft, und der durchbohrte Vogel sucht, heftig mit den Flügeln schlagend, unterzutauchen, wird aber im nächsten Augenblick auf der Pfeilspitze emporgehoben; er wird losgemacht, der Jäger beißt ihm in den Schnabel und dreht ihm mit einem kräftigen Rucke den Hals um, worauf er hinten auf dem Kajak befestigt wird. Bald verlassen sie die Engen und die Holme, um geradeaus ins offene Meer hinauszurudern.

Nach mehrstündiger Fahrt kommen sie endlich auf dem Fanggebiete an, sehen an verschiedenen Stellen große Seehundsköpfe aus dem Wasser gucken und zerstreuen sich, um der Beute nachzugehen.

Boas, einer der besten Fänger seines Ortes, hat weit hinten eine große Klappmütze erblickt und setzt ihr nach;

doch sie ist untergetaucht, und nun muß er beilegen und warten, bis sie wieder zum Vorschein kommt.

Dort! ein wenig weiter nach vorne guckt ein runder, dunkler Kopf aus dem Wasser. Tief auf den Kajak niedergebeugt, rudert Boas mit leichten, lautlosen Schlägen näher an den Seehund heran, der ruhig und unbekümmert daliegt, den Kopf emporstreckt, und sich von der Dünung auf und nieder schaukeln läßt. Doch auf einmal wird das Tier aufmerksam. Es hat den Reflex des Ruders gesehen und starrt nun den Feind mit seinen großen runden Augen an. Der läßt die Ruder sinken und rührt kein Glied, während der Kajak lautlos weiter gleitet. Der Seehund hat nichts Auffälliges entdeckt und verfällt wieder in seine frühere Sorglosigkeit. Er wirft den Kopf zurück, streckt die Schnauze in die Luft und badet sich in der Morgensonne, die auf seinem dunklen nassen Felle glänzt. Unterdessen nähert sich der Kajak schnell. So oft der Seehund hinsieht, hält Boas mit dem Rudern ein und bewegt keinen Muskel, doch sowie das Tier wieder die Augen fortwendet, geht die Fahrt wie ein Strich vorwärts. — Er nähert sich auf Treffweite, legt die Harpune bereit, sieht nach, ob die Leine auf dem Kajakstuhl in Ordnung ist; noch ein Ruderschlag, und der Augenblick ist gekommen — da taucht der Seehund ruhig unter. Das Tier ist nicht erschreckt worden und wird folglich irgendwo in der Nähe wieder auftauchen. Er muß also warten. Das aber nimmt Zeit in Anspruch, denn der Seehund kann unglaublich lange unter Wasser bleiben, und dem Wartenden erscheint die Zeit noch länger. Doch der Eskimo besitzt eine bewundernswerte Geduld: ohne etwas anderes zu bewegen als den Kopf, der sich spähend nach allen Seiten dreht, sitzt er vollkommen regungslos da. Endlich zeigt

sich ein wenig nach der Seite hin wieder der Seehunds-
kopf über dem Wasser. Vorsichtig wendet Boas seinen
Kajak, ohne von dem Tier bemerkt zu werden und fährt
ihm von neuem über den Wasserspiegel entgegen. Da
plötzlich wird die Klappmütze aufmerksam, sieht ihn einen
Augenblick starr an und taucht unter. Doch Boas kennt
die Gewohnheiten der Seehunde von Alters her und rudert
nun in voller Fahrt nach der Stelle hin, wo das Tier
verschwunden ist. Es dauert auch wirklich nur einige
Sekunden, bis der Seehund wieder neugierig aus dem
Wasser guckt. Nun ist er in Treffweite; Boas greift
zur Harpune, führt sie nach hinten, noch ein kräftiger Ruck
— und wie von einer Stahlfeder getrieben, schnellt sie
sausend vom Wurfholz ab, die lange Fangleine, die
förmlich durch die Luft wirbelt, mitschleppend. Der
Seehund macht einen gewaltigen Satz, doch während er
den Rücken zum Untertauchen krümmt, fährt ihm die
Harpune bis zum Schafte in die Seite. Sein Hinterleib
peitscht mit einigen gewaltsamen Schlägen das Wasser zu
Schaum, und fort ist er, die Fangleine mit in die Tiefe
ziehend. Unterdessen hat Boas das Wurfholz zwischen
die Zähne genommen und blitzschnell die Fangblase hinter
sich ins Wasser geworfen. Sie tanzt auf der Oberfläche hin, scheint aber bald untergehen zu wollen und
thut es schließlich auch. Doch bald kommt sie wieder
zum Vorschein, und Boas rudert ihr nach, so schnell die
Ruder ihn vorwärts bringen. Unterwegs nimmt er den
Harpunenschaft auf, den der Seehund abgeschüttelt hat
und der nun emporgetrieben ist. Die Lanze liegt wurfbereit da. Im nächsten Augenblick taucht die Klappmütze
wieder auf. Wütend, daß an Entkommen nicht zu denken ist,

wendet sie sich gegen ihren Verfolger, stürzt sich zuerst auf die Blase, zerfetzt sie und geht dann auf den Kajak los. Wieder liegt Boas auf dem Anschlage. Das Tier krümmt den Rücken und schießt mit aufgesperrtem Rachen so schnell durch die Wogen, daß das Wasser braust. Jetzt kann ein Fehlwurf dem Fänger das Leben kosten. Doch Boas erhebt mit der größten Gemütsruhe die Lanze und stößt sie mit einem kräftigen Ruck so tief in das offene Maul des Tieres, daß die Spitze aus dem Nacken wieder herauskommt. Die Klappmütze zuckt zusammen, ihr Kopf sinkt, aber im selben Augenblick richtet sie sich lotrecht im Wasser auf. Ein Blutstrom entquillt zischend dem weitgeöffneten Rachen, und sie stößt ein tiefes, wildes Gebrüll aus, während die Blase über ihrer Schnauze zu erstaunlicher Größe anschwillt. Sie schüttelt den Kopf so heftig, daß der Lanzenschaft bebt und hin und her schwankt, kann aber die Lanze weder abbrechen noch abschütteln. Im nächsten Moment stößt Boas ihr die zweite Lanze hinter der einen Vorderfinne durch Lunge und Herz; sie sinkt zusammen — der Kampf ist beendet. Boas rudert dicht an das sterbende Tier heran, und falls es sich noch regt, giebt er ihm mit dem langstieligen Messer den Gnadenstoß. Dann werden die Lanzen ruhig herausgezogen, abgespült und wieder an ihren Platz gelegt, die Bugsierleine mit der Bugsierblase hervorgeholt und, nachdem letztere aufgeblasen, um den Seehund geschlungen, die Harpunenspitze herausgeschnitten und wieder auf den Schaft gesteckt, die Fangleine um den Kajakstuhl gewickelt und die Fangblase hinten auf den Kajak geworfen. Hierauf werden dem Seehunde mit dem dazu bestimmten Riemen die Vorderfinnen am Leibe festgeschnürt und er selbst mit der Bugsierleine längs des

Kajaks so festgebunden, daß er sich leicht schleppen läßt. Zu diesem Zwecke wird der Kopf am ersten Riemenpaare auf dem Vorderdecke und der Hinterleib am letzten hinter dem Ruderer befestigt. Jetzt ist Boas mit ihm fertig und sieht sich nach mehr um. Er hat Glück und braucht nicht lange zu rudern, bis er wieder eine Klappmütze erblickt. Sofort befreit er sich von seiner erlegten Beute, die von der Bugsierblase über Wasser gehalten wird, und beginnt die Jagd von neuem. Nach einigem Jagen und gespanntem Warten erlegt er auch dieses Tier, nimmt es in Schlepptau und kehrt nun zu seiner ersten Beute zurück. Die beiden großen Tiere werden rechts und links am Kajak befestigt. Er ist jetzt allerdings schwer beladen und geht nicht mehr so leicht, doch das ist für Boas kein Hindernis, noch mehr zu fangen. Sowie in seinem Fahrwasser eine neue Klappmütze auftaucht, geht die Jagd wieder los, und erlegt er noch mehrere, so wird eine an der anderen festgebunden. Auf diese Weise kann ein Mann bequem vier Tiere bugsieren, ja im Notfall noch mehr.

Inzwischen hat Tobias, ein anderer berühmter Fänger des Ortes, nicht soviel Glück gehabt, wie Boas. Er machte zuerst auf einen Seehund Jagd, der untertauchte und innerhalb Sehweite nicht wieder sichtbar wurde. Dann erblickte er schließlich einen anderen. Doch als er auf ihn losruderte, tauchte plötzlich dicht vor ihm ein Haubenseehund[1]) auf und wurde sogleich harpuniert.

Der große Seehund wälzt sich wie ein Verrückter im Wasser. Die Leine wirbelt mit rasender Fahrt ab, bleibt

---

[1]) Dies ist das ausgewachsene Männchen der Klappmütze. Er hat über der Schnauze eine Haut, die er zu erstaunlicher Größe aufblasen kann.

aber unter dem Vogelpfeilwurfholz hängen, das Vorderteil des Kajaks wird von ihr mit unwiderstehlicher Kraft hinabgezogen, und ehe Tobias sich dessen versieht, geht ihm das Wasser auch schon bis unter die Arme. Das einzige noch Sichtbare ist sein Kopf und das Hinterende des Kajaks, das lotrecht auf dem Wasser steht. Es sieht aus, als sei alles verloren; alle, die sich in der Nähe befinden, rudern aus allen Kräften herbei, obgleich sie wenig Hoffnung haben, noch rechtzeitig zu seiner Rettung anzulegen. Doch Tobias ist ein ausgezeichneter Ruderer, er hält sich trotz der verzwickten Lage im Gleichgewichte und läßt sich von dem Seehunde, der alles versucht, um ihn in die Tiefe zu ziehen, durch das brausende Wasser schleppen. Endlich taucht der Seehund wieder auf, und in demselben Augenblicke ergreift Tobias die Lanze und durchbohrt ihm mit tötlichem Wurfe den Kopf. Eine matte Bewegung — und das Tier sinkt zusammen. Die anderen kommen gerade rechtzeitig an, um Tobias seine Beute festmachen zu sehen und ihr Speckstück[1]) in Empfang zu nehmen. Sie konnten ihre Bewunderung über diese Geistesgegenwart und Geschicklichkeit nicht unterdrücken und sprachen noch lange davon. Tobias und Boas waren überhaupt die besten Seehundsfänger im ganzen Orte und, wie man mir erzählt hat, in ihrer Jugend so geschickt, daß sie es verschmähten, sich der Blase zu bedienen, und sich statt dessen die Leine um den eigenen Leib oder um den Kajakring schlangen und also den harpunierten Seehund, wenn er nicht gleich tot war, mit sich und dem Kajak,

---

[1]) Wenn ein Seehund gefangen wird, erhalten die in der Nähe befindlichen Kajakmänner jeder ein Stück frischen Speckes von dem Tiere und verzehren es gewöhnlich gleich.

statt, wie üblich, mit der Fangblase, abziehen ließen. Dies gilt den Grönländern für die nobelste Jagdart, und nur wenige bringen es soweit.

Bis jetzt ist das Wetter schön gewesen, glatt wogte das Meer im Sonnenschein, doch im Laufe der letzten Stunden begannen dunkle, drohende Wolkenbänke sich am südlichen Himmelsrande zusammenzuziehn. Kaum hat Tobias seinen Seehund festgemacht, hört er auch schon ein dumpfes Brausen und sieht es im Süden wie Rauch über der See liegen. Das bedeutet Sturm, und der Rauch sind die spritzenden Wogen, die er vor sich hertreibt. Von allen Winden fürchtet der Grönländer den Sturm aus Süden (Nigek) am meisten, weil dieser stets heftig auftritt und die See gewaltig aufrührt.

Jetzt möglichst schnell ans Land! Die keinen Seehund im Schlepptau haben, kommen am leichtesten vorwärts, versuchen aber, mit den anderen zusammenzubleiben. Sie sind noch nicht weit gekommen, da hat der Sturm sie schon eingeholt. Er peitscht das Wasser vor sich her zu Schaum, und die Ruderer fühlen ihn im Rücken, wie einen Riesen, der sie emporhebt und vorwärtsschleudert. Jetzt wird es ernst. Die Wogen erheben sich bald wie turmhohe Wasserberge, brechen und wälzen sich über sie herab. Es geht dem Lande zu, aber mit beinahe ausgesprochenem Seitenwind. Noch liegt es weit ab, man kann vor Spritzwasser nichts sehen, und beinahe jede frische Sturzsee begräbt sie unter sich, so daß man nur einige Köpfe, Arme und Ruderstümpfe über den Schaumkämmen sieht.

Dort kommt eine gewaltige See; schon von fern erglänzt sie schwarz und weiß. Sie türmt sich auf, der Himmel verschwindet fast. Sofort stecken alle an der Luvseite Befindlichen das Ruder unter den Riemen, dann beugen sie den Oberkörper vor, und die Sturzsee bricht über sie herein. Einen Augenblick ist beinahe alles verschwunden. Die im Lee warten gespannt, bis die Reihe an sie kommt. Jetzt rollt das Wasser auch über sie hin, und nun schießen alle Boote wieder mit neuer Fahrt vorwärts. Doch eine solche Sturzsee kommt nicht allein, ihr folgen noch schwerere. Die Kajakmänner legen die Ruder flach über dem Deck nach der Luvseite aus, beugen den Oberkörper vornüber, und wenn der weiße Wasserfall sich mit Donnergetöse über sie ergießt, stürzen sie sich ihm selbst in den Rachen und brechen dadurch seine Gewalt. Wieder sind sie einen Augenblick verschwunden, — da taucht ein Kajak auf, auf dem rechten Kiele — noch einer, aber mit dem Boden nach oben — Pedersuak ist gekentert. Der nächste Nachbar eilt zur Hülfe herbei, da bricht die dritte Sturzsee über sie herein, und jeder muß an sich selbst denken. Es war zu spät — zwei sind gekentert; aber der zweite richtet sich sofort wieder auf, und sein erster Gedanke gilt dem Kameraden, dem er von neuem zu Hülfe eilt. Er treibt seinen Kajak neben den gekenterten, legt sein Ruder über beide, ergreift unter dem Wasser den Arm des Freundes und zieht ihn mit einem Rucke so hoch, daß jener das Ruder fassen kann, und sich dann auch im Nu wieder aufrichtet. Der Wasserpelz hat sich auf der einen Seite ein bischen vom Kajakringe gelöst und ein wenig Wasser eindringen lassen, doch nicht soviel, daß er deshalb nicht weiter könnte. Inzwischen sind die andern herbeigekommen, sie fischen sein verlorenes Ruder auf, und nun kann es wieder weitergehen.

Für die Bugsierenden wird es immer schlimmer, sie sind meistens die Letzten, und die großen Seehunde schlagen

Kajakmann von einem Walroß angegriffen.

schwer gegen die Seiten des Kajaks. Sie denken daran, ihre Beute preiszugeben, aber die schwere Welle rollt vorbei, und da wollen sie es noch eine Weile versuchen. Der stolzeste Augenblick im Leben eines Fängers ist der Moment, da er seinen Fang in den Hafen bugsiert und die freudestrahlenden Gesichter seiner Hausgenossen ihn vom Strande anlachen. Schon weit draußen auf See sieht er sie in Gedanken vor sich und freut sich wie ein Kind; kein Wunder, daß er seine Beute nur im äußersten Notfalle fahren läßt.

Nach vielen bösen Sturzseen kommen sie endlich mehr unter Land. Hier giebt ihnen eine kleine Inselgruppe, die nach Süden hin weit draußen liegt, einigermaßen Schutz, die See geht hier weniger heftig, und je mehr sie sich dem Lande nähern, desto besser und schneller geht es vorwärts.

Unterdessen sind die Frauen zu Hause in großer Angst. Als der Sturm ausbrach, liefen sie nach dem Aussichtsberg hinauf oder auf die Landzungen hinaus und standen dort in dichten Gruppen, über das empörte Meer hin nach ihren Söhnen, Männern, Vätern und Brüdern ausspähend. Hier sieht man sie dicht aneinandergedrängt frierend und spähend stehen, bis ihre durch die Angst geschärften Augen die Kommenden als schwarze Punkte am Horizonte entdecken und der ganze Platz von dem Freudengeschrei „Sie kommen! Sie kommen!" widerhallt. Man fängt an zu zählen, wie viele es sind. „Zwei fehlen!" — „Nein, da ist der eine!" — „Nein, alle sind da! Alle sind da!"

Bald fangen sie an, einzelne herauszukennen, teils an der Art zu rudern, teils an der Form des Kajaks, obwohl alle Boote nur wie schwarze Punkte aussehen. Plötzlich ertönt ein wildes Freudengeheul: „Boase kaligpok!!!"

(Boas bugsiert); ihn erkennen sie leicht an der Größe. Diese Freudenbotschaft geht von Haus zu Haus, die Kinder laufen umher und schreien es in die Fenster, und oben auf dem Berge lösen sich die Gruppen in einen Freudentanz auf. Dann erschallt wieder ein Jubelruf: „Ama Tobiase kaligpok!!!" (Auch Tobias bugsiert), und auch diese Kunde geht von Haus zu Haus. Von neuem ertönt es: „Ama Simo kaligpok!" „Ama David kaligpok!!" Und wieder stürmen Frauen aus den Häusern den Aussichtsberg hinauf, um aufs Meer hinauszustarren, das sich weiß in weiß gegen die Holme und Klippen abhebt, und auf dem ab und zu zwischen den rollenden Wassermassen elf schwarze Punkte, die langsam näher kommen, zu unterscheiden sind.

Endlich steuern die ersten Kajake in die Bucht vor dem Orte. Es sind die, die keinen Seehund haben. Leicht und sicher jagt einer nach dem andern auf den flachen Strand, hoch auf dem Rücken der Wellen tanzend. Sie werden von den Frauen, die die Boote höher aufs Ufer hinaufziehen müssen, in Empfang genommen.

Dann folgen die Bugsierenden. Sie müssen etwas vorsichtiger zu Werke gehen, sie machen ihre Beute los und sorgen erst dafür, daß sie den Frauen am Strande zugeworfen wird. Darauf landen sie selber. Einmal aus dem Kajak gestiegen, kümmern sie sich, wie auch die Zuerstgekommenen, nur um sich selbst und ihre Geräte, die an ihren Platz über der Flutmarke getragen werden. Auf ihre Beute werfen sie keinen Blick, — alle fernere Arbeit damit liegt den Frauen ob.

Unterdessen gehen die Männer in ihr Haus, legen die nassen Kleider ab und das Hauskleid an, das in der

Heidenzeit, wie wir gesehen haben, ein wenig luftig war, jetzt aber etwas sichtbarer geworden ist.

Nun essen sie endlich ihr Frühstück. Aber wirklich satt werden sie erst, wenn die heimgeführte Beute zerlegt, gekocht und in einer großen Schüssel auf den Fußboden gesetzt wird. Dann verschwinden unglaubliche Mengen Fleisch und Speck in ihrem Magen.

Sobald der Hunger gestillt ist, nehmen die Frauen, wie immer, etwas vor, Näharbeit oder dergleichen, indes die Männer der wohlverdienten Ruhe pflegen oder ihre Waffen putzen, die Harpunenleine zum Trocknen aufhängen u. s. w. Dann beginnen die Fänger von den Tagesereignissen zu sprechen, und die ganze Familie hört andächtig zu, besonders die Knaben. Die Darstellungsweise ist nüchtern und frei von Aufschneiderei oder dem Bestreben, in den Hörern eine übertriebene Vorstellung von den überwundenen Schwierigkeiten zu erwecken, wozu wir Europäer bei dergleichen Gelegenheiten häufig neigen dürften.

Dabei aber hat sie in ihrer eigentümlichen Breite etwas Lebhaftes und Malerisches. Die Eskimos begleiten ihre Rede mit erklärenden Handbewegungen, und „wenn sie in ihrer Erzählung soweit gekommen sind," sagt Dalager, „daß der Todesstoß exprimiert werden soll, so schwingen sie den rechten Arm in die Luft und strecken den linken Arm, der das Tier bedeutet, geradeaus. Worauf die Demonstration gewöhnlich folgendermaßen lautet: „Als ich nach dem Pfeile greifen wollte, sah ich mich nach ihm um; da lag er; ich griff nach ihm; ich faßte ihn; ich hielt ihn nun ganz fest in der Hand, er balancierte u. s. w.", was allein einige Minuten dauern kann, ehe die Hand zum Zeichen des entscheidenden Stoßes herabsinkt, wobei der Erzähler aber nicht vergißt, mit der Linken die letzten Zuckungen des Seehundes zu markieren".

Andrerseits werden oft die merkwürdigsten Begebenheiten mit wenigen Worten abgethan. Bei jeder Gelegenheit aber macht sich ein drastischer Humor geltend, der von den gespannten Zuhörern unfehlbar mit schallendem Gelächter belohnt wird. Es ist das Muster eines glücklichen Familienlebens.

So vergeht der Tag für den Eskimo. Es liegt in derartigen Erlebnissen nichts Außergewöhnliches. Und doch haben sie für den Eskimo eine große Anziehungskraft. Sein Dichten und Trachten ist mit dem Meere verknüpft, das harte Leben draußen auf den Wellen ist ihm der Inhalt des Daseins, — und muß er zu Hause bleiben, so wird das Herz ihm schwer. — Doch wird er alt, ja dann ist das Lied aus. — Ueber dem Alter liegt stets ein Wemutschleier, nirgends aber so sichtbar wie in Grönland. Dort haben die guten Alten auch einst Tage der Jugend und der Kraft gesehen — Zeiten, da sie die Stützen ihrer Gesellschaft waren, — jetzt sind sie nur noch eine lebende Erinnerung an Vergangenes und müssen sich von anderen ernähren lassen. — Doch wenn die Jungen mit ihrer Beute von der See kommen, schleppen sich die Greise zu ihrem Empfang ans Ufer, ja, wenn es nur meine Wenigkeit war, die kam, so freuten sie sich doch sichtlich, mir beim Landen behülflich sein zu können. — Und wenn der Abend kommt, dann können sie erzählen; ein Erlebnis nach dem andern wird aus dem Gedächtnis hervorgeholt, erhält neues Leben und entflammt die Jungen zur That.

Oft geht es beim Seehundsfange gefährlicher zu, als ich es oben schilderte. Man kann sich vorstellen, daß man sich bei dem eingezwängten Sitzen im Kajak, das nicht viel Bewegung erlaubt, weder hintenüber noch nach rechts werfen darf. Greift nun eine verwundete Klappmütze plötzlich von dort an, so gehört Geschicklichkeit und Geistesgegenwart dazu, ihr zu entgehen oder so schnell zu wenden, daß sich der Todesstoß führen läßt, ehe das wütende Tier den Kajak zertrümmern kann. Nicht viel besser ist es, wenn man von unten angegriffen wird oder das Tier plötzlich dicht neben dem Kajak auftaucht; denn es bewegt sich mit Blitzesschnelle und ist ebenso mutig wie stark. Stürzt es sich erst einmal auf den Kajak und bringt ihn zum Kentern, so bleibt wenig Hoffnung auf Rettung. Oft greift es dann entweder den Mann unter dem Wasser an, oder es steigt auf den gekenterten Kajak und reißt Löcher in seinen Boden. In solcher Lage ist außergewöhnliche Selbstbeherrschung vonnöten, um die rechte Kaltblütigkeit zu bewahren, damit man sich schnell wieder aufrichtet und den Kampf mit dem wutschnaubenden Gegner von neuem aufnimmt. Dennoch kommt es vor, daß ein so zum Kentern gebrachter Kajakmann die Klappmütze trotz alledem als Beute heimführt.

Ein noch schlimmerer Gegner ist das Walroß. Wenn ein solches gejagt werden soll, vereinigen sich gewöhnlich mehrere Fänger, damit einer dem andern im Notfalle beistehen kann. Doch oft genug wagt sich auch einer allein an dieses Untier heran.

Das Walroß ist, wie bekannt, ein großes, bis zu 5 m langes Tier mit dicker, zäher Haut, einer dicken Speckschicht, außerordentlich harter Hirnschale und ungeschlachtem Körper. Man muß schon einen sicheren, starken Arm haben, um es erlegen zu können. Sobald ein Walroß angegriffen wird, pflegt es auf seinen Gegner loszugehn, und es kann ihn mit seinen scheußlichen Fangzähnen grauenhaft zurichten. Sind andere Walrosse in der Nähe, so umringen sie sofort den Kajak und greifen alle gleichzeitig an.

Selbst die norwegischen Walroßjäger mit ihren Flinten, Aexten und Lanzen und ihren großen, festen Booten haben vor dem Walroß gehörigen Respekt.

Welch ein Wagestück muß es da sein, im zerbrechlichen Eskimoboot ein solches Tier nur mit den leichten Wurfgeschossen des Eskimos und allein anzugreifen! Für den Eskimo aber ist ein solches Unternehmen eine alltägliche Begebenheit. Er kämpft seinen Streit mit dem gefährlichen Gegner aus; die Lanze wurfbereit in der Hand, erwartet er ruhig den Angriff des Tieres und jagt ihm, alle Vorteile kaltblütig berechnend, im rechten Augenblicke die Lanze in den Leib.

Beim Walroßfang ist Kaltblütigkeit die Hauptsache, denn die unvorhergesehensten Schwierigkeiten können sich dabei herausstellen; nur das erklärt die vielen Unglücksfälle. Bei Kangamiut griff vor einigen Jahren ein Walroß einen Kajak von unten an, wobei der lange Zahn des Tieres durch den Boden des Kajaks drang, die Hüfte des Mannes durchbohrte und sogar noch ein Loch in das Verdeck stieß. Die Kameraden eilten dem Unglücklichen zu Hilfe, er machte sich von dem Tiere los, und es gelang ihm trotz des Leckes mit Hülfe der Freunde ans Land zu kommen.

Außer diesen Tieren greift der Eskimo von seinem kleinen Boote aus auch den Walfisch an, und zwar den Ardluk oder Speckhauer, eine besonders gefährliche Art. Mit seiner Stärke, Gewandtheit und seinen greulichen Zähnen kann dieser, wenn er einmal zur Offensive übergeht, den Kajak im Nu zersplittern. Vor ihm fürchten sich selbst die Eskimos, was sie jedoch nicht abhält, ihn, sobald sich die Gelegenheit dazu bietet, anzugreifen.

Früher wurde hier auch auf die großen Walfischarten Jagd gemacht. Dies geschah jedoch von den großen Frauenbooten aus, deren Besatzung dann aus vielen Personen, Männern und Weibern bestand. „Zu dieser Jagd," sagt Hans Egede, „schmücken sie sich wie zu einer Hochzeit, sonst schwimmt ihnen der Walfisch fort, denn er kann keine schmutzigen Kleider leiden." Der Walfisch wurde vom Vordersteven aus harpuniert, brachte aber dann manchmal das Boot durch einen Schlag mit dem Schwanze zum Kentern oder zertrümmerte es sogar. Die Männer waren dabei jedoch so dreist, daß sie auf den Rücken des Tieres sprangen, sobald seine Bewegungen matter wurden, und es dann durch Lanzenstiche töteten. Diese Art von Jagd kommt heutzutage nur noch selten vor.

Doch nicht nur die Jagd auf große Seetiere bringt Gefahr, auch beim gewöhnlichen Fischfang, wie beim Fangen der Helbutte, ist die Möglichkeit des Verunglückens nicht ausgeschlossen. Hat man nicht dafür gesorgt, daß die Angelschnur richtig liegt, oder verwickelt sie sich, oder versagt eine Vorrichtung, wenn jene starken Fische beim Aufziehen der Tiefe zustreben, so kentert der schmale Kajak nur zu leicht. So haben schon viele ihren Tod gefunden.

Wir wollen uns indessen nicht zu lange bei den Schattenseiten aufhalten! Hoffentlich ist es mir gelungen, dem Leser von dem Fängerleben des Eskimo draußen auf dem Meere einen Begriff zu geben, der ihn vielleicht überzeugt, daß es diesem Volke, wenn es drauf ankommt, ebensowenig an Mut, wie an Ausdauer und kaltblütiger Selbstbeherrschung fehlt.

Der Eskimo besitzt aber mehr. Trifft ihn einmal ein Unglück, so zeigt er eine geradezu großartige Abgehärtetheit und Geduld. Ich will als bezeichnend dafür nur folgendes kleine Beispiel anführen, einen der vielen Berichte, die die Grönländer selber über ihre Erlebnisse in ihrer Zeitung „Atuagagdtutit" veröffentlichen:

„Ein Kajakmann aus Tornait auf der Fischerhalbinsel stach an einem Februartage im Jahre 1876 in der Richtung nach Norden in See. Als er auf seinem gewöhnlichen Fangplatze anlangte, tauchte ein Seehund vor ihm auf; er zog sein Gewehr aus dem Kajakriemen, um zu schießen, dabei ging der Schuß los und ihm quer durch den Unterleib. Sobald er sich ein wenig besonnen hatte, stieg er aus und legte sich auf eine Eisscholle; da aber begann es, aus Norden zu wehen, und eine Welle nach der andern ergoß sich über ihn, weshalb er wieder in seinen Kajak steigen und südwärts rudern mußte. Man muß sich jedoch" — so heißt es — „über die Abgehärtetheit des Mannes wundern, der so schwer verwundet durchs offene Meer nach Hause rudern konnte. Man denke nur, er ging auf der Außenseite der Inseln herum, erreichte den Hafen, zog den Kajak ans Land und stellte ein Merkzeichen dabei auf; dann aber sank er besinnungslos am Eisrande des Ufers hin, denn er war nicht mehr imstande, die Häuser, die eine Strecke vom Landungsplatze entfernt waren, zu erreichen. Als man ihn später dort fand und seinen Kajak untersuchte, war es allen unerklärlich, daß er noch lebte, nachdem er all das Blut, das auf dem Boden des Kajaks stand, ver-

Kajafmann, einem fenternden Kameraden zu Hilfe eilend.

loren hatte. Als sie ihn ins Haus getragen hatten, war jedermann überzeugt, daß er die Nacht nicht überleben würde, er starb jedoch erst nach drei Tagen! Er zeigte nicht die geringste Furcht vor dem Tode, sondern sprach nur davon, daß er zu den Begnadeten gehöre!" [1])

Viele ähnliche Züge ließen sich von diesem Volke erzählen. Mit Leiden und Gefahr ist sein Erwerb verknüpft, und doch giebt der Eskimo sich ihm mit Lust und Liebe hin. Hätten die Eskimos ihre Geschichtsschreiber gehabt, so würde ihre Geschichte aus einer ganzen Reihe solcher Begebenheiten bestehen, und dann würde mancher Zug von rührender Aufopferung und Nächstenliebe bekannt sein. Wie manche Heldenthat ist dort der Vergessenheit anheimgefallen! So ist das Volk, das man schlecht und feige genannt hat, und auf das herabzusehen wir Europäer uns für berechtigt halten.

---

[1]) Anmerkung: Diese Erzählung ist von Dr. H. Rink übersetzt und mit mehreren anderen in seinem Buche „Die Grönländer, ihre Zukunft u. s. w." (Kopenhagen 1882) abgedruckt.

Kapitel V.
Winterhäuser, Zelte, Frauenboote und Reisen.

Im Winter wohnen die Grönländer in Häusern aus Steinen und Rasen. Diese erheben sich anderthalb bis zwei Meter über der Erde, während der Fußboden tiefer liegt. Das Dach ist flach, etwas gewölbt. Solch ein Haus gleicht von außen einem unansehnlichen Erdhaufen.

Die Häuser enthalten nur ein einziges Zimmer, und darin wohnen meistens mehrere Familien, Männer und Frauen, Greise und Kinder. Es ist so niedrig, daß ein mehr als mittelgroßer Mann darin kaum aufrecht stehen kann. Das Zimmer hat, wie das Haus von außen, die Form eines Rechteckes. Die eine Längswand nimmt die ungefähr zwei Meter breite Hauptpritsche ein, auf der die Bewohner des Hauses, d. h. die Verheirateten, alle erwachsenen Töchter und die Kinder beiderlei Geschlechts, schlafen. Hier liegen sie in langer Reihe nebeneinander, die Füße der Wand und den Kopf der Stube zugekehrt.

H. E. Saabye sagt in seinem obenerwähnten Tagebuch, die Ehebetten seien unter der Pritsche aufgeschlagen. Ich habe nichts entdeckt, was darauf schließen ließe, daß dies im Godthaabdistrikte heute noch irgendwo der Fall ist.

Die unverheirateten Männer liegen gewöhnlich auf den

kleineren Pritschen unter den Fenstern, die in der entgegengesetzten Längswand angebracht sind, und deren Zahl sich, je nach der Größe des Hauses, auf eines, zwei und auf drei beläuft. Die Scheiben bestanden früher stets aus Darmhaut oder dergleichen, jetzt aber findet man auf der Westküste meistens schon Glasfenster. An den kurzen Seitenwänden befinden sich gewöhnlich auch Pritschen, auf diesen und den Fensterpritschen schlafen etwaige Gäste.

Wohnen — wie man es gewöhnlich trifft — mehrere Familien in einem Hause, so ist die Hauptpritsche durch Holzstützen, die vom Vorderrande der Pritsche bis zur Decke reichen und mittelst niedriger Seitenwände mit der hinteren Wand verbunden sind, in verschiedene Buchten geteilt, von denen jede einer Familie als Schlafzimmer dient. Es scheint uns beinahe unglaublich, wie wenig Raum die Eskimos brauchen. Kapitän Holm beschreibt ein Haus auf der Ostküste, das etwa 27 Fuß lang und $14^1/_2$ Fuß breit war und in dem acht Familien, zusammen 38 Personen, wohnten. In einer vier Fuß breiten Bucht schlief ein Mann mit zwei Frauen und sieben Kindern. Da darf sich der Einzelne natürlich nicht breit machen.

Die Betten bestehen aus Seehunds- und Renntierfellen. Damit deckten sie sich früher auch zu und lagen, das obenerwähnte Hauskleid abgerechnet, ganz nackt darunter. Heutzutage deckt man sich auf der Westküste meistens mit Federbetten zu.

Früher wurden die Wände mit Häuten bekleidet, und die bloße Erde, zum Teil mit Fliesen belegt, bildete den Fußboden. Jetzt aber, da viel europäischer Luxus eingeführt ist, hat man auf der Westküste schon angefangen, die Wände zu täfeln und die Fußböden zu dielen. Ja, man hat selbst die Sitte angenommen, die Fußböden aufzuwaschen und zwar sogar ein paarmal im Jahre.

In das Haus gelangt man durch einen langen, engen Gang, dessen Fußboden teilweise in die Erde hineingegraben ist und der ebenfalls aus Steinen und Rasen besteht. Von außen steigt man durch ein Loch in ihn hinein. Gewöhnlich ist er so eng und niedrig, daß man in hockender Stellung hindurchkriechen muß, und für große Leute hat das Durchkommen seine Schwierigkeiten. Ich hörte in Sardlok, daß ein allerdings recht dicker Ladenjüngling aus Godthaab an einem engen Punkte des Ganges von Terkels Hause stecken geblieben sei. Da lag er, mit Händen und Füßen arbeitend, und schrie wie besessen, konnte aber nicht von der Stelle. Das Ende vom Liede war, daß vier Knaben beauftragt wurden, ihn aus der Klemme zu befreien. Zwei kamen von hinten und schoben den fleischigsten Teil des Körpers, der bei dem guten Herrn allerdings sehr umfangreich gewesen sein soll, vor sich her, während die beiden andern aus dem Innern des Hauses herbeieilten, um ihn an je einem Arme vorwärts zu ziehen. Alle vier mühten sich im Schweiße ihres Angesichts ab, aber der Dicke saß fest wie ein Werglappen in einem Flintenlaufe, und man wollte schon das Dach abdecken, um ihm freien Durchgang zu verschaffen, als er endlich vorwärts rutschte. Soviel ich mich erinnere, hat nachher ein Fenster eingeschlagen werden müssen, um ihn auf diesem Wege wieder aus dem Haus zu schaffen.

In die Stube kommt man aus diesem Gange durch eine kleine viereckige Oeffnung, die gewöhnlich in der vorderen Längswand angebracht ist und mit einer Thür oder einem Brette geschlossen wird.

Der Zweck dieses Hausganges ist, das Eindringen

der kalten und das Entweichen der warmen Luft zu verhindern. Er liegt deshalb tiefer als das Haus, wodurch gleichzeitig etwas Ventilation erreicht wird, da die dicke, schlechte Luft teilweise in ihn hinabsinken und durch ihn entweichen kann.

In den nach altgrönländischem Muster eingerichteten Häusern giebt es keinen Feuerherd. Sie werden durch Thranlampen, die Tag und Nacht brennen, erleuchtet und erwärmt. Daß letztere auch nachts brennen, geschieht nicht nur der Wärme wegen, sondern weil der außerordentlich abergläubische Eskimo sich entsetzlich im Dunkeln fürchtet: Wenn irgendwo Not herrscht, so wird als Beweis für die schlechten Verhältnisse angeführt: „Denkt nur, die armen Leute müssen nachts ohne Lampen schlafen!"

Die Lampen sind große, offene, flache Schalen von Speckstein in Form eines Halbmondes. Auf der rechten Seite liegt der aus Zeug oder trockenem Moos gedrehte Docht. Diese Lampen werden auf einen hölzernen Fuß gestellt, der auf einem kleinen Tisch oder einer Erhöhung an der Vorderseite der Pritsche steht. Gewöhnlich hat jede Familie ihren eigenen Lampentisch. Wohnen nun mehrere Familien zusammen, so kommen auch viele Lampen zusammen, da jede mindestens eine, in der Regel aber mehrere brennt.

Ueber diesen Lampen wurde früher auch in Specksteintöpfen, die von der Decke herabhingen, gekocht. Die Zubereitung der Speisen ging natürlich, wie alles andere, auch in diesem Zimmer „für alles" vor sich.

Auf der Ostküste ist es noch heute so. Auf der Westküste hat die moderne Civilisation insofern eine Aenderung bewirkt, als das Essen dort meistens in einem an der Seite des Ganges angebauten Raume auf einem Herde gekocht wird. Das Brennmaterial besteht aus Torf und Mövenerde — ein sehr feiner Ausdruck für alten getrockneten Mövendung. Auch die alten Specksteintöpfe haben eisernen, die im Kolonieladen feilgehalten werden, Platz gemacht.

Manche Westgrönländer sind sogar so raffiniert geworden, daß sie aus dem Kolonieladen Oefen zur Erwärmung ihrer Stube kaufen. Das Feurungsmaterial ist freilich dasselbe geblieben. Gleichzeitig aber brennen sie noch immer die unentbehrlichen Lampen, wenn nicht aus anderen Gründen, so doch der Erhellung wegen.

Früher fand man in Grönland meistens große, von mehreren Familien bewohnte Häuser. Dadurch wurde die Heizung billiger, und die Bewohner hatten es schön warm, abgesehen davon, daß die Geselligkeit im ganzen auch manche Vorteile gewährte. Hier hat sich der Einfluß der Europäer nicht als gut erwiesen. Sie drangen auf die Verteilung der Familien in einzelne kleine Häuser und setzten große Belohnungen für das Bauen solcher Häuser aus. Sie hielten es für so schön, daß jede Familie für sich selbst lebte! Aber die Häuser wurden schlechter und kälter, es wurde mehr Material zur Erleuchtung und Heizung gebraucht, als sich allemal beschaffen ließ, und das ganze vorteilhafte System geriet in Zerrüttung.

Im Winter, wenn alles festgefroren ist, mögen solche Erdhäuser recht gut sein, doch im Sommer, wenn es von den Wänden trieft und das Dach leckt und bisweilen von selbst einfällt, sind sie kein gesunder Aufenthaltsort. In alten Zeiten verließ daher der Grönländer im April, bei Frühlingsanfang, sein Haus und deckte oft sogar das Dach ab, damit die Wohnung bis zum Herbste gehörig auslüften und vom Regen reingewaschen werden könnte — ein recht bequemes Scheuerfest.

Den ganzen Sommer und einen guten Teil des Herbstes hindurch, bis in den September oder Oktober lebten dann die Grönländer in Zelten, und gewöhnlich hatte jede Familie ein eigenes. Dieses Zelt hatte eine eigentümlich halbrunde Form mit einer Eingangsthür an der hohen, flachen Seite. Es ist innen ähnlich wie ein Haus eingerichtet, die Pritsche läuft an der schrägen Hinterwand entlang, der Thüröffnung, die ein Vorhang von halbdurchsichtiger Darmhaut verschließt, gegenüber. Die Wände des Zeltes bestehen aus einer äußeren Schicht von abgehaarten, wasserdichten Häuten, wozu gewöhnlich alte Bootbezüge verwendet werden, und einer inneren Schicht mit den Haaren nach innen gekehrter Renntier- oder Seehundsfelle. In diesen Zelten, die übrigens recht warm sind, gehen die Eskimos nackt, wie bei sich zu Hause.

Unzertrennlich von dem sommerlichen Zeltleben ist das Frauenboot. Dieses bis zu 12 m lange Boot ist von den Europäern so benannt worden, weil es im Gegensatze zum Kajak von Frauen gerudert wird.

Es ist ein offenes Boot mit Holzrippen, außen mit Seehundsfell bezogen, schmal und verhältnismäßig sehr flach. Es rudert sich außerordentlich leicht, aber infolge seiner Form ist es ein unhandliches, schlechtes Seeboot, weshalb die Grönländer auch sofort damit an Land gehen, wenn der Wind sich aufmacht. Ein kleines Segel läßt sich im Vordersteven anbringen und bei günstigem Winde benutzen. Segeln ist übrigens eine Kunst, auf die sich der Eskimo nicht versteht und für die er sich auch nicht interessiert.

In einem solchen Boote wird die ganze irdische Habe der Familie untergebracht, das Zelt, alles Hausgerät, Kinder, Hunde, Frauen u. s. w. Es wird von mehreren bis zu zehn Ruderinnen gerudert und geht, wenn ihrer so viele sind, mit guter Fahrt. Der Hausvater steuert gewöhnlich, und die übrigen männlichen Mitglieder der Familie rudern in ihren Kajaken hinterdrein.

In ihren Frauenbooten zogen die Grönländer den ganzen Sommer hindurch von einem Fangplatz zum anderen und blieben einen oder zwei Monate in den Buchten, in deren Nähe es Renntiere gab. Dort gingen sie auf die Jagd und lebten herrlich und in Freuden.

Dazumal unternahmen sie auch häufig lange Reisen an der Westküste, hinauf und hinab, wie es die heidnischen Ostgrönländer noch heute an der Ostküste thun. Um dem Leser einen Begriff von der Ausdehnung dieser Reisen zu geben, will ich erwähnen, daß Eskimofamilien aus Angmagsalik an der Ostküste ($65^1/_2\degree$ nördl. Br.) mit Kind und Kegel nach den westlich vom Kap Farvel liegenden Marktplätzen und zurück fahren, also eine Strecke von 110 Meilen. Schnell reisen sie freilich nicht; das eine der beiden Frauenboote, die wir 1888 bei Kap Bille an der Ostküste trafen und die südwärts wollten, kam erst zwei Jahre darauf, im Jahre 1890, in Pamiagdluk westlich vom Kap Farvel an, obgleich die Entfernung nur 40 Meilen beträgt und wir sie meiner Ansicht nach mit unseren Booten in acht bis vierzehn Tagen hätten zurücklegen können. Doch sobald die Grönländer an einen Platz kommen, an dem sich viele Seehunde aufhalten, legen sie bei, schlagen ein Lager auf, gehen auf den Seehundsfang und lassen sich's wohl sein. Naht der Herbst oder der Winter, so suchen sie sich eine passende Stelle zum Bau eines Winterhauses und setzen die Reise im Frühling oder im Sommer, wenn das Eis ihnen das Weiterziehen gestattet, fort. Das oben erwähnte Frauenboot hatte auf diese Weise drei Jahre auf der Reise von

Schlechtes Wetter.

Umivik nach Pamiagbluk zugebracht und wird wohl kaum weniger Zeit zur Heimreise gebraucht haben. Das andere Frauenboot, das von Kap Bille nach Süden ging, kam bis Nanusek, wo überwintert wurde; dort aber starb der Familienvater, die Hinterbliebenen kehrten um und traten die lange Heimreise nach Angmagsalik an. Und zwar unverrichteter Sache, da sie ihr Ziel, den nicht mehr als 15 Meilen entfernten Handelsplatz, nicht erreichten.

Das Reisen längs der Westküste ließ sich natürlich viel schneller und leichter ausführen, weil dort das Treibeis nicht hindernd in den Weg trat.

Durch diese Reisen entgingen sie der Gefahr, an den einzelnen Plätzen gar zu abgeschieden zu leben. Sie trafen Leute und verkehrten mit anderen Menschen, den ganzen Sommer über herrschte Leben und Verkehr an den grönländischen Küsten, was auf manche Art vorteilhaft war. Das Gemüt belebte sich neu, die Fanginteressen wurden angespornt, und die Fanggeschicklichkeit entwickelte sich, abgesehen davon, daß der häufige Wechsel des Jagdgebietes auch bedeutend mehr Wild einbrachte.

Das Sommerleben in den verhältnismäßig reinlichen, luftigen Zelten ist, abgesehen von dem Vergnügen, das es, wie man sich leicht denken kann, gewährt, viel gesunder als der Aufenthalt in den dumpfen, stinkenden Erdhütten. Kein Wunder also, daß die schönsten Träume des Grönländers mit dem Frauenboot und dem Zelt verknüpft waren.

Leider sind wir Europäer hier wieder die Ursache einer bedauernswerten Veränderung. Hans Egede klagte freilich sehr darüber, wie schwer es sei, den Grönländern ihr ständiges Umherziehen abzugewöhnen und sie dahin zu bringen, sich an einem Orte dauernd anzubauen, damit er ihnen in Ruhe das Christentum predigen könne. Er schlug sogar vor, man solle sie durch Zucht und Disziplin anhalten, ein seßhafteres Leben zu führen. Wenn dieser fromme Mann, der nur an das für Gottes Reich Notwendige dachte, jetzt lebte, könnte er wohl zufrieden sein: die christlichen Grönländer unserer Zeit begeben sich kaum mehr auf die Reise. Bei der großen Armut, die wir über sie gebracht haben, werden der Seehundsfänger, die imstande sind, sich hinreichend Felle zu Zelt und Frauenboot — und beide Teile sind zum Reisen ja notwendig — zu verschaffen, immer weniger. Dafür aber sehen sich jetzt ihrer immer mehr gezwungen, das ganze Jahr hindurch in den ungesunden Winterhäusern zu wohnen, in denen ihre Gesundheit leidet und die ein ganz vorzüglicher Nährboden für Bakterien und alle möglichen ansteckenden Krankheiten sind. Dazu kommt noch, daß die Männer ihr Fangrevier nicht wechseln können, sondern jahraus jahrein dieselben Stellen aufsuchen müssen. Hierdurch verringert sich die Ausbeute natürlich sehr, die Kost wird entsprechend schlechter, und der unentbehrlichen Seehundsfelle giebt es immer weniger. Ist erst das ganze grönländische Volk auf dieses Niveau, diesen festsitzenden Zustand, der Egede wohl als Ideal vorschwebte, herabgedrückt, dann wird es ihm wahrhaftig schwer werden, sich wieder zu erheben, und es wird kaum noch zu retten sein. Und der Niedergang hierin ist in den letzten Jahren geradezu besorgniserregend gewesen.

Kapitel VI.
Kochkunst und Leckerbissen.

Ein für uns ziemlich auffallender Zug im täglichen Leben des Grönländers ist, daß er bestimmte Mahlzeiten nicht kennt. Er ißt, wenn er Hunger verspürt, falls nämlich etwas zu essen da ist. Wie oben erwähnt, nehmen die Seehundsfänger oft den ganzen Tag nichts zu sich. Sie können sehr lange fasten, vertilgen dafür einandermal auch erstaunliche Mengen Fleisch, Speck, Fisch u. s. w.

Ihre Kochkunst ist einfach und leicht zu erlernen.

Fleisch und Fische werden teils roh oder gefroren, teils gekocht oder gedörrt verzehrt. Auch läßt man das Fleisch oft eine Art Fäulnis- oder Gährungsprozeß durchmachen; es wird dann Mikiak genannt und ohne weitere Zubereitung gegessen. Ein derartiges, sehr beliebtes Gericht sind verfaulte Seehundsköpfe. Der Speck von Seehunden und Walfischen wird am liebsten roh verzehrt. Allen Kulturleckermäulern graut natürlich schon bei dem bloßen Gedanken, rohen Speck zu verzehren, ich kann ihnen aber sagen, daß er, namentlich ganz frisch, sehr gut schmeckt und einen süßlichen, allerdings auch ein bischen weichlichen Geschmack hat, der an Sahne erinnert, ohne eine Spur von Thranbeigeschmack zu besitzen. Dieser stellt sich erst ein, wenn man den Speck kocht oder brät und wenn er ranzig wird. Es giebt freilich noch Leute, welche glauben, daß der Eskimo

ausgeschmolzenen Thran zu trinken pflegt, obgleich schon
Hans Egede diese irrige Annahme widerlegt hat. Daß sie
es allerdings nicht immer verachten, wenn es sich ihnen
bietet, davon konnte ich mich in Godthaab überzeugen.
Unsere Magd Rosine sah ich regelmäßig einen Schluck oder
zwei aus der Lampe trinken, wenn sie diese morgens putzte
oder füllte — und es schien ihr recht gut zu bekommen.

Sie lieben übrigens ein Kompott aus Engelwurz
und Thran, das nach Saabyes Beschreibung folgendermaßen zubereitet wird: „Ein Frauenzimmer kaut Speck,
spuckt den Saft auf die Stengel und fährt damit solange
fort, bis sie, ihrer Meinung nach, genug bekommen haben.
Diese eingemachten Stengel müssen eine Zeit lang stehen,
worauf sie aus der Sauce genommen und mit großem
Appetit als Nachtisch gegessen werden."

Die Grönländer hatten ursprünglich folgende Vege-
tabilien: außer Engelwurz (Angelica), Löwenzahn, Sauer-
ampfer, Krähenbeeren (Empetrum nigrum) und verschiedene
Tangarten. Eine ihrer größten Delikatessen ist der
Inhalt des Renntiermagens. Wenn ein Grönländer ein
Renntier erlegt und nur wenig davon mit nach Hause
nehmen kann, wird er ihm den Magen ausschneiden, und
eine grönländische Dame bittet ihren auf die Jagd gehenden
Liebsten stets, ihr den Inhalt des Renntiermagens mitzu-
bringen. Daß sie letzteren so schätzen, erklärt sich wohl
daraus, daß sie der Pflanzennahrung bedürfen, und es ist
ja auch Primaware, die der Feinschmecker Renntier sich von
dem feinsten Grase und Moose aussucht und die dann im
Magen eine Art gestopften Gemüses mit scharfer, außerordentlich pikanter Magensaftsauce giebt. Manch einer wird
natürlich über dieses Gericht die Nase rümpfen. Er sollte

es aber nicht thun, denn ich habe es, mit Erlaubnis zu sagen, probiert und es nicht unschmackhaft gefunden, obgleich es so sauer war wie alte Sattenmilch. Soll es besonders fein hergehen, so thut man noch Speckstücke und Krähenbeeren hinzu.

Ein anderes Gericht, an dem gleichfalls mancher Europäer Anstoß nehmen wird, ist das Eingeweide der Schneehühner. Hier halten sie sich nicht nur an den Magen, sondern auch die Gedärme mit ihrem ganzen Inhalt werden im Handumdrehen hinuntergeschluckt. Den Rest des Schneehuhns verkaufen sie für 5 bis 8 oere an einen Händler. Daher sieht man in Grönland auch nie unausgenommene Schneehühner, man schieße sie denn selbst.

Als wir einmal mit dem Grönländer Joel auf einem Jagdausfluge am inneren Ameraliffjorde waren, nahm er eines Tages alle unsere erbeuteten Schneehühner aus. Da ihrer aber weit über hundert waren, konnte er natürlich nicht alle Eingeweide auf einmal verzehren und steckte deshalb den Rest in einen großen Sack. Er beabsichtigte freilich, den köstlichen Inhalt zu Hause mit seiner geliebten Ane Cornelia zu verspeisen, hat ihn aber sicher schon unterwegs aufgegessen, bevor er dort ankam. Man wird mir hoffentlich verzeihen, daß ich nicht sagen kann, wie dieses Gericht schmeckt; es ist das einzige Eskimogericht, das zu probieren ich mich nicht überwinden konnte.

Als andere Leckerbissen kann ich noch die Haut (matak) der verschiedenen Walfischarten nennen; besonders die des Weißfisches und auch die des Potwals gilt für den Gipfelpunkt aller Genüsse. Die Haut wird mit der dicht darunterliegenden Speckschicht abgezogen und ohne weitere Umstände roh gegessen. Der Eskimo verdient meine größte Hochachtung für die Erfindung dieses Gerichtes. Ich versichere den Leser, daß mir noch heute bei dem bloßen Gedanken an Matak mit seinem unbeschreiblich feinen Geschmacke nach Nußkernen und Austern das Wasser im Munde um meine wenigen übriggebliebenen Zähne zusammenläuft — ah! — und dann hat er das vor den Austern voraus, daß die Haut so zäh ist, als kaute man Putzleder, wodurch der Genuß sich bis ins Unglaubliche verlängern läßt. Sogar die Dänen in Grönland lieben diesen Leckerbissen, wenn sie ihn haben können, kochen ihn aber meistens, wodurch er geleeartig wird und der Nußkern- und Austerngeschmack spurlos verschwindet, so daß man ebensogut die Zunge zum Fenster hinaushängen könnte.

Ein feines Gericht, das sich jedoch mit Matak nicht messen kann, ist die rohe Haut der Hellbutte, sie hat indessen ebenfalls den Vorteil, daß sie infolge ihrer Zähigkeit lange vorhält. Ich kann sie mit gutem Gewissen als delikat empfehlen, besonders zur Winterszeit.

Rohe Seehundshaut essen die Eskimos ebenfalls gern mit dem Speck zusammen. Es schmeckte mir nicht so übel, doch konnte ich mich mit den vielen Haaren nicht aussöhnen und erlaubte mir deshalb, sie auszuspucken, nachdem ich verschiedene vergebliche Versuche gemacht hatte, sie hinunterzuschlucken.

Die Eskimos essen das Fleisch der Seehunde, Walfische, Renntiere, Hasen, Vögel und Bären, ja sogar der Hunde und der Füchse. Das Einzige, was sie, meines Wissens, in der Regel verschmähen, ist das Fleisch des Raben. Da dieses Tier sich seine Nahrung zum Teil auf Misthaufen sucht, gilt es, wie alle dort wachsenden Pflanzen, für unrein.

Aus nicht fettem Fleische macht sich der Grönländer nichts und zieht daher die Wasservögel den Schneehühnern vor. In einer südgrönländischen Kolonie gab einmal ein erst vor Kurzem ins Land gekommener Pastor ein Gastmahl für einige seiner Gemeindemitglieder, und die Frau Pastorin setzte den Gästen dabei ihr Lieblingsgericht, gebratene Schneehühner, vor. Die Grönländer nahmen fast garnichts, so dringlich die Pastorin auch nötigte. Sie fragte nun, ob sie Schneehühner nicht möchten. „Ja," lautete die Antwort, „wir essen sie schon, aber nur wenn — Hungersnot ist."

Was ich bisher angeführt habe, wird wohl hinreichend beweisen, daß die Grönländer durchaus nicht so genügsam im Essen sind, wie allgemein angenommen wird. Bei Hungersnot verzehren sie freilich all und jedes. So soll es, nach Dalager, z. B. vorkommen, daß „sie ihre Zeltfelle in Stücke hacken und davon Suppe kochen", und man hört oft, daß Frau So und So ihre alten Hosen zu Suppe verkocht hat.

Das Servieren ist auch anders, als die europäische Mode es vorschreibt. Tische giebt es im Grönländerhause nicht; die Schüssel wird mitten auf den Fußboden gestellt, und die Menschen sitzen auf den Pritschen, um von dort herab mit den Gabeln, die Gott ihnen bei der Geburt gegeben, zuzugreifen. Daß die Schüssel sich auf eine Kiste stellen ließe, fällt ihnen nicht ein; das Bücken scheint ihnen beinahe Bedürfnis zu sein. Ein Beispiel hierfür ist die einer jungen dänischen Frau passierte Geschichte. Die Dame wollte gleich nach ihrer Ankunft in Grönland große Wäsche halten und hatte sich dazu einige Eskimofrauen bestellt. Als sie in ihre Waschküche kam, sah sie die Wäscherinnen tief über die auf dem Fußboden stehende Wanne gebeugt waschen, und da ihr diese Stellung sehr anstrengend erschien, gab sie ihnen einige Holzklötze, um den Zuber draufzustellen. Wie sie sich nach einer Weile noch einmal nach ihrer Wäsche umsehen wollte, fand sie zu ihrem großen Erstaunen den Zuber auf demselben Fleck und die Wäscherinnen auf den Klötzen stehend und von dort herab waschend. — Se non è vero, è ben trovato!

Von den vielen Dingen, die wir in Grönland eingeführt haben, lieben die christlichen Eskimos vor allem den Kaffee, und dieser Genuß ist auf der Westküste beinahe zum Laster geworden. Sie bereiten ihn stark und trinken meistens nicht weniger als zwei große Spülnäpfe voll zur Zeit. Das hindert sie indessen nicht, täglich vier- bis fünfmal Kaffee zu trinken, denn „er schmeckt so gut und macht so vergnügt". Doch sind sie selbst schon hinter seine schädliche Wirkung gekommen, und deshalb erhalten die Jünglinge nur wenig oder garnichts davon, damit sie gute Fänger werden. Der Schwindel, an dem die älteren bisweilen leiden und der sie oft unsicher beim Rudern macht, wird nämlich, wie sie behaupten, zum Teil durch den Kaffee hervorgerufen. Diese Erfahrung deckt sich vortrefflich mit der neueren physiologischen Forschung, die bewiesen hat, daß die gefährlichsten Gifte dieses Trankes, das Coffein u. s. w., gerade die Teile des Nervensystems angreifen, von denen das Gleichgewicht des Körpers abhängt.

Nächst dem Kaffee stehen Tabak und Kaffeebrot hoch in Ansehen. Auf der Westküste ist Rauch- und Kautabak am beliebtesten, das Schnupfen dagegen ist die Schwäche der Ostgrönländer, sowie des weiblichen Geschlechts der Westküste, und man wird oft unangenehm durch die Ent-

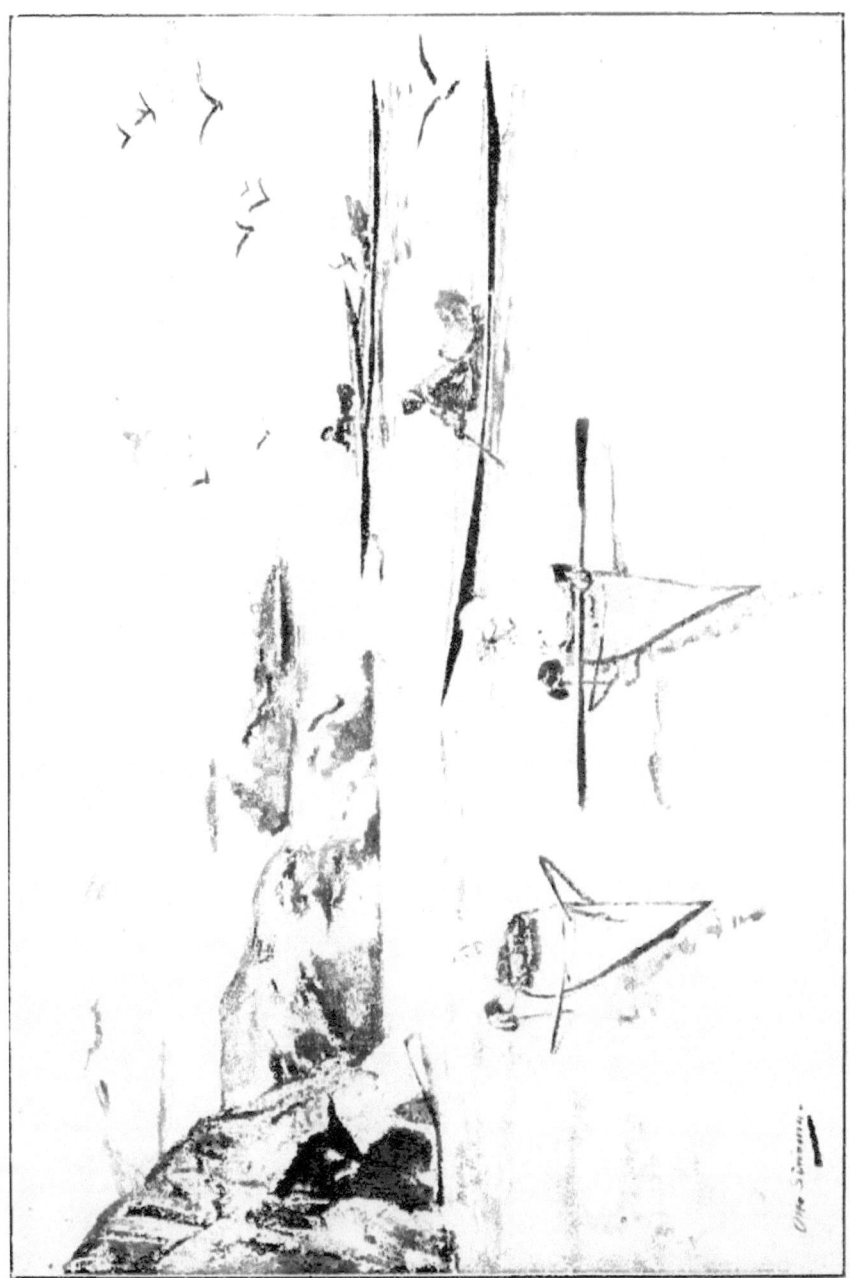

Auf dem Ansichlitz

deckung überrascht, daß eine junge, anmutige Schöne eine gehörige, Nasenlöcher und Oberlippe einpulvernde Prise nimmt. Sie reiben ihren Schnupftabak selber zwischen flachen Steinen aus ungesaucetem Rolltabak, der kleingeschnitten und über der Lampe getrocknet wird. Um ihn ausgiebiger zu machen, wird er manchmal mit geriebenem Speckstein vermischt; aufbewahrt wird er in großen oder kleineren Hörnern. Auf der Ostküste spielt er auch bei einzelnen Ceremonieen eine Rolle. Der Eskimo hat in seiner Sprache kein Wort für „Guten Tag" oder „Willkommen"; statt dessen reicht er dem gerngesehenen Besucher sein Schnupftabakshorn zur Benutzung hin, worauf ihm dieser das seinige darbietet. Beim Abschied wiederholt sich dieselbe Ceremonie.

Die Westgrönländer bereiten ihren Kautabak auf eine für uns überraschende Weise. Lange dänische Porzellanpfeifen werden mit Rauchtabak, auf den Wasser gegossen wird, halbvoll gestopft und dann mit trockenem Tabak bis zum Rande gefüllt. Man raucht nun so lange, bis die Glut an der Feuchtigkeit erlischt. Dann wird die Asche ausgeklopft, aller ölige Saft aus dem Kopf, dem Rohre, dem übergelegten Deckel u. s. w. abgekratzt und mit den schon durch den Rauch gut durchsauceten Tabaksresten am Boden des Pfeifenkopfes gemischt, und der Kautabak ist fertig. Dieses starke Konfekt wird besonders als Kajakproviant sehr geschätzt.

Glücklicherweise hat die Regierung verboten, den Eskimos Branntwein zu verkaufen. Die im Lande wohnenden Europäer dürfen sich aber ihren Bedarf kommen lassen und die Grönländer damit traktieren. Man giebt ihnen namentlich dann welchen, wenn sie auf den Booten der Europäer bei

Sommerreisen als Besatzung fungieren, sowie nach jedem Handel, den man mit ihnen abschließt. Ferner ist es so weise eingerichtet, daß die Kifaker oder in Diensten des dänischen Handels Angestellten jeden Morgen ihren Schnaps bekommen, während die Fänger, die tüchtiger sein müssen und deshalb über den Kifakern stehen, nur dazu gelangen, wenn sie den Europäern Dienste leisten oder ihnen etwas verkaufen.

Alle, Männer wie Frauen, sind leidenschaftliche Branntweintrinker. Nicht, weil er gut schmecke, vertrauten sie mir oft an, sondern weil es so herrlich sei, betrunken zu sein. Betrunken waren sie denn auch, sowie sich eine Gelegenheit erbot; doch war dies glücklicherweise nicht so häufig der Fall. Daß der Rausch wirklich der Zweck dieses Genusses war, scheint schon daraus hervorzugehen, daß die Kifaker garnicht sehr auf den Morgenschnaps erpicht waren, weil man „davon nicht betrunken werden könne". Aus diesem Grunde kamen oft mehrere dahin überein, daß einer einen Morgen sämtliche Schnäpse trank und am Tage darauf die Reihe an den zweiten kam. Hierdurch konnten sie sich in bestimmten Zwischenräumen einen ordentlichen Rausch verschaffen. Kamen jedoch die Vorgesetzten dahinter, so wurde ihnen freilich das Handwerk zu legen gesucht.

Ganz den bei uns im allgemeinen bestehenden Verhältnissen entgegen fanden die Grönländerfrauen in der Regel ihre Männer reizend, wenn diese berauscht waren, und amüsierten sich köstlich über den Anblick. Um der Wahrheit die Ehre zu geben, muß ich allerdings erklären, daß sie mir mit wenigen Ausnahmen viel weniger abstoßend und bedeutend friedfertiger in diesem bacchantischen Zustande erschienen, als man es bei uns zu Hause in ähnlicher Verfassung gewöhnlich ist.

Bei der Ankunft der Europäer im Lande kannten die Eingeborenen die Wirkung des Branntweines noch nicht. Als das Weihnachtsfest herannahte, fragten sie Niels Egede, wann seine Leute „toll" würden; sie hielten nämlich die „Tollheit" für eine notwendige Folge des Festes, und sie war ihnen ein Ausgangspunkt für ihre Zeitberechnung geworden. Später erfuhren sie, die Tollheit rühre von dieser Flüssigkeit her, die sie deshalb Silaerúnartok oder das, wovon man seinen Verstand verliert, nannten; jetzt aber nennen sie sie gewöhnlich Snapsemik.

Kapitel VII.
Charakter und soziale Verhältnisse.

Sehe ich alle die Zänkereien und das widerwärtige Ausschimpfen jedes Gegners, die uns die Zeitungen der verschiedenen Parteien täglich auftischen, so muß ich oft denken, was diese Herren Politiker wohl sagen würden, wenn sie die grönländische Gesellschaft kennten! Ob sie nicht vor Scham erröten würden, wenn man sie den Leuten gegenüberstellte, die der Gottesmann Hans Egede folgendermaßen tituliert: „Solch wahnwitzige, kaltsinnige, ohne Kenntnis irgend welcher Gottesverehrung in viehischer Dummheit, ohne Ordnung und Disziplin lebende Menschen!" Wie tief stehen aber wir, und mit wie großer Berechtigung könnten diese „Wilden" verächtlich auf uns herabsehen, wenn sie erführen, daß man sich bei uns, sogar in der öffentlichen Presse, der gemeinsten Schimpfwörter, wie: „Lügner", „Verräter", „Meineidiger", „Schmutzblatt", „Skandalpresse", „Lümmel", „Schuft" u. s. w. bedient. Sie selber nehmen ja nie ein Schimpfwort in den Mund, ja, diese bei uns so reich entwickelte Wortklasse fehlt sogar in ihrer Sprache.

In diesem Verhältnisse liegt eine Grundverschiedenheit des Charakters ausgedrückt. Der Grönländer ist von allen Menschen, die unser Herrgott erschaffen hat, der gesittetste. Gutmütigkeit, Friedfertigkeit und Verträglichkeit sind die

Hauptzüge seines Charakters. Er will gern mit allen seinen Mitmenschen auf möglichst gutem Fuße stehn und denkt daher nicht dran, sie zu verletzen, geschweige denn ihnen Grobheiten zu sagen. Er widerspricht nicht gern, selbst wenn ihm jemand etwas erzählt, was, wie er weiß, sich anders verhält. Jeden Einwand kleidet er in die mildeste Form, und es würde ihm sehr schwer fallen, den anderen geradeheraus der Unwahrheit zu zeihen. Er sagt anderen auch nicht gern Wahrheiten, die sie seiner Ansicht nach unangenehm berühren könnten. In solchem Falle bedient er sich lieber unbestimmter Ausdrücke, auch wenn es sich um so gleichgültige Dinge, wie Wind und Wetter, handelt. Seine Friedfertigkeit geht soweit, daß er, wenn ihm etwas gestohlen wird, — was freilich selten vorkommt — das Seinige in der Regel nicht zurückfordert, obgleich er oft weiß, wer der Dieb ist. — „Wer Dich bittet, dem gieb; und wer Dir das Deine nimmt, da fordere es nicht wieder." (Ev. Luc. 6, 30.)

Infolgedessen giebt es dort selten oder nie Streit. Die Grönländer können es sich nicht erlauben, ihre Zeit mit Wortgefechten zu vergeuden. Der Kampf um die Unterjochung der Natur, jene große Aufgabe des Menschengeschlechtes, ist dort schwerer als sonst irgendwo, und darum ist dieses kleine Volk übereingekommen, ihn ohne unnötige Zersplitterung der Kräfte zu führen.

Der Grönländer ist eigentlich ein glücklicher Mensch, sein Sinn fröhlich und leicht wie der eines Kindes. Jeden Kummer empfindet er im ersten Augenblick sehr heftig, vergißt ihn aber bald und ist dann wieder so strahlend heiter und mit seinem Dasein zufrieden wie gewöhnlich. Dieser lebensfrohe, leichte Sinn läßt ihn wenig an die

Zukunft denken. Hat er für den Augenblick Speise, so freut er sich und ißt, solange noch etwas da ist, wenn er nachher auch darben muß, was ihm jetzt leider oft passiert und von Jahr zu Jahr immer allgemeiner wird.

Diese Sorglosigkeit ist ihm oft in starken Ausdrücken vorgeworfen worden. Die Missionare behaupten, und gewiß nicht ohne Berechtigung, daß sie ihn für die Civilisation unempfänglich mache, und haben versucht, ihn zu größerer Vorsorge und besserem Haushalten mit seinen Vorräten anzuhalten. Doch sie vergessen dabei, daß auch geschrieben steht: „Sorget nicht für den anderen Morgen" und: „Sehet die Vögel unter dem Himmel an, sie säen nicht, sie ernten nicht, sie sammeln nicht in die Scheunen, und euer himmlischer Vater nähret sie doch."

Dieser Leichtsinn hat aber auch seine Lichtseite, er macht sogar gewissermaßen die Stärke des Eskimos aus.

Armut und Not haben bei uns zwei Folgen. Die unmittelbare ist natürlich körperliches Leiden, doch mit diesem zusammen und nach ihm kommt das geistige, jenes unerbittliche Nagen, das uns Tag und Nacht, bis in den Schlaf hinein, verfolgt und uns jeden Augenblick verbittert. Dies ist in der Regel das Schwerste für unsere Armen, und wäre dies nicht, so würden die körperlichen Leiden, die ja meistens nur vorübergehend sind, viel leichter ertragen werden. Von dieser Seite der Armut ist jedoch der leichte Sinn des Eskimos frei. Selbst wenn er sehr lange hat hungern müssen und es ihm sehr schlecht ergangen ist, hat er alles Ausgestandene vergessen, sobald er etwas zu essen bekommt. Die Erinnerung an die überstandenen Qualen ist ebensowenig imstande, ihm den Genuß und die Freude zu stören, wie das Bangen vor dem, was morgen oder übermorgen kommen wird. Das Einzige, was sein Glück zu trüben vermag, ist, andere Not leiden zu sehen, und deshalb teilt er mit ihnen, solange er selbst etwas zu teilen hat.

Besonders aber schneidet es den Eskimos ins Herz, wenn sie ihre kleinen Kinder hungern sehen, „und deshalb," sagt Dalager, „geben sie den Kindern alles, auch wenn sie selber beinahe vor Hunger krepieren; denn sie leben täglich in der Hoffnung auf bessere Zeiten, die wirklich manchen am Leben erhält."

Will man die Grundverschiedenheit des Charakters der Eskimos von dem unsrigen deutlich erkennen, so studiere man ihre sozialen Verhältnisse. Man hört nicht selten die Ansicht aussprechen, daß der Eskimostaat gesetzlos und ungeordnet sei. Das ist ein Irrtum.

Ursprünglich war er im Gegenteil außerordentlich wohlgeordnet. Sie hatten ihre bestimmten Bräuche und Regeln für all und jedes, die im Munde des Volkes fortlebten und selten übertreten wurden; denn die Eskimos sind unglaublich gefügige Leute, was selbst Hans Egede, der sie, wie oben gesagt, doch gehörig anschwärzt, zugiebt, wenn er unter anderem berichtet: „Es ist wirklich merkwürdig, welche Eintracht unter ihnen herrscht; Zank und Streit, Haß und Nachtragen nimmt man bei ihnen selten wahr. Und[1]) wenn einer auch einem anderen böse sein mag, so läßt er es sich doch nicht anmerken, sondern erlaubt sich aus großer

---

[1]) Anm.: Wenn sie sahen, wie unsere liederlichen Matrosen sich zankten und prügelten, fanden sie solches unmenschlich und sagten: die halten einander nicht für Menschen. Desgleichen wenn einer der Offiziere seine Leute schlug, hieß es gleich: Er behandelt seine Mitmenschen wie Hunde u. s. w.

Scham vor anderen nicht, ihn mit Schimpfreden oder gar Schlägen anzugreifen, wie sie auch gar keine Weise und Worte kennen, einander auszuschelten." Dies sagt, wohlbemerkt, ein Prediger von Heiden, die diesen friedfertigen Sinn also nicht durch das Christentum bekommen haben konnten.

Da kamen die Europäer ins Land. Ohne das Volk und seine Bedürfnisse zu kennen und zu verstehen, gingen sie von der Ansicht aus, daß der Eskimostaat von Grund aus der Verbesserung bedürfe, und griffen zerstörend in alle seine Institutionen ein. Sie suchten ihm einen vollständig neuen Stempel aufzudrücken, gaben den Grönländern mit einem Schlage eine ganz neue Religion und zerstörten die Achtung vor den alten Bräuchen und Ueberlieferungen, natürlich ohne ihm neue dafür wiederzugeben. Ja, die Missionare meinten, dieses wilde, freilebende Jagdvolk in eine civilisierte, christliche Nation umwandeln zu können, ohne zu bedenken, daß dieses Volk in seinem Herzen in vieler Beziehung christlicher war, als sie selber, und die christliche Nächstenliebe z. B. in der Praxis weit besser durchgeführt hatte, als es je eine christliche Nation gethan hat. Kurz, die Europäer betrugen sich in Grönland gerade so, wie sie es überall thun, wo sie im Namen Jesu auftreten, um „die armen Heiden des Segens der ewigen Wahrheit teilhaftig zu machen". Diese Anschauung wird am besten durch den schon oben erwähnten Ausspruch Egedes charakterisiert. „Die angeborene Dummheit und Gleichgültigkeit der Grönländer, ihre viehische, thörichte Kindererziehung, ihre unstäte, umherschweifende Lebensweise, alles dieses legt ihrer Bekehrung große Hindernisse in den Weg und muß, soweit es möglich ist, abgeändert und remediert werden." Welch ein

Seehundsfischerei.

Mangel an Verständnis! Man denke nur, das umherschweifende Leben eines Jagdvolkes ändern und remedieren zu wollen! Was bliebe ihm dann? Garnicht davon zu reden, daß sich dies durch „Zucht und Disziplin", seiner Meinung nach, recht wohl erreichen ließe.

Die Grönländer hörten zuerst die Fremden verwundert an. Sie waren bisher mit sich selber und dem ganzen Dasein zufrieden gewesen und hatten keine Ahnung gehabt, daß die Welt und die Menschen so schlecht seien, wie die Missionare ihnen immer wieder sagten. Es fehlte ihnen, wie Egede sagt, gänzlich „die rechte Erkenntnis ihrer eigenen Verderbtheit", und es wurde ihnen sehr schwer, eine so grausame Religion, die die Menschen zum ewigen Höllenfeuer verdammt, zu verstehen. An die Erbsünde glaubten sie schon eher, aber nur als an ein allgemeines Uebel bei den Kavdlunakern (Europäern); denn daß diese zum großen Teile schlechte Menschen waren, sahen sie ja täglich, die Kaladlit (Eskimos) aber, die doch gute Leute waren, hätten eigentlich ohne weiteres in das Himmelreich kommen müssen.

Als im Jahre 1728 ein dänisches Schiff mit Männern und Frauen zur Kolonisation des Landes in Godthaab ankam, erregten viele von der Besatzung durch ihr schlechtes Benehmen großes Aergernis bei den Heiden, und diese „fragten oft, woher es denn eigentlich komme, daß so viele von unseren Leuten so ungesittet seien. Statt daß Frauenzimmer (die Grönländerinnen) sonst still und ehrbar zu sein pflegten, betrügen sich diese (die Europäerinnen) toll, frech und ohne jede weibliche Scham. Sie kennten doch wohl alle Gottes Willen".[1]) Und die Grönländer verachteten und

---

[1]) Paul Egede: Berichte aus Grönland, Seite 36.

verlachten die dummen, selbstbewußten Europäer, die so fein predigten, aber so schlecht handelten und überdies nichts vom Fange und allem, was sie selber für das Wichtigste im Leben hielten, verstanden.

Durch die Macht, die eine höhere Kultur verleiht, konnten die Fremden so nach und nach siegen und im Laufe der Zeit eine durchgreifende Umwälzung und ein schwankendes Gemisch von altgrönländischer und moderneuropäischer Volkssitte und Kultur zustande bringen, wie sie auch in unerlaubt hohem Grade ihr Blut mit dem der Eskimos kreuzten und ohne priesterliche Hülfe stark gemischte Nachkommenschaft erzeugten.

Da die Eskimos jedoch ein sehr konservatives Volk sind, findet man bei ihnen noch immer viele wesentliche Züge der ursprünglichen Zustände. Wie bei allen Jagdvölkern, ist auch bei den Grönländern der Eigentumsbegriff sehr beschränkt; es wäre jedoch verkehrt, anzunehmen, daß er ihnen ganz fehle.

Hinsichtlich der meisten Dinge herrscht allerdings eine gewisse Gütergemeinschaft; doch sie beschränkt sich je nach der Natur der verschiedenen Gegenstände auf bestimmte engere und weitere Kreise. Nächst dem Individuum selbst kommt als engster Kreis die Familie, dann die Hausgenossen und die Verwandtschaft, und schließlich alle in demselben Orte wohnenden Familien. Als das eigentlichste Privateigentum werden der Kajak, der Kajakanzug und die Fanggeräte angesehen, die dem Fänger allein gehören und die weiter keiner anrühren darf; denn damit ernährt er sich und seine Familie und muß deshalb sicher sein, sie immer da finden zu können, wo er sie zuletzt hingelegt hat; sie werden auch selten verliehen. In früheren Zeiten hatten

gute Fänger gewöhnlich zwei Kajake, doch heutzutage läßt
sich das selten ermöglichen. Etwas, was sich eigentlich auch
den Fanggeräten nähern dürfte, sind die Ski. Da diese
indessen erst durch die Europäer eingeführt wurden, gilt
der Eigentumsbegriff für sie nicht in demselben Grade,
und während der Eskimo selten oder nie die Waffen eines
andern anrühren würde, trägt er kein Bedenken, den Ski
eines andern zu brauchen, ohne ihn vorher zu fragen.

Nach den Fanggeräten und Kleidungsstücken kommen
die Werkzeuge für den Hausgebrauch, wie Messer, Beile,
Sägen, Fellschabeisen u. s. w. Vieles davon, namentlich
die Nähutensilien der Weiber, wird jedoch auch als Privateigentum im eigentlichen Sinne betrachtet.

Andere Hausgeräte sind Gemeingut der Familie oder
aller Hausgenossen. Das Frauenboot gehört dem Familienvater oder der Familie, das Zelt ebenfalls. Das Haus
gehört auch der Familie, und wohnen mehrere Familien
darin, so allen zusammen.

Grundbesitz kennt der Eskimo nicht, doch scheint es
dort Brauch zu sein, daß man auf einem Platze, wo schon
Leute wohnen, ohne deren Zustimmung weder sein Zelt
aufschlagen, noch ein Haus bauen darf.

Als Beispiel ihrer Rücksicht für einander in dieser
Beziehung sei ein Zug angeführt, der vor mehr als hundert
Jahren von Lars Dalager beschrieben worden ist:

„Wenn sie im Sommer mit ihren Zelten und sonstiger
Bagage an der Küste längsfahren und an einer Stelle,
wo schon Grönländer stehen, zu bleiben gedenken, rudern
sie sehr langsam ans Land und halten ungefähr einen
Flintenschuß vom Ufer, ohne ein Wort zu sagen. Schweigen
die am Ufer Stehenden ebenfalls, so denken die Kommenden,

sie seien nicht gern gesehen, und rudern in größter Eile nach einem leeren Platze. Doch wenn vom Lande her, wie es meistens geschieht, diese Komplimente gemacht werden: Seht her! Hier sind gute Zeltplätze, gutes Lager für Eure Frauenboote, kommt und ruht Euch von des Tages Last aus!, so legen sie nach kurzer Ueberlegung am Ufer an, wo man bereit steht, sie zu empfangen und beim Ausladen der Bagage zu helfen. Doch wenn sie wieder abreisen, wird ihnen nur beim Aussetzen der Frauenboote geholfen, alle übrige Arbeit läßt man sie allein thun, wenn nicht der Reisende ein sehr guter Freund oder naher Verwandter ist. In diesem Falle wird er mit derselben Ehrenbezeugung, mit der er empfangen worden, und mit den Abschiedsworten: Euer Fortgehen wird bei uns eine stille Erinnerung verursachen dimittiert."[1]

Ein Anflug von Grundbesitzbegriff scheint auch darin zu liegen, daß falls jemand in lachsreichen Flüssen Dämme zur Ansammlung der Fische gebaut hat, es übel vermerkt wird, wenn Fremde diese Einhegungen verändern oder innerhalb derselben Netze auswerfen, wie es die Europäer in früheren Zeiten häufig gethan haben (auch von Dalager berichtet).

Treibholz gehört dem, der es zuerst im Wasser findet, wo es auch sei. Um sein Recht zu behaupten, ist er verpflichtet, es ans Land zu bugsieren, über die Flutmarke hinaufzuziehen und auf irgend eine Art zu zeichnen. Vor diesem Eigentum hat der Eskimo großen Respekt, und hat einer Treibholz am Ufer niedergelegt, so

---

[1] Dalager: „Grönländische Berichte." 1752. Kopenhagen. Seite 15—16.

kann er, falls keine Europäer dort hingekommen sind, sicher sein, es noch nach Jahren wiederzufinden; wer es nähme, würde fortan für einen Schuft gelten.

Hinsichtlich ihrer Auffassung des Eigentumsbegriffes beim Leihen und Handeln sei angeführt, was Dalager darüber sagt:

„Leiht ein Mann einem anderen etwas, wie Boote, Pfeile, Angelschnüre oder sonst ein Angelgerät, und dieser kommt damit zu Schaden, sei es, daß der Seehund oder das Tier mit dem Pfeile durchgeht oder der Fisch die Schnur zerreißt oder auch, daß der Fisch oder der Seehund das Boot beschädigt, so geht dies alles auf Kosten des Besitzers, und der Leihende ersetzt nichts davon. — Nimmt jemand Pfeile oder Geräte leihweise in Gebrauch, ohne daß der Besitzer davon weiß, und werden sie beschädigt, so ist der Leihende verpflichtet, den Eigentümer schadlos zu halten. Dies kommt sehr selten vor, denn ein Grönländer muß in sehr großer Verlegenheit sein, ehe er einen andern mit dem Ansinnen, ihm etwas zu leihen, inkommodiert, aus Furcht, es könnte zu Schaden kommen."

„Kauft man etwas von einem anderen, und die Waren gefallen ihm nicht, so kann er sie zurückschicken, auch wenn schon längere Zeit seit dem Kaufe verstrichen ist."

„Kauft einer von dem andern teure Sachen, wie Boote oder Flinten, und ist der Käufer nicht imstande, den Verkäufer in Betreff der geforderten Bezahlung zu befriedigen, so erhält er Kredit, bis er es kann. Stirbt der Debitor aber vorher, so macht der Kreditor nie seine Forderung geltend. Dies ist, fügt Dalager hinzu, „ein schädlicher Articul für die Kaufleute der Kolonie, die immer Kredit geben müssen, und wovon ich selbst besonders in diesem

Jahre viele Proben gehabt, da viele meiner Debitoren mit dem Tode abgegangen sind und mich dadurch in ein ekliches Labyrinth gebracht haben."

Als er sich bei „verschiedenen vornehmen und vernünftigen Grönländern" beklagte, gaben sie ihm den Rat, „seine Forderung gleich zu legitimieren, aber erst die Läuse des Mannes (nach ihrer Redeweise) im Grabe sterben zu lassen, ehe er zur Exekution schritte."

Viel mehr als das Obengenannte[1]) kann ein Grönländer den ursprünglichen Bräuchen nach also eigentlich nicht sein eigen nennen. Selbst wenn er Sinn für das Sammeln von Reichtümern hätte, den er jedoch selten besitzt, würden seine bedürftigen Genossen allem weniger Notwendigen gegenüber Forderungen geltend machen können. Daher herrscht in Grönland das Mißverhältnis, daß die in das Land übergesiedelten Europäer, die sich ja im Grunde von den Eingeborenen ernähren, sich oft Reichtum erwerben und im Ueberflusse leben, während die Eingeborenen selber dies nicht können.

Denn nicht einmal die von ihm erlegte Beute gehört dem Grönländer rechtlich ganz allein. Ueber die Verteilung entscheiden von Alters her feststehende Regeln, und nur einzelne Tierarten darf er größtenteils für sich und seine Familie behalten. Hierzu gehört der Atak oder Grönlandsseehund, aber auch davon muß er den Kajakmännern, die ihn gleich nach dem Fange ansprechen, und allen Kindern seines Wohnortes je ein kleines Stück Speck abgeben. Andere Seehundarten werden nach

---

[1]) Hierzu kommen jedoch auch die Hunde und für die nördlicher Wohnenden und die Ostgrönländer die Hundeschlitten.

bestimmten Regeln unter diejenigen verteilt, die beim Fange zugegen oder behülflich waren, manchmal erhält sogar jedes Haus des Wohnortes ein Stück. Letzteres gilt namentlich für das Walroß und mehrere Walfischarten, wie den Weißwal; von diesen erhält der Fänger einen verhältnismäßig kleinen Teil, auch wenn er das Tier ganz allein erlegt hat. Wird ein größerer Wal ans Land gebracht, so soll es ein scheußlicher Anblick sein, wie sich alle Bewohner des Ortes mit Messern bewaffnet auf das noch im Wasser befindliche Tier stürzen, um jeder seinen Anteil zu nehmen. Dabei geht es dann so blutig zu, daß Dalager behauptet, er habe weder „gehört, noch gesehen, daß je ein Wal zerstückt sei, ohne daß Verstümmelungen oder wenigstens schwere Blessuren vorgekommen, was von einer unvorsichtigen Hitzigkeit vorkommt, wenn wohl einige Hundert Menschen auf dem Fische liegen und darum nicht so genau darauf achten, wo das Messer hin= oder hineinschneidet." Charakteristisch für ihr gutes Herz ist übrigens, „daß der, welcher so zu Schaden kommt, dem Thäter deshalb niemals grollt, sondern es für einen Unfall ansieht".

Diese Regeln gelten nicht nur für größere Tiere, sondern auch für einzelne Fischarten. Wird also eine Hellbutte gefangen, so ist der Fänger verpflichtet, den anderen Kajakmännern, die auf dem Fangplatze halten, ein Stück Haut zum Verteilen zu geben. Außerdem teilt er gewöhnlich, wenn er heimkommt, seinen Hausgenossen und den Nachbarn etwas von dem Tiere zu.[1]

---

[1] Jagen mehrere zusammen, so entscheiden auch bestimmte Regeln darüber, wem das erlegte Wild gehört. Schießen zwei oder mehrere auf ein Renntier, so gehört es dem, der es zuerst getroffen, auch wenn er es nur unbedeutend verwundet hat. Ueber die Seehundsjagd=

Selbst wenn der Grönländer alle diese Vorschriften gewissenhaft befolgt hat, kann er doch nicht immer seinen Anteil von seiner eigenen Beute unverkürzt behalten. Erbeutet er z. B. etwas, wenn in seinem Wohnorte Mangel oder gar Hungersnot herrscht, so gilt es für seine Pflicht, entweder ein Gastmahl zu geben oder mit den anderen Haushalten, die vielleicht lange Zeit frisches Fleisch haben entbehren müssen, zu teilen.

Ist der Fang gut, so giebt es ein Gastmahl, und man schmaust, bis man nicht mehr kann. Wird nicht alles verzehrt und ist in den andern Häusern auch noch genug da, so wird es für den Winter aufgehoben. Kommt aber eine Zeit der Not, so haben die, welche etwas haben, die Pflicht, denen, die nichts haben, zu helfen, solange etwas zum Abgeben da ist. Nachher hungern sie gemeinsam, und manchmal verhungern sie auch. Daß einige in Ueberfluß leben, während andere Not leiden, was in den europäischen Staaten ja tagtäglich vorkommt, ist in Grönland unerhört, wenn man davon absieht, daß die dort wohnenden Europäer mit der gewöhnlichen Vorsorge unserer Rasse oft Vorräte haben, während die Grönländer darben.

---

vorschriften sagt Dalager: „Trifft ein Grönländer mit seinen leichten Pfeilen einen Seehund oder sonst ein Seetier und dieses stirbt nicht, sondern läuft mit dem Pfeile fort, so gehört es ihm, auch wenn ein anderer es nachher mit seinen Pfeilen tötet; doch hat er sich der gewöhnlichen Harpune bedient und reißt die Leine und ein anderer kommt und trifft, dann hat der erste sein Recht verloren; werfen aber beide zugleich und treffen beide Harpunen, so wird das Tier mit Haut und allem der Länge nach geteilt." — „Treffen zwei zugleich einen Vogel, so wird dieser der Quere nach geteilt." — „Findet einer einen toten Seehund mit einer Harpune im Leibe, so erhält der Eigentümer, falls er in der Gegend bekannt ist, seine Harpune wieder, der Finder aber behält den Seehund." Aehnliche Regeln scheinen auch auf der Ostküste zu gelten.

Auf der Seehundjagd.

Aus dem Angeführten wird man ersehen, daß die Gesetze darauf hinauslaufen, die Beute möglichst dem ganzen Orte zugute kommen zu lassen, damit die einzelnen Familien nicht darauf angewiesen sind, daß ihre Versorger täglich etwas fange. Es sind Gesetze, die sich durch die Erfahrung langer Zeiten ausgebildet haben und schon viele Menschenalter hindurch fest im Volke wurzeln.

Der Grönländer steht der Not anderer wie ein mitleidiges Kind gegenüber; sein erstes Staatsgesetz ist, anderen zu helfen. Hierauf und auf dem Zusammenhalten in guten, wie in bösen Tagen basiert die Existenz aller kleinen grönländischen Gemeinwesen. Ein hartes Leben hat den Eskimo gelehrt, daß, auch wenn er tüchtig ist und sich in der Regel selbst versorgen kann, doch bisweilen Zeiten kommen, da er ohne den Beistand seiner Mitmenschen untergehen müßte, und daß es deshalb besser ist, selber stets hilfsbereit zu sein. „Was Du willst, daß andere Dir thun sollen, das thue auch ihnen", diesen Lehrsatz, einen der ersten und wichtigsten des Christentums, hat die Natur selbst den Grönländer gelehrt, und er führt ihn praktisch durch, was man von den Christen nicht immer behaupten kann. Leider aber scheint diese Lehre in demselben Verhältnis, als er sich civilisiert, an Kraft zu verlieren.

Wie Gefälligkeit gegen Nachbarn ein Gesetz ist, so ist es Gastfreiheit gegen Fremde nicht minder. Der Reisende kehrt ins erste Haus ein, an das er kommt, und bleibt dort, so lange es ihm nötig dünkt. Er wird freundlich aufgenommen, und es wird ihm vorgesetzt, was das Haus vermag, auch wenn er kein Freund ist. Zieht er weiter, so wird ihm oft noch eine Wegzehrung mitgegebe; ich haben Kajakmänner Häuser, in denen sie sich des Sturmes wegen mehrere Tage aufgehalten hatten, mit Hellbuttenfleisch, das ihnen beim Abschiede geschenkt worden, förmlich beladen verlassen sehen. Bezahlt darf für die Unterkunft nicht werden. Ein Europäer wird auch überall gastfrei aufgenommen, obwohl die Grönländer nicht dieselben Ansprüche ihm gegenüber machen würden, wenn sie auf Reisen an seinem Hause vorbeikämen. Die Europäer geben jedoch häufig eine Art Vergütung in Kaffee und ähnlichem, was sie mit sich führen, um ihre Wirte damit zu traktieren.

Daß Gastfreiheit eine Pflicht ist, die auch auf der Ostküste Grönlands in hohem Maße geübt wird, davon erzählt Kapitän Holm mehrere merkwürdige Beispiele. So sei auf seine Erzählung von dem Mörder Maratuk, der seinen Stiefvater erschlagen hatte, hingewiesen. Es war ein schlechter Mensch, den keiner mochte; trotzdem wurde er, als er die nächsten Verwandten des Ermordeten besuchte, aufgenommen und lange bewirtet, — doch wurde ihm Böses nachgesagt, als er abgereist war.

Zur Gastfreiheit zwingen sie selbstverständlich auch die harten Naturverhältnisse; denn häufig überfällt sie weit von Hause ein Unwetter, das sie zwingt, in das nächste Haus zu flüchten.

Leider scheint die Gastfreiheit in den letzten Jahren auf der Westküste abgenommen zu haben. Auch hierin geben die Europäer wieder das Beispiel. Freilich kommt noch dazu, daß dort kein solcher Wohlstand mehr herrscht wie in früheren Zeiten und man also oft nicht imstande ist, Fremde zu beköstigen.

Manch einem wird es wohl scheinen, als sei ich oft ungerecht gegen die Europäer; das ist aber durchaus nicht meine Absicht. Wenn die Europäer auch nicht den besten

Einfluß gehabt haben, so kann man ihnen dies doch nicht immer direkt zur Last legen, denn obwohl sie selber es oft sehr gut gemeint, haben die Verhältnisse es doch unvermeidlich so mit sich gebracht. So haben sie zum Beispiel in der besten Absicht eifrig daran gearbeitet, den Eigentumsbegriff der Grönländer auszubilden. Diese werden angehalten, etwas von ihrer Beute aufzuheben, statt alles in ihrer gewohnten freigebigen Weise zu verschleudern. Man beruft sich darauf, daß die Grundbedingung einer Civilisation ein besser entwickelter Eigentumsbegriff sei. Ob dies gut ist, mag manchem zweifelhaft erscheinen, mir aber kommt es nicht so vor. Ich muß freilich einräumen, daß zur Basis einer Civilisation bedeutend mehr Sinn für irdische Habe erforderlich ist, als der Eskimo besitzt. Aber ich kann nicht begreifen, was die armen Menschen mit der Civilisation sollen; glücklicher macht sie sie wahrhaftig nicht, sondern sie zerstört das Schöne und Gute in ihnen, schwächt sie im Kampf ums Dasein und führt sie unumgänglich in Armut und Elend. Doch davon später.

Die Gesetze, auf denen der grönländische Heidenstaat basiert, sind, wie wir gesehen haben, nach Möglichkeit in der Praxis durchgeführter Sozialismus. In dieser Beziehung war er christlicher als irgend ein christlicher Staat, und unsere heutigen Gesellschaftsreformatoren könnten dort oben allerlei lernen.

Spencer hat in einer seiner Schriften behauptet, die Menschheit habe zwei Religionen; die erste und natürlichste sei der Selbsterhaltungstrieb, der das Individuum zur Verteidigung seiner selbst gegen jeden äußeren Widerstand oder jede außenstehende feindliche Macht antreibt. Er nennt dies die Religion der Feindschaft. Die zweite sei der Vereinigungstrieb, der den Menschen veranlaßt, mit seinen Nachbarn und Mitbürgern in Gemeinschaft zu treten, und diesem entstamme die christliche Lehre „Du sollst Deinen Nächsten lieben wie Dich selbst", ja „Du sollst auch Deine Feinde lieben". Dies nennt er die Religion der Freundschaft. Die erste ist die Religion der Vergangenheit, die zweite die der Zukunft.

Doch gerade diese Zukunftsreligion scheint sich der Eskimo in seltenem Grade zu eigen gemacht zu haben.

Einige Stämme oder Rassen werden durch Feinde zum Zusammenschließen getrieben, während bei anderen ungünstige Naturverhältnisse die Triebfeder dazu bilden. Letzteres war bei den Eskimos der Fall. Wo der Trieb, sich aneinander anzuschließen und einander zu helfen, am stärksten ausgebildet war, da war auch die Bestandkraft des Gemeinwesens am größten, es konnte an Wohlstand und Volkszahl zunehmen, während andere kleine, weniger in jener Hinsicht entwickelte Staaten zurück-, wenn nicht gar untergingen. Sobald wir mit Spencer die Religion der Freundschaft für die der Zukunft halten und der Ansicht sind, daß Selbstverleugnung zu Gunsten des allgemeinen Besten das Ziel der Entwickelung ist, müssen wir den Eskimos einen hohen Rang unter den Völkern einräumen.

Es fragt sich allerdings, ob unsere Vorfahren nicht vielleicht auch einst in alten Zeiten einer ähnlichen Lehre gehuldigt haben. Die soziale Entwickelung bewegt sich vielleicht in einer Spirale mit immer größer werdenden Windungen.

Kapitel VIII.
Stellung und Arbeit der Frau.

Es ist oft, und namentlich von Männern, behauptet worden, die Kulturstufe eines Volkes lasse sich nach der gesellschaftlichen Stellung seiner Frauen bemessen. Ich fühle mich nicht vollständig davon überzeugt, daß sich dies in allen Fällen so verhält; ist es aber so, dann glaube ich auch hierin einen Beweis zu haben, daß man dem Eskimo einen ziemlich hohen Platz auf der Leiter der Entwickelung anweisen muß. Die Eskimofrau spielt nämlich eine bedeutende Rolle in der grönländischen Gesellschaft.

Allerdings gilt sie, ursprünglich eskimoischer Anschauung zufolge, zunächst als das Eigentum des Mannes, das er sich entweder geraubt oder auch wohl von dem Vater gekauft hat. Er kann sie daher auch fortjagen, wenn er Lust dazu hat, oder sie verleihen, auch gegen eine andere leihweise vertauschen, ebenso wie er sich mehrere Frauen nehmen darf, wenn es ihm seine Mittel erlauben. Doch in der Regel wird sie gut behandelt, und die Anschauung von der Frau als Eigentum des Mannes finden wir bei vielen anderen Völkern noch weit mehr ausgeprägt, und ein wenig davon giebt es auch bei uns, nur in etwas anderem Gewande.

Es giebt Leute, die behaupten, unsere Frauen hätten wohl genug zu thun, es sei aber ein großer Fehler, daß sie nicht genau dieselbe Arbeit wie die Männer hätten. Sie würden nicht mit den grönländischen Verhältnissen zufrieden sein, denn jenes ist dort ebenso wenig der Fall.

Freilich gehen dort beide Geschlechter in Hosen und haben es von jeher gethan, doch noch ist ihnen kein Licht darüber aufgegangen, daß zwischen Mann und Weib eigentlich gar kein Unterschied besteht.

Sie meinen, daß es u. a. in körperlicher Hinsicht gewisse entscheidende Ungleichheiten zwischen ihnen giebt, und bilden sich ein, daß die Frauen in der Regel nicht so stark, geschmeidig und mutig wie die Männer seien und sich deshalb nicht so gut dazu eignen würden, in See und auf den Fang zu gehen. Andrerseits glauben sie z. B. wieder nicht, daß die Männer am besten das Kinderwarten verstehen, als Amme taugen u. s. w.

Dies ist wohl der Grund, daß dort oben scharf-begrenzte Arbeitsteilung zwischen beiden Geschlechtern eingeführt ist.

Der Mann hat sein schweres Leben auf der See als Jäger und Erwerber, doch wenn er mit seiner Beute ans Ufer kommt, hört seine Arbeit für die Aufrechthaltung des Gemeinwesens in der Hauptsache auf. Hier wird er von seinen Frauenzimmern empfangen, die ihm an Land helfen, und während er sich von nun an nur um seinen Kajak und seine Waffen kümmert, liegt es den Weibern ob, die Beute nach Hause zu tragen. In früheren Zeiten war es stets unter der Würde eines Fängers, bei dieser Arbeit zu helfen, und so denken noch heute die meisten.

Die Frauen ziehen den Seehund ab und zerlegen die Beute nach bestimmten Regeln, die Verteilung aber wird von der Hausfrau besorgt. Ferner müssen sie das Essen bereiten, die Felle gerben, die Kajake und die Frauenboote damit beziehen, Kleider nähen und alle häuslichen Arbeiten verrichten. Außerdem bauen sie Häuser, schlagen die Zelte auf und rudern die Frauenboote.

Kein Seehundsfänger hätte sich früher so weit herabgelassen, ein Frauenboot zu rudern, dagegen kam es dem Hausvater zu, es zu steuern. Jetzt kann man freilich öfter Männer die Ruder darin führen sehen, besonders wenn Europäer sie auf Reisen als Ruderer gemietet haben. Hat man sich dort erst eingelebt, so macht dies einen abstoßenden Eindruck. Der Kajak ist und bleibt die Grundbedingung ihrer Existenz, und sie müßten keine Gelegenheit versäumen, sich in seiner Führung zu vervollkommnen. Noch heute hält sich jeder wirklich gute Fänger für zu gut, um anders denn als Steuermann in ein Frauenboot zu steigen.

Ist die Familie auf Renntierjagd ausgezogen, so schießen die Männer natürlich das Tier, während es meistens den Frauen obliegt, das erlegte Wild in das Zelt zu schleppen; eine anstrengende Arbeit, bei der sie große Ausdauer zeigen.

Der einzige Fang, den die Frauen in der Regel treiben, ist der Angmagsaet- oder Kapelan-Fang. Man betreibt ihn im Vorsommer, wo der Kapelan (Mallotus arcticus) gewöhnlich in so dichten Schwärmen an die Küste kommt, daß man ihn mit Eimern in die Frauenboote schöpfen kann. Der Fang wird solange fortgesetzt, bis man seinen Wintervorrat eingeheimst hat. Dann hört man auf, wenn auch noch so viel da ist. Der Kapelan wird auf Klippen und Steinen getrocknet; ihn zu überwachen und, wenn er trocken ist, zu verpacken, ist ebenfalls Arbeit der Frauen.

Manchmal helfen sie beim Seehundsfang, wenn diese

Tiere bei einer Art Klappjagd in enge Sunde und Fjorde eingeschlossen und dort aufs Land gejagt werden.

Es sind nur wenige Beispiele bekannt, daß Frauen sich mit Kajakfang beschäftigt haben.

Kapitän Holm erzählt, daß in Imarsivik auf der Ostküste zwei Mädchen im Kajak auf See gingen. Dort war ein schlechtes Verhältnis zwischen den Geschlechtern, da auf einundzwanzig Einwohner nur fünf männliche kamen. Leider ist nicht bekannt, ob diese Frauen ebenso große Fanggeschicklichkeit erlangt hatten, wie die Männer.

Sie hatten ganz die Lebensweise der Männer angenommen, kleideten sich in Männertracht und trugen ihr Haar nach Männerart. Als Holm sie unter seinen Tauschartikeln wählen ließ, nahmen sie weder Nähnadeln, noch anderes Handarbeitswerkzeug, sondern suchten sich Pfeilspitzen für ihre Waffen aus. Sie müssen kaum von Männern zu unterscheiden gewesen sein; ich glaube, wir sahen sie auf der Ostküste, ohne jedoch ihr Geschlecht zu ahnen. Holm erzählt, daß dort noch ein paar andere Mädchen zu Fängern ausgebildet werden sollten, aber damals noch zu jung dazu gewesen seien.

Während die Männer die meiste Zeit auf dem Meere zubringen, halten die Frauen sich zu Hause, und dort sieht man sie in der Regel fleißig arbeiten, indeß ihre Gatten zu Hause meistens nichts weiter thun, als essen, faullenzen, Geschichten erzählen und schlafen. Beschäftigen sie sich wirklich einmal, so putzen sie höchstens ihre Waffen, verzieren sie mit Knochenschnitzereien u. s. w., denn ihre Waffen sind ihr Stolz.

Während die Männer mit herabhängenden Beinen auf dem Pritschenrande sitzen, setzen sich die Frauen mit gekreuzten Beinen mitten auf die Pritsche, wie ein Schneider auf seinen Tisch. Dort nähen und sticken sie, schneiden mit ihrem eigentümlichen Krummmesser Leder zu, kauen Vogelhaut und nehmen, mit einem Wort, jederlei Arbeit vor, während ihr Mund keinen Augenblick stillsteht; denn sie sind von Natur sehr lebhaft, und es fehlt ihnen selten an Stoff zur Unterhaltung. Leider kann ich sie von der bekannten weiblichen Schwatzsucht nicht ganz freisprechen, und wenn wir Dalager glauben dürfen, haben sie noch schlimmere Eigenschaften. „Lüge und Verleumdung herrschen zumeist unter den Weibern," sagt er. „Die Männer sind viel aufrichtiger und erzählen nicht gern etwas, was sie nicht beweisen können."

„O Weib, Weib, überall bist du doch gleich!
Der erste Gedanke, den Loki hatte,
War eine Lüge, und er sandte sie
In Weibsgestalt den Erdenmännern."

Die Zubereitung der Felle ist ein für das Eskimogemeinwesen sehr wichtiger Teil der Frauenarbeit, und da sie zugleich außerordentlich eigentümlich ist, so werde ich sie kurz beschreiben, wie ich sie bei den Eskimos in Godthaab und Umgegend kennen gelernt habe. Sie variiert je nach den verschiedenen Zwecken und Arten der Felle.

Die Kajakhäute werden entweder schwarz oder weiß gegerbt[1]).

---

[1]) Wie schon erwähnt, handelt es sich gewöhnlich um Klappmützenfelle, doch werden auch Felle vom Blauseehund, ja ausnahmsweise auch vom Ringseehund, dem fleckigen Seehund oder dem gewöhnlichen Fjordseehund (Phoca vitulina) genommen.

Die schwarzen Häute (Erisâk) erhält man dadurch, daß der unter der Haut befindliche Speck gleich nach dem Abziehen abgeschrabt wird; darauf legt man das Fell einen Tag oder zwei in alten Urin, bis sich die Haare mit einem Messer abziehen lassen. Sind diese entfernt, so wird die Haut in Seewasser gewaschen und, falls es Sommer ist, an der Luft getrocknet, doch darf dies nicht in der Sonne geschehen. Im Winter wird sie nicht getrocknet, sondern im Schnee vergraben. In beiden Fällen ist es jedoch am besten, wenn man sofort nach dem Waschen den Kajak damit beziehen und sie auf diesem trocknen lassen kann. Dieses Leder ist deshalb dunkel, weil die Narbe oder äußerste Hautschicht beim Seehunde schwarz oder dunkelbraun ist.

Die weißen Kajakfelle (Unek) werden, nachdem der Speck oberflächlich entfernt worden ist, in frischem Zustande zusammengerollt und an einer hinreichend warmen Stelle im Freien oder im Hause hingelegt. Dort bleiben sie so lange liegen, bis sich Narbe und Haare mit einer Muschel leicht abschlagen lassen. Zu dieser Prozedur gebrauchen die grönländischen Schönen jedoch vorzugsweise die Zähne, weil sie dabei noch Fett aus der Haut saugen können, was ihnen vortrefflich mundet. Darauf werden die Häute im Sommer über Balken — nicht in die Sonne — zum Trocknen gelegt und oft umgehängt, damit alle Seiten gleichmäßig trocknen. Im Winter werden sie, wie die schwarzen Häute, im Schnee aufbewahrt. Da die dunkle Narbe ja abgekratzt ist, sind diese Häute, wenn sie fertiggegerbt sind, wirklich ganz hell oder weiß.

Auffallend ist, daß keine der beiden Lederarten beim Trocknen ausgespannt wird.

Beide werden auch zum Beziehen der Frauenboote verwendet.

Das weiße Leder, das ständig mit Seehundsfett eingeschmiert werden muß, gilt als bester Sommerbezug, das schwarze dagegen, das nie geschmiert wird, als bester Winterbezug für den Kajak. Ein wirklich bedeutender Fänger bezieht daher seinen Kajak am liebsten jährlich zweimal, doch gewöhnlich geschieht es jetzt nur einmal im Jahre, oft sogar nur alle zwei Jahre.

Soll das Seehundsfell zu Kamikern (Schuhzeug) benutzt werden, so wird der Speck mit den unteren Hautschichten auf einem eigens dazu eingerichteten Brett aus dem Schulterblatte eines Walfisches mit einem Krummmesser sorgfältig abgekratzt. Wenn die Haut durch das Schaben dünn geworden ist, wird es ebenfalls einen oder zwei Tage in alten Urin gelegt, bis sich die Haare mit einem Messer abziehen lassen. Ist das besorgt, so wird die Haut mittelst kleiner Knochenpflöcke auf dem Rasen oder dem Schnee ausgespannt und getrocknet. Darauf reibt man sie, bis sie weich ist, und damit ist das Leder fertig. Da die Narbe nicht entfernt wurde, sieht es dunkel aus.

Weißes Kamikleder wird anfangs ebenso behandelt wie das schwarze, doch sobald die Haare entfernt sind, taucht man die Haut in warmes (nicht zu warmes) Wasser, bis die schwarze Narbe sich ablöst, und spült sie dann wiederholt in Seewasser. Hat sich die Narbe noch nicht vollständig gelöst, so taucht man das Leder wieder abwechselnd in warmes Wasser und in Seewasser. Nachher wird es ebenso wie das dunkle ausgespannt getrocknet.

Da das helle Leder nicht so wasserdicht und gut ist

wie das schwarze, so wird es fast nur von den Frauen getragen, die es entweder weiß lassen oder bunt färben.

Das Sohlleder zu dem Kamiker wird wie die schwarzen Kajakbezüge behandelt, nur wird es beim Trocknen noch ausgespannt.

Leder zu Kajakhandschuhen gerbt man anfangs wie schwarzes Kamikleder, wenn aber die Haare entfernt sind, reibt man es mit Blut ein, rollt es auf und verwahrt es. Dies wird zwei- bis dreimal wiederholt, bis es eine ziemlich dunkle Farbe angenommen hat. Dann wird es zum Trocknen ausgespannt, — im Sommer draußen auf der Erde, im Winter im Hause unter dem Dach. Dieses Leder ist wunderbar wasserdicht.

Soll die Seehundshaut mit den Haaren gegerbt werden, wie man sie z. B. zu Strümpfen in den Kamikern oder zu Pelzen braucht, so wird sie auf dieselbe Weise wie gewöhnliche Kamikhäute auf der Speckseite mit dem Krummmesser abgeschabt. Darauf wird sie in Wasser gelegt und mit grüner Seife gewaschen. Sodann spült man sie in reinem Wasser, spannt sie aus und läßt sie, wie oben angegeben, trocknen. Nachdem das Leder nun durch Reiben schön weich geworden ist, kann man es in Gebrauch nehmen.

Renntierhaut wird nur getrocknet und gerieben, kommt aber mit Wasser nicht in Berührung.

Wenn Vogelhäute gegerbt werden sollen, trocknet man erst die Federn sorgfältig ab, dreht sodann die Bälge um, schabt die Fettschicht auf der Fleischseite, so gut es geht, mit einem Löffel oder einer Muschel ab und verzehrt das Fett, — es schmeckt vorzüglich. Darauf werden die Häute an der Decke zum Trocknen aufgehängt. Nach einigen Tagen wird das letzte Fett herausgekaut. Dann läßt man sie wieder trocknen, wäscht sie in heißem Wasser mit Seife und Soda dreimal hintereinander, spült sie in wirklich kaltem Wasser, ringt sie aus und hängt sie nun endgültig zum Trocknen auf. Sollen die Federn entfernt werden, wie bei den Eidervogelbälgen, so werden sie, wenn die Häute halbtrocken sind, gerupft (sodaß also nur die Daunen zurückbleiben). Dann trocknen sie ganz, werden aufgeschnitten und sind fertig.

Das oben erwähnte Auskauen ist ein merkwürdiger Prozeß. Man nimmt den trockenen, umgekehrten Balg, der von Fett beinahe trieft, und beginnt an einer Stelle zu lutschen, bis das Fett dort ausgesogen und die Haut weich und weiß ist, und so geht das Kauen langsam weiter, während die Haut allmählich immer weiter in den Mund hineinspaziert, wo sie schließlich oft ganz verschwindet, um dann in entfettetem Zustande wieder ausgespuckt zu werden. Diese Arbeit wird hauptsächlich von Frauen und Kindern verrichtet und ist wegen des vielen Fettes, das man sich dabei einverleibt, eine gesuchte Unterhaltung. In schlechten Zeiten kann es vorkommen, daß auch die Männer froh sind, wenn sie dabei helfen dürfen. Es macht einen sonderbaren Eindruck, wenn man, beim Eintreten in ein Haus, sämtliche Bewohner mit je einem Vogelbalg im Munde kauend dasitzen sieht.

Diesem Prozesse ist es zuzuschreiben, daß die grönländischen Vogelbälge so gut sind. Manch einer hat wohl schon die schönen Eiderdaunendecken, die so manches elegante Heim in Europa schmücken, mit Bewunderung betrachtet, ohne zu wissen, welche Stadien sie haben durchmachen müssen. Und mancher europäischen Schönen, die sich mit köstlichem Scharbenfederbesatz schmückt, würde grausen, wenn sie ahnte, wie viele mehr oder weniger reizende Münder ihr Staat dort oben im hohen Norden passiert hat, ehe er dazu kam, ihren schwellenden Busen zu umwogen.

Im Ganzen brauchen die Grönländerinnen ihre Zähne viel, bald zum Recken der Felle, bald zum Festhalten dieser beim Abschaben, bald zum Schaben selbst. Es wirkt auf uns Europäer geradezu verblüffend, wenn wir sie ein Fell aus der stinkenden Urintonne nehmen, hineinbeißen und dann zu arbeiten anfangen sehen — für sie ist der Mund die dritte Hand. Daher haben die alten Weiber dort oben auch auffallend kurze, abgestumpfte Vorderzähne[1]).

In ihrer Arbeit sind die grönländischen Frauen sehr tüchtig, und im Nähen sind sie noch ganz besonders geschickt. Man braucht nur die Säume eines Kajakbezuges, eines Wasserpelzes oder eines Darmhauthemdes zu betrachten, um sich davon zu überzeugen. Noch auffallender wird ihre Geschicklichkeit, wenn man die bewundernswerten Stickereien sieht, mit denen sie ihre Hosen, Kamiker und andere Sachen verzieren. Diese Stickereien werden auf der Westküste, wo die Eskimos von den Europäern Farben

---

[1]) Zum Nähen der Kleider und der Bootsfelle nimmt man Walfisch-, Seehund- oder Renntiersehnen. Die Sehnen werden einfach getrocknet. Zum Nähen der Wasserpelze, Fausthandschuhe und Kamiker verwendet man außerdem noch die Luftröhre des Grönlandsseehundes, des fleckigen Seehundes, der Klappmütze, des kleinen, gesprenkelten Seehundes und der Scharbe. Die äußere Schicht der Luftröhre wird in frischem Zustande abgezogen und dann auf einen dazu geschnittenen runden Stock, der eingefettet ist, damit sie besser gleitet, aufgestreift. Unterdessen wird auch die Innenseite mit einer Muschel reingeschabt. Wenn sie auf dem Stocke trocken geworden ist, schneidet man sie der Länge nach in ganz schmale Streifen. Der Faden, den man auf diese Weise erhält, hat vor dem Sehnenfaden den Vorzug, daß er sich nicht dehnt, wenn er in Wasser kommt.

erhalten haben, jetzt mit verschiedenfarbigen Lederstückchen, die mosaikartig zusammengesetzt werden, ausgeführt. Sie werden aus freier Hand ohne aufgezeichnete Muster angefertigt und verraten einen hohen Grad von Akkuratesse und Handfertigkeit nebst großem Formen- und Farbensinn.

Lebt man mit den Eskimos in ihrem Hause zusammen, so empfängt man durchaus nicht den Eindruck, daß die Frauen irgendwie unterdrückt oder zurückgesetzt werden. Es kam mir im Gegenteil vor, als spielten z. B. die Hausmütter in Godthaab und Umgegend eine bedeutende Rolle, ja als seien sie in einigen Fällen sogar die höchste Instanz. Nach meiner Erfahrung ist es stark übertrieben, wenn Dalager von den Frauen sagt: „Die Stunden ihres Lebens, die ihre besten sein sollten, wenn man von der Zeit, da sie in reiferes Alter treten, rechnet, sind nichts weiter als eine Kette von Kummer, Verachtung und Verdruß!"

Daß sich im gesellschaftlichen Leben ein gewisser Rangunterschied zwischen Männern und Frauen geltend macht, läßt sich allerdings nicht leugnen. So wurden bei den Mahlzeiten oder bei Kaffeegesellschaften stets die großen Fänger und die bedeutendsten Männer zuerst bedient, darauf kamen die weniger bedeutenden, und dann erst kamen Weiber und Kinder an die Reihe. Etwas Aehnliches erzählt schon Dalager in seiner Beschreibung eines Schmauses, bei dem die Männer als die Vornehmsten einander ihre Geschichten erzählten, während „die Weiber unterdessen auch ihre Mahlzeit in einer Ecke für sich verzehrten, wobei, wie man annehmen darf, nur Klatschgeschichten verhandelt wurden". Doch wenn man es recht bedenkt, kann dies auch auf die Verhältnisse an anderen Orten hier auf Erden passen.

Freilich muß ich zugeben, daß die Eskimomänner manchmal in ihrem äußeren Benehmen gegen die Damen wenig Schliff zeigen, z. B. „wenn ihre Frauen schwere Arbeit haben, wie beim Häuserbauen, Wassertragen und Lastenheben, stehen sie mit gekreuzten Armen lachend dabei, ohne ihnen im Geringsten zu helfen". Doch ist dies eigentlich soviel schlimmer, als wenn unsere Bauern aus dem Amte Bergen sich bei der Heimfahrt aus der Stadt mit brennender Pfeife ins Boot legen und sich von den Frauen nach Hause rudern lassen?

Daß die Frauen weniger angesehen sind als die Männer, scheint sich leider schon daraus zu ergeben, daß bei der Geburt eines Sohnes der Vater jubelt und die Mutter vor Freude strahlt, während bei der Geburt einer Tochter beide weinen oder doch jedenfalls sehr unzufrieden sind.

Kann man sich eigentlich darüber wundern? Schließlich ist der Eskimo bei all seiner Herzensgüte doch auch nur ein Mensch. In dem Knaben sieht er natürlich den künftigen Kajakmann und die Stütze der Familie in den alten Tagen der Eltern, also eine direkte Vermehrung des Betriebskapitals, während er andererseits der Meinung ist, daß es schon sowieso genug Mädchen auf der Welt giebt.

Derselbe Unterschied macht sich daher auch bei der Erziehung geltend, indem die Knaben stets als die künftigen Versorger betrachtet werden, für die alles gethan werden muß. Wenn die Eltern eines Knaben sterben, so ist bald für ihn gesorgt, da jeder ihn gern aufnimmt und so behandelt, daß er sich wohl fühlt. Nicht so mit den Mädchen. Verlieren sie ihre Eltern, so giebt man ihnen freilich überreichlich zu essen, aber sie müssen sich mit den

Fjordlandschaft von der Ostküste.

schlechtesten Kleidern begnügen und bieten oft einen jämmerlichen Anblick dar. Erreichen sie das heiratsfähige Alter, so nehmen sie jedoch ungefähr dieselbe Stellung ein wie die bessergestellten Mädchen; denn diese erhalten ja auch kein Erbe, und nun handelt es sich um „Schönheit und Tüchtigkeit, was allein ihren Kredit bei dem jungen Mannsvolk hebt; fehlt es daran, so werden sie verachtet und verheiraten sich nie, da genug da sind, unter denen Musterung gehalten werden kann". Hierüber können sie sich jedoch nicht beklagen, da es den Männern in dieser Hinsicht auch nicht besser geht; denn können sie nicht Fänger werden, was manchmal vorkommt, so haben sie wahrhaftig keine große Aussichten, eine Frau zu bekommen und werden von allen verachtet.

Daß Knaben ungefähr wie bei uns als ein Kapital betrachtet werden, geht unter anderem daraus hervor, daß Witwen sich schwer wiederverheiraten, es aber manchmal doch geschieht, „wenn sie männliche Kinder haben, denn dann können sie schließlich wohl einen reputierlichen Witwer bekommen".

Selbst im Tode scheinen die Frauen weniger Ansehen zu genießen, als die Männer, wenn wir nach folgendem Ausspruche Dalagers urteilen. „Einer Frau, die mit dem Tode ringt und sich keines besonderen Ansehens erfreut hat, kann es wohl passieren, daß sie lebendig begraben wird. Wovon wir am Orte vor Kurzem ein Beispiel hatten, das recht jämmerlich war, indem mehrere erzählten, daß sie die Begrabene noch lange Zeit im Grabe nach einem Trunke hätten rufen hören. Macht man ihnen Vorstellungen über solch unmenschliche Grausamkeit, so antworten sie, da die Sterbende doch nicht leben könne, sei es besser, sie der Erde zu übergeben, als sich bei dem Anblick ihrer Qualen selbst nach dem Tode zu sehnen. Diese Raison ist jedoch nicht stichhaltig, denn würde solch eine barbarische That an einem Mannsbilde verübt, so würden sie dies für den gröbsten Mord halten." Ja, dies war scheußlich; glücklicherweise geschieht es nicht allgemein. Der eigentliche Grund liegt wohl hauptsächlich in der übermäßigen Furcht der Eskimos vor der Berührung mit einem Toten. Infolgedessen ziehen sie dem Sterbenden, ganz gleich ob Mann oder Frau, oft schon lange vor dem Eintreten des Todes die Leichenkleider an und treffen alle Vorbereitungen zum Hinausbringen und Begraben der Leiche, während der Kranke ihnen von seinem Lager aus zusieht. Aus demselben Grunde würden sie einem im See Verunglückten, falls er dem Tode schon nahe ist, schwerlich beispringen, da sie fürchten dabei vielleicht eine Leiche anzufassen.

Kapitel IX.

Liebe und Ehe.

Der Liebe, dieser die ganze Schöpfung durchströmenden Kraft, begegnen wir auch in Grönland. Die grönländische Liebe ist eine starke, aufrichtige Naturempfindung, einem gesunden Boden entsprossen. Sie hat nicht die vielen zarten Blätter und verwickelten Blumenkronen unserer Kulturgewächse, sondern gleicht der wilden Feldblume, die sich einfach und kräftig in einer ursprünglichen Natur entfaltet.

Sie ist das Gefallen zweier junger Menschen aneinander. Den Mann macht sie nicht schwärmerisch, sondern treibt ihn aufs Meer hinaus zum Fang, stärkt ihm den Arm und schärft ihm das Auge, denn er will tüchtig werden, damit er seine Naja als Frau heimführen und eine Familie versorgen kann. Und die junge schüchterne Naja steht auf dem Aussichtsberge und schaut ihm nach. Sie sieht, wie kräftig und sicher er vordringt, wie gewandt er die Ruder führt, und wie leicht sein Kajak über den Wasserspiegel hintanzt. Warmes Gefühl leuchtet aus ihren Augen, die sehnsuchtsvolle Gestalt wirkt stimmungsvoll. Dann verschwindet er draußen in der Ferne, während sie noch auf die unendliche blaue Fläche, die sich über dem Grabe manch eines kühnen Kajakruderers wölbt, hinausstarrt.

Endlich kehrt er bugsierend heim, sie eilt an den Strand und hilft mit den andern seine Beute bergen, während er ruhig seine Waffen nimmt und nach Hause geht. Sie blickt ihm bewundernd nach — bald wird die Hochzeit sein können. —

Doch eines Abends kommt er nicht heim; sie wartet und hält Ausguck; alle andern sind schon herein. — Er ist auf dem Meere verunglückt. — Das Auge wird feucht, und große Thränen rollen über ihre Wangen. Sie weint und weint, sie wird es nicht überleben. — Das dauert zwei, vielleicht drei Tage — dann giebt sich der Kummer. — Es giebt ja noch mehr Männer auf Erden, und sie sieht sich nach einem anderen um.

Der Vollbluteskimo verheiratet sich gewöhnlich, sobald er eine Frau versorgen kann. Der Grund ist nicht allemal Liebe, die „Rechte" mag noch nicht gekommen sein, und da scheint es denn häufig deshalb zu geschehen, weil er weiblicher Hülfe bedarf, um seine Felle zu gerben, seine Kleider zu nähen u. s. w. Er verheiratet sich oft schon, bevor er zeugungsfähig ist, und auf der Ostküste ist es etwas ganz Gewöhnliches, daß er drei- bis viermal verheiratet gewesen ist, ehe jener Zeitpunkt eintritt. Später kommen Ehescheidungen seltener vor[1]).

Eheschließungen gingen früher in Grönland sehr leicht vor sich. Wollte ein Mann ein Mädchen haben, so ging er in ihr Haus oder Zelt, ergriff sie beim Schopf oder wo er sie am besten packen konnte und schleppte sie ohne weitere Umstände in sein Haus[2]), wo er sie auf die Pritsche

---

[1]) Siehe Holm: Mitteilungen über Grönland. Band 10. Seite 94.
[2]) Es kam bisweilen auch vor, daß er andere beauftragte, dies für ihn zu thun; es sollte jedoch immer in Form einer Ueberrumpelung oder eines Raubes geschehen.

setzte. Allenfalls schenkte ihr der künftige Gatte noch eine Lampe oder einen neuen Wassereimer, und damit war die Geschichte fertig. Es gehörte jedoch in Grönland ebenso wie an anderen Orten auf Erden zum guten Ton, daß es die betreffende Dame unter keiner Bedingung merken lassen durfte, daß sie den Freier haben wollte, selbst wenn sie noch so verliebt in ihn war. Wie bei uns in Norwegen eine anständige Braut bei der Trauung weinen muß, so mußte sie sich aus Leibeskräften sträuben, jammern und klagen. War sie wirklich wohlerzogen, so weinte und schrie sie tagelang, ja sie lief sogar ihrem Manne fort. Ging die Wohlerzogenheit zu weit, so konnt es, dem Vermelden nach, vorkommen, daß der Mann, wenn er ihrer noch nicht überdrüssig geworden war, ihr mit einem Messer unter den Fußsohlen die Haut aufritzte, um ihr das Fortlaufen unmöglich zu machen. Dann war sie gewöhnlich eine zufriedene Hausfrau, wenn die Wunden geheilt waren.

Als sie zuerst eine Trauung nach unserer Art sahen, fanden sie es sehr anstößig, daß die Braut auf die Frage, ob sie den Bräutigam zum Manne haben wolle, mit Ja antwortete. Ihrer Ansicht nach hätte sie lieber nein sagen sollen; denn sie halten es für eine große Schande für ein Mädchen, Ja zu sagen, wenn eine solche Frage gestellt wird. Als sie hörten, daß es bei uns so Sitte sei, meinten sie, unsere Weibsleute müßten aber auch gar keine Schamhaftigkeit besitzen.

Die oben geschilderte Eheschließungsart ist auf der Ostküste Grönlands noch immer die einzig gebräuchliche, und es kann bei solchen Entführungen ziemlich gewaltsam hergehen. Die Verwandten der betreffenden Dame sehen jedoch ruhig zu, denn das Ganze ist eine Privatsache, und die

Neigung der Grönländer, mit ihren Landsleuten in gutem Einvernehmen zu leben, läßt sie sich nur ungern in die Angelegenheiten anderer mischen.

Es kommt natürlich auch vor, daß die junge Dame den Bewerber wirklich nicht haben will. In diesem Falle setzt sie sich so lange zu Wehr, bis sie sich entweder selbst beruhigt oder der Freier verzichtet.

Wie schwer es für den Unbeteiligten ist, ihre wirklichen Wünsche zu erkennen, sieht man an einem merkwürdigen Beispiele, das uns von Graah erzählt wird[1]). Kellitiuk, eine flinke Ruderin seines Bootes an der Ostküste, wurde eines Tages von einem Ostländer, namens Siorakitsok, trotz des heftigsten Sträubens ihrerseits geraubt und in die Berge geschleppt. Da Graah der Ansicht war, daß sie den Entführer durchaus nicht haben wolle, was auch die bestätigten, die ihr nahe standen, so verfolgte er ihre Spur und befreite sie. Einige Tage darauf, als man im Begriffe stand, sich reisefertig zu machen, und das Boot eben ausgesetzt worden war, sprang Kellitiuk hinein, kroch unter die Bänke und deckte sich mit Säcken und Fellen zu. Es stellte sich bald heraus, daß sie dies that, weil Siorakitsok gerade mit seinem Vater, den er als Sekundanten mitgebracht hatte, an der Insel gelandet war. Als Graah sich einen Augenblick entfernte, eilte der Grönländer nach dem Boot und zog seine Angebetete aus ihrem Verstecke hervor. Ueberzeugt, daß sie ihren brutalen Freier wirklich verabscheue, hielt Graah es für seine Pflicht, sie abermals zu befreien. Als er hinzukam, hatte der Freier sie schon halb aus dem Boote gezogen, und der Vater stand auf

---

[1]) Graah: „Untersuchungsreise nach der Ostküste von Grönland." Kopenhagen 1832. Seite 145—148.

dem Lande, bereit, ihm zu helfen. Als Graah ihm das
Mädchen entriß und ihm Anweisung auf die „schwarze
Dorthe", eine andere Rudererin, die er selbst gern los sein
wollte, gab, hörte der Enttäuschte ihn ruhig an, murmelte
einige unverständliche Worte vor sich hin und entfernte sich
mit erzürnter Miene und drohendem Blick. Der Vater
nahm sich das Mißgeschick seines Sohnes nicht weiter zu
Herzen, „er half uns, das Fahrzeug beladen," sagt Graah,
„und rief uns ein sicherlich gut gemeintes Lebewohl zu."
Als sie abfahren wollten, war jedoch Kellitiuk nirgends
zu finden, obwohl überall auf der kleinen Insel, wo sie sich
nur hätte verstecken können, nach ihr gesucht und gerufen
wurde, und man mußte ohne sie reisen. Sie hat Siora=
kitsok also doch gemocht.

Die Vollblutgrönländer sind ebenso schnell mit der
Scheidung fertig, wie mit der Heirat. Ist der Mann seiner
Frau überdrüssig — das Umgekehrte kommt seltener vor
— so braucht er sich nur von ihr zu retirieren, wenn er
sich schlafen legt, und dabei kein Wort zu sprechen. Sie
merkt dann sogleich die Absicht, sammelt am nächsten
Morgen ihre Kleider zusammen und kehrt in aller Stille in
ihr Elternhaus zurück, indem sie gewöhnlich thut, als ginge
es ihr garnicht nahe. Wie mancher Ehemann bei uns
würde wünschen, daß seine Gattin eine Grönländerin wäre!

Gelüstet es einen Mann nach der Gattin eines
anderen, so nimmt er sie sich ohne weiteres, wenn er der
Stärkere ist. Als Papik, ein angesehener, tüchtiger Fänger
in Angmagsalik auf der Ostküste, Patuaks junge Frau
haben wollte, reiste er nach Patuaks Zelte und nahm
einen leeren Kajak mit. Er trat ein, holte die Frau und
führte sie ans Ufer, wo er sie in den leeren Kajak steigen

ließ und mit ihr fortruderte. Patuak, der jünger als Papik ist und sich mit diesem an Tüchtigkeit und Kräften nicht messen kann, mußte sich in den Verlust seiner Frau finden¹).

Es giebt auf der Ostküste Beispiele, daß Frauen mit zehn Männern verheiratet waren. Utukuluk in Angmagsalik hatte es mit achten probiert und verheiratete sich das neunte Mal mit Mann Nr. 6 wieder.²)

Besonders leicht geht die Scheidung, solange noch keine Kinder da sind. Hat die Frau schon ein Kind und ist dieses gar ein Knabe, so hat das Eheverhältnis in der Regel mehr Bestand.

Kann ein Mann auf der Ostküste mehr als eine Frau ernähren, so nimmt er noch eine; die meisten guten Fänger haben daher zwei, aber nie mehr.³) Oft scheint die erste eine Rivalin nicht gern zu sehen, bisweilen aber geschieht es auf ihren ausdrücklichen Wunsch, damit sie mehr Hülfe bei der Hausarbeit hat. Der Grund kann auch ein andrer sein. „Einmal fragte ich eine Frau," sagt Dalager, „warum ihr Gatte eine Nebenfrau genommen. — Ich bat ihn selbst darum, antwortete sie, weil ich keine Kinder mehr haben mag."

Die erste Frau scheint immer als die vornehmste angesehen zu werden, selbst wenn der Mann mehr von der zweiten hält.

---

¹) Siehe Holm: „Mitteilungen über Grönland". Band 10, Seite 96.

²) Siehe Holm: „Mitteilungen über Grönland." Band 10, Seite 103.

³) Dalager erwähnt, daß seinerzeit auf der Westküste kaum der zwanzigste Teil der Grönländer zwei Frauen, sehr selten drei und nur ausnahmsweise vier gehabt, doch habe er einen Mann, der elf Weiber hatte, gekannt. Grönländische Berichte, Seite 9.

Jäger, Frau und Mädchen von der Westküste.

Polyandrie kommt nur selten vor. Nils Egede erzählt von einer Frau, die zwei Männer hatte; alle drei aber waren Angekoker.

Mit der Einführung des Christentums wurde die alte, bequeme Eheschließungsart auf der grönländischen Westküste natürlich abgeschafft, und jetzt wird man dort unter ähnlichen religiösen Ceremonien wie in Europa verbunden. Die Braut braucht sich auch nicht mehr so sehr zu sträuben.

Doch bekam man früher eine Gattin nur zu leicht, so wird es jetzt oft schwer genug gemacht. Die Trauung darf nämlich nur ein Prediger vollziehen, die eingeborenen Katecheten, die in den verschiedenen Ansiedlungen seine Stelle vertreten, haben dazu keine Vollmacht. Wohnt man nun an einem Orte, den der Prediger alljährlich nur einmal oder vielleicht nur alle zwei Jahre besucht, so muß man die Gelegenheit wahrnehmen, sich gerade dann eine Braut anzuschaffen. Hat aber ein junger, kräftiger Bursche Lust, sich zu verheiraten, wenn der Prediger schon wieder fort ist, so muß er auf die nötige kirchliche Einsegnung noch ein bis zwei Jährchen warten.

Daß eine derartige Einrichtung zum Eingehen lockerer Verbindungen oder Heiraten ohne kirchlichen Segen führt, würde auch dann unvermeidlich sein, wenn nicht die Grönländer schon von Natur dazu neigten. Ich habe von Beispielen gehört, daß ein Prediger nach zweijähriger Abwesenheit an einem Orte an ein und demselben Tage ein Mädchen konfirmieren und trauen und ihr Kind taufen mußte. Das kann man ein summarisches Verfahren nennen. Jene Einrichtung muß schädlich wirken und den Respekt vor der Amtshandlung, der man wohl zunächst dadurch, daß nur ein Prediger sie verrichten darf, höheren Wert verleihen wollte, gründlich vernichten.

Bei der Einführung des Christentums wurde natürlich auch die Vielweiberei abgeschafft. Die Missionare verlangten sogar, daß ein Heide, der schon zwei Frauen hatte, sich, wenn er das Christentum annahm, von einer trennte. Im Jahre 1745 hatte ein Eskimo in Fredrikshaab Lust, sich taufen zu lassen, „als aber darüber verhandelt wurde, daß er sich von seiner Nebenfrau trennen müsse, wurde er wankelmütig, da er von ihr zwei Söhne hatte, die er bei dieser Gelegenheit dann auch verloren hätte, und daher sattelte er um und ging seiner Wege".[1]) Das kann man ihm kaum verdenken. Aehnliche Fälle, in denen verlangt wird, daß ein Mann eine seiner Frauen, mit der er vielleicht viele Jahre glücklich gelebt hat, verstoße, kommen noch immer vor, sobald Grönländer von der Ostküste sich auf der Westküste (beim Kap Farvel) ansiedeln und taufen lassen. Auf das Unrecht, das der Mann hierdurch gezwungenermaßen gegen sein rechtmäßiges Weib begehen soll, braucht nicht näher hingewiesen zu werden. Uebrigens erschien es schon Dalager als ein Unrecht, und „inwiefern es gegen Gottes Ordnung streitet, daß ein Mann mehr als eine Frau habe, ist ihm ein Rätsel".

Jedoch noch heute kommt auch auf der Westküste hin und wieder Vielweiberei vor, und eine zweite Gattin scheint so ziemlich das Erste zu sein, was sich ein tüchtiger Fänger anschafft, d. h. wenn er sich überhaupt auf Weitläufigkeiten einläßt. Ein paar Beispiele davon wurden mir in Godthaab erzählt.

---

[1]) Dalager: Grönländische Berichte, Seite 9.

Renatus, der tüchtigste Fänger am Graedefjord, hatte sich in ein junges Mädchen verliebt und nahm sie eines Tages zur zweiten Frau. Das Verhältnis zwischen ihr und seiner ersten Gattin schien indessen gut zu sein, und alles ging in Ruhe und Frieden, bis es dem Missionar[1]) zu Ohren kam. Dieser hielt dem Manne vor, daß er sich schwer versündige, und versuchte ihn zu zwingen, die zweite Frau wieder aufzugeben. Das half jedoch nichts. Dann wurde er beim Vorstande in Godthaab[2]) verklagt. Renatus stellte sich und ließ sich schließlich dazu bewegen, sich gutwillig zu fügen, und er sandte auch richtig seine Frau nach Kangek (außerhalb des Godthaabbezirkes), wo sie im Hause des Katecheten Simon aufgenommen wurde. Gleichzeitig siedelte er sich jedoch weiter nördlich, in der Nähe von Narsak, an, und da er dadurch teilweise dieselben Fangstellen wie die Kangeker hatte, kam es öfter vor, daß er diese besuchte, wodurch er Gelegenheit fand, mit seiner zweiten Gattin zusammenzutreffen. Als später jedoch viele Klagen aus seinem früheren Wohnorte am Graedefjord einliefen, weil dort große Not herrschte, nachdem er, der beste Fänger des Ortes, fortgezogen, siedelte er wieder dorthin über und hat seitdem anständig gelebt. Dies trug sich vor einigen Jahren zu, die zweite Frau lebt noch in Kangek, wo ich sie selbst gesehen habe. Sie trägt eine grüne Haarbinde als Zeichen, daß die von ihr geborenen Kinder für uneheliche gelten.

---

[1]) Die Ansiedler am Graedefjord gehören zur Herrnhutergemeinde.

[2]) Dies ist eine Art Ting oder Versammlung, welche hauptsächlich aus Abgesandten von den verschiedenen Orten eines Distriktes besteht.

Ein anderer tüchtiger Fänger in Lichtenfels hatte sich gleichfalls eine Nebenfrau zugelegt. Als der Missionar davon hörte, ließ er ihn vorladen und versuchte mit eindringlichen Ermahnungen auf ihn einzuwirken, doch ohne Resultat. Der Missionar versuchte es nun schriftlich. Er schrieb strenger und strenger und kam schließlich sogar mit ernstgemeinten Drohungen. Hierauf erhielt er endlich ein Antwortschreiben, in dem nur ein Wort stand: susal, auf gut Deutsch: „Du kannst Dir 'was scheißen!"

Die Stellung der Frau in der Ehe ist in Grönland, wie anderswo auf Erden, verschieden. In der Regel bestimmt der Mann, aber ich habe auch Beispiele davon gesehen, daß er unter dem Pantoffel steht. Das gehört jedoch sicherlich zu den Ausnahmen.

Ursprünglich scheint die Frau bei den Eskimos als das Eigentum ihres Gatten betrachtet worden zu sein. Auf der Ostküste kommt es vor, daß bei der Heirat ein förmlicher Handel vor sich geht, indem ein junger Mann dem Vater für die Erlaubnis, die hübsche Tochter heimzuführen, eine Harpune oder dergleichen bezahlen muß, ebenso wie umgekehrt gute Fänger von den Vätern dafür bezahlt werden, daß sie die Töchter nehmen, während letztere einwilligen müssen, sobald der Vater es will.[1] Auf der Ostküste geschieht es auch oft, daß zwei Fänger übereinkommen, ihre Frauen auf kürzere oder längere Zeit auszutauschen; bisweilen wird die eingetauschte Frau behalten. Zeitweiliger Frauentausch kommt sicherlich noch heute auch auf der Westküste vor, besonders wenn sie im Sommer der Renntierjagd halber im Binnenlande in

---

[1] Holm: „Mitteilungen über Grönland." Band 10. Seite 96.

selten hausen. Dann nehmen sie sich viele Freiheiten, die von den Missionaren nicht kontrolliert werden können.

In der Regel leben die Eheleute in außerordentlich gutem Einvernehmen. Ich habe nie gesehen oder gehört, daß zwischen Mann und Frau ein unfreundliches Wort fiel. Das entspricht der allgemeinen Erfahrung; schon Dalager sagt: „Je länger Eheleute zusammenleben, desto liebevoller schließen sie sich aneinander an, und im Alter gehen sie miteinander um wie unschuldige Kinder." Sie sind im ganzen äußerst rücksichtsvoll gegen einander, auch kann man sie einander liebkosen sehen. Sie sollen sich nicht nach unserer Art küssen, sondern die Nasen auf einander pressen und sich zuschnupfen. Wie das gemacht wird, kann ich leider nicht beschreiben, da mir die nötige Praxis abgeht.

Auf der Ostküste scheint das eheliche Verhältnis ebenfalls sehr gut zu sein, doch kommen dort, wie Kapitän Holm behauptet, auch blutige Auftritte vor. Als Sanimuinak eines Tages mit einer jungen Frau (der obenerwähnten Utukuluk mit den neun Männern) zu seiner Gattin Puitek ins Haus kam, wurde diese böse und schalt ihn aus. Hierüber geriet er in Wut, ergriff sie beim Haarknoten und schlug ihr mit der geballten Faust auf den Rücken und ins Gesicht. Schließlich nahm er ein Messer und stach sie damit ins Knie, so daß das Blut hoch aufspritzte[1]). Nach Holm wurde einmal auch ein Mann von seiner Gattin tüchtig durchgeprügelt. — Derartige Fälle gehören aber bei diesem friedliebenden Volke zu den Ausnahmen.

Innige Liebe zu einander hegen die Ehegatten wohl

---

[1]) Holm: „Mitteilungen über Grönland." Band 10. Seite 102.

nur ausnahmsweise, wie denn tiefe Empfindungen dort oben im ganzen nicht oft vorkommen. Stirbt der eine, so tröstet sich der andere in der Regel recht bald. „Verliert ein Mann seine Frau", sagt Dalager, „so wird ihm nicht von vielen seines Geschlechtes kondoliert. Die Frauenzimmer aber setzen sich zu ihm auf die Pritsche und beweinen die Tote, wozu er schluckst und sich die Nase putzt." Einige Tage darauf fängt er schon wieder an, sich wie in seinen Junggesellentagen fein zu machen, besonders werden sein Kajak und seine Waffen aufgeputzt, als dasjenige, womit ein Grönländer stets am meisten paradiert. Wenn er nun in so glänzender Equipage andere Grönländer auf See anspricht, dann sagen sie: Gebt acht, da kommt ein neuer Schwager. Hört er dies, so schweigt er still und lächelt dazu. Es gehört sich, daß die zweite Frau eines Witwers über ihre eigene Unvollkommenheit klage und die Tugenden ihrer Vorgängerin preise, „und hieraus ersieht man, daß die Grönländerinnen ebenso gewiegt sind, interessierte Rollen zu spielen, wie andere ihres Geschlechtes in civilisierten Ländern".

Der Hauptzweck der grönländischen Ehe ist unbedingt die Kindererzeugung. Daher werden, wie zu Zeiten des alten Testamentes, unfruchtbare Weiber geringgeschätzt und Ehen, die keine Nachkommen bringen, oft aufgelöst.

Durchschnittlich sind die Grönländer reiner Rasse wenig fruchtbar. Zwei bis vier Kinder in jeder Ehe ist die Regel, wenn auch Beispiele von sechs bis acht, ja noch mehr, vorkommen.

Zwillinge sind selten, und die Frauen fragten mich oft, ob es wirklich wahr sei, daß man im Lande der Langbärtigen (Norwegen) Zwillinge gebäre. Als ich darauf antwortete, daß dort nicht nur Zwillinge, sondern auch Drillinge, ja sogar Vierlinge das Licht des Tages erblickten, lachten sie laut und meinten, unsere Frauen seien ja wie die Hunde, denn Menschen und Seehunde brächten immer nur ein Junges auf einmal zur Welt.

Die Grönländerinnen gebären gewöhnlich leicht. Als Beispiel dafür, wie wenig Umstände sie in dieser Beziehung machen, sei angeführt, was Graah mitteilt. Als er auf seiner Reise längs der Ostküste den Bernstorffsfjord passierte, sollte eine der Frauen entbunden werden. Sie legten eilig an einem kahlen Berge auf der Nordseite des Fjordes an. Während der Entbindung streckte sich der Ehemann auf dem Berge aus und schlief ein, wurde aber bald mit der freudigen Nachricht erweckt, daß er einen Sohn bekommen habe. Wie schon erwähnt, gilt dies für ein Glück, während eine Tochter etwas Gleichgültiges ist. „Auch äußerte Ernenek (so hieß der Mann) dadurch seine Zufriedenheit, daß er der Frau schmunzelnd ein „ajungilatit" (Du bist nicht übel) zurief. Wir setzten unsere Reise mit unserem neuen Passagiere unverzüglich fort[1]."

Doch auch bei diesem Naturvolke kommen bisweilen schwere Entbindungen vor. Egede erwähnt einer eigentümlichen Ceremonie, die seiner Zeit in derartigen Fällen vorgenommen wurde. Er sagt: „Sie halten der Gebärenden ein Nachtgeschirr über den Kopf in der Einbildung, daß die Entbindung dann leichter und schneller gehe." Eine solche Verwendung dieses Möbels dürfte einzig dastehen.

Die heidnischen Grönländer töten alle Mißgeburten, die für nicht lebensfähig gehaltenen kranken Kinder und

---

[1] Graah: „Untersuchungsreise" u. s. w. Seite 141.

alle Kleinen, deren Mutter bei der Geburt stirbt, falls keine andere Frau sie säugen kann. Gewöhnlich werden sie ausgesetzt oder ins Meer geworfen[1]). So grausam dies den Ohren vieler europäischer Mütter auch klingen mag, so geschieht es ja doch aus Mitleid, und es läßt sich nicht leugnen, daß es vernünftig ist; denn lebt man unter so harten Lebensbedingungen wie die Grönländer, so ist es geboten, einen Sprößling, der nie etwas leisten, sondern immer nur auf Kosten anderer leben wird, überhaupt nicht aufzuziehen[2]). Aus ähnlichen Gründen sind auch Leute, die schon so alt geworden, daß sie sich nicht mehr erhalten können, wenig geachtet, und ihr Fortgang wird gern gesehen.

Die grönländischen Kinder werden sehr lange gesäugt. Drei bis vier Jahre lang ist nichts Ungewöhnliches, doch habe ich auch Beispiele von zehn bis zwölf Jahren gehört. Ein Europäer in Godthaab erzählte mir, er habe einen zwölfjährigen Helden in seinem Kajake beutebeladen heimkehren und ins Haus zu seiner Mutter stürmen sehen, wo der junge Fänger zwischen ihren Knieen stehend ein Stück Schiffszwieback verzehrte und dazu sein Getränk aus der mütterlichen Brust sog.

Die Kinder der christlichen Grönländer werden natürlich getauft und erhalten bei dieser Gelegenheit auch Namen. Die ursprünglichen grönländischen Namen sind indessen unter dem Einflusse der Missionare beinahe ganz ver-

---

[1]) Vergleiche Paul Egede: Berichte aus Grönland, Seite 107 und Holm: „Mitteilungen über Grönland", Band 10, Seite 91.

[2]) Obwohl sie, wie gesagt, auf die Geburt von Töchtern keinen sonderlichen Wert legen, kommt doch das bei so vielen Naturvölkern gebräuchliche Ermorden der Säuglinge weiblichen Geschlechtes bei ihnen nicht vor.

schwunden. Statt ihrer nimmt man alle möglichen alt-
und neutestamentlichen, und es giebt wohl keine Stelle auf
Erden, wo man das gesamte Personal der Heiligen Schrift,
vom seligen Vater Adam an bis auf Petrus und Paulus,
so vollzählig vertreten findet, wie dort. Unser berühmter
Freund Dalager scheint diesen Mißbrauch der Bibel als
Namensbuch nicht gemocht zu haben, und darum „fragte
ich einmal", sagt er, „einen gewissen Missionar, weshalb
ein Grönländer seinen früheren Namen, der ja natürlich und gut sein könnte, nicht behalten dürfe. — Es
klingt schlecht, antwortete er, wenn man einen Christen wie
einen Seehund oder Seevogel ruft. — Ich lächelte hierzu
und sagte, es gebe doch bei uns zu Lande manchen Ravn
(Rabe), Hög (Habicht) und Krage (Krähe), die für gute
Menschen passieren." Mir scheint, ich muß dem Manne
hierin recht geben.

Die Grönländer hängen mit außergewöhnlicher Liebe
an ihren Kindern und thun alles, was sie ihnen an den
Augen absehen können, besonders wenn es Knaben sind.
Diese kleinen Tyrannen regieren gewöhnlich das ganze
Haus, und die Worte des weisen Salomo: „Wer seinen
Sohn liebt, der züchtige ihn", finden hier keine Anerkennung.
Sie halten ja überhaupt jede Züchtigung für unmenschlich
und selbstverständlich für noch etwas Schlimmeres, wenn
ihr eigenes Fleisch und Blut dabei in Frage kommt. Nicht
ein einziges Mal habe ich einen Eskimo seinem Kinde ein
hartes Wort sagen hören. Bei dieser Erziehung sollte man
erwarten, daß die Kinder unmanierlich und unartig würden.
Das ist aber keineswegs der Fall; obwohl ich in vielen
Eskimohäusern auf der Westküste verkehrt habe, ist mir nur
ein einziges Mal eine ungezogene Eskimorange begegnet

und dies war in einer mehr europäischen als grönländischen Familie. Wenn die Kinder größer und verständiger waren, genügte stets eine freundliche Aufforderung seitens des Vaters oder der Mutter, damit sie das unterließen, wozu sie keine Erlaubnis hatten. Nie habe ich Eskimokinder, sei es im Hause oder im Freien, sich erzürnen, schimpfen oder gar schlagen sehen. Ich habe ihnen oft beim Spielen zugesehen, auch oft genug mit ihnen Fußball (ein eigenes, von ihnen erfundenes, dem englischen foot-ball sehr ähnliches Spiel) gespielt, und dabei haben, wie bekannt, Knaben oft Grund zum Zanken, aber nie sah ich einen heftig werden, ja, ich sah nicht einmal ein unfreundliches Gesicht. Wo könnte das in Europa vorkommen! Den Grund dieses auffallenden Unterschiedes zwischen grönländischen und europäischen Kindern kann ich nicht feststellen. Zum wesentlichen Teile liegt er wohl in der außerordentlich friedfertigen und gutmütigen Gemütsart der Grönländer. Etwas dürfte es auch dem zuzuschreiben sein, daß die Eskimomutter stets mit ihren Kindern in denselben Räumen lebt und sie draußen auf ihrem Rücken im Amaut mit zur Arbeit nimmt. Sie giebt sich also viel mehr mit ihnen ab, und es entsteht ein festeres Zusammenleben zwischen Eltern und Kindern in Grönland, als in Europa.

Daß die Eskimobuben sich hin und wieder damit amüsieren, die Enten und Hühner des Kolonialverwalters oder des Predigers mit Steinen zu werfen, muß man ihnen nicht zu sehr anrechnen und ebenso wenig, daß sie vielleicht einmal in den Garten des Verwalters einsteigen und dort Pflanzen ausreißen oder zertreten. Es sei daran erinnert, daß Achtung vor Grundbesitz oder das Gebot, daß man nicht alles fangen oder nehmen darf, was auf der Erde wächst oder sich da bewegt, außerhalb ihrer ursprünglichen Begriffe liegt. Selbst wenn es ihnen eingeprägt wird, erhalten sie keinen scharf ausgeprägten Begriff davon; denn dies ist und bleibt ihnen etwas, das die fremden, zugezogenen Europäer, ohne dazu das Recht zu besitzen, im eigenen Interesse einführen wollen.

Damit Auge und Arm geübt werde, giebt der vernünftige Grönländer seinen Söhnen, während sie noch ganz klein sind, schon kleine Vogelpfeile und Harpunen als Spielzeug. Und hiermit oder in Ermangelung dessen mit gewöhnlichen Steinen kann man die drei- und vierjährigen Fänger sich an kleinen Vögeln und allem ihrer Jagdlust Würdigem, was ihnen vor Augen kommt, üben sehen. Daß sie zeitig anfangen, den Kajak zu besteigen, habe ich schon erwähnt.

Es ist für die grönländische Gesellschaft natürlich von größter Wichtigkeit, daß die Knaben zu tüchtigen Fängern erzogen werden; denn davon hängt ihre ganze Zukunft ab.

Die Mädchen werden gleichfalls früh an ihren Beruf gewöhnt. Sie lernen nähen und müssen der Mutter im Hause zur Hand gehen.

Kapitel X.

Moral.

Die Auffassung der Moral des Eskimos hing wie die Auffassung aller Dinge sehr davon ab, mit welchen Augen man sie ansah. Man trifft daher neben der ungeteiltesten Lobpreisung nicht selten minder günstige Beschreibungen von ihr an. Die Sache ist natürlich die, daß der Eskimo ebensowenig wie wir alle der reine Engel oder der reine Teufel ist, sondern ein natürlicher Mensch mit menschlichen Tugenden und menschlichen Schwächen, der sich von uns vielleicht darin unterscheidet, daß er mehr von den ersteren als von den letzteren, dafür aber keine von beiden in großer Entwickelung besitzt. Davon wird man gewiß beim Lesen der ältesten Schilderungen von Grönland, wie der Berichte von Egede, Cranz, Dalager und anderen, eine deutliche Anschauung gewinnen.

Einer der hübschesten und markantesten Züge im Charakter des Eskimos ist wohl seine Ehrlichkeit. Wenn einzelne Europäer ihm diese Tugend abgesprochen haben, so kommt dies sicherlich wesentlich daher, daß die Herren sich nicht die Mühe machten, sich ordentlich in seine Denkart zu versetzen und zu ergründen, was er für unehrlich hält.

Für den Eskimo ist es von besonderer Bedeutung, daß er sich auf seine Mitmenschen und Nachbarn verlassen kann.

Damit aber dieses gegenseitige Vertrauen, ohne das
ja jedes Zusammenschließen im Daseinskampf unmöglich ist, auch Bestand habe, ist es notwendig, daß jeder
gegen den andern ehrlich handle. Er hält es daher für
unredlich, seinen Hausgenossen oder Leuten aus seinem
Wohnorte etwas zu stehlen, was demnach auch sehr selten
vorkommt. Schon Egede sagt: „Sie lassen ihre Sachen
vor jedem offen liegen, ohne Furcht, daß ihnen einer etwas
stehlen oder fortnehmen könnte. Ja, diese Untugend gilt
bei ihnen für so abscheulich, daß ein Mädchen, welches
stiehlt, dadurch die Aussicht auf eine vorteilhafte Heirat
verliert."

Aus demselben Grunde lügen sie, besonders die
Männer, einander auch nicht gern etwas vor. Ein
rührender Beweis hierfür ist folgender, von Dalager er-
zählter Zug: „Wenn sie einem anderen ein Ding beschreiben sollen, hüten sie sich auch, es glänzender, als es
verdient, auszumalen. Ja, wenn einer etwas kaufen will,
was er nicht gesehen hat, beschreibt der Verkäufer, auch
wenn er es gern los sein will, das Ding doch immer
etwas weniger gut als es ist."

Ist einer einem anderen Geld schuldig, so kann man
in der Regel sicher sein, daß er seine Schuld bezahlt, sobald
er es kann. Das werden auch die dänischen Kaufleute
bestätigen. Sie erzählten mir oft, daß sie den Grönländern
ruhig Kredit geben, da es äußerst selten vorkomme, daß
sie ihr Geld nicht richtig wieder erhielten.

Ueber seine Pflichten Fremden gegenüber, namentlich
wenn es keine Eskimos sind, hat der Eskimo eine etwas
andere Anschauung. Man muß jedoch bedenken, daß
ihm jeder Fremde eine gleichgültige Person ist, deren

Wohlfahrt zu fördern für ihn kein Interesse hat, und von der es ihm gleichgültig ist, ob er sich auf sie verlassen kann oder nicht, da er ja nicht mit ihr zusammenleben soll. Er findet also, daß es nicht immer seinen Interessen widerstreitet, wenn er sich etwas vom Eigentum eines Fremden aneignet, immer vorausgesetzt, daß das Entwendete für ihn von Nutzen ist.

Hierunter hatten besonders die ersten Europäer, die ins Land kamen, sehr zu leiden. Daß die Eskimos sie bestahlen, ist auch wieder kein Wunder, wenn man bedenkt, wie die europäischen Expeditionen sich anfangs, als das Land wiederentdeckt worden war, dort oben betrugen. Sie plünderten oft die Eingeborenen, schändeten die Weiber und, was am ärgsten war, lockten sie an Bord, hißten die Segel und nahmen sie mit nach Europa als Gefangene. Die Eskimos hatten also von Anfang an keinen Grund, uns als Freunde zu betrachten. Fremde zu berauben und zu bestehlen, scheint übrigens auch mit der europäischen Moral durchaus nicht unvereinbar zu sein, wenn wir nach der Art und Weise schließen dürfen, in der wir gegen die Eingeborenen in Afrika und anderswo auftreten.

Zu dem Obenangeführten kommt natürlich hinzu, daß wir im Vergleich zu den Eskimos im Ueberflusse leben. Daher meinen sie nach ihren Moralbegriffen, daß wir etwas abgeben könnten, und sind der Ansicht, daß wir dies nur aus Habgier und Selbstsucht unterlassen.

Nun, da die Europäer sich dort zu Lande fest ansiedelten und schon lange nicht mehr als Fremde betrachtet werden, ist das Verhältnis anders geworden, und es wird selbst ihnen selten etwas gestohlen. Doch möchte ich glauben, daß die Eingeborenen ihnen Dinge, von denen sie nicht glauben, daß sie vermißt werden, noch immer wegstibitzen, sobald die Gelegenheit sich bietet. Ich habe selbst gesehen, daß sogar gesittete Grönländer im Laden ihre Taschen und Fausthandschuhe aus den Mehltonnen füllten, ohne sich im Geringsten vor mir zu genieren. Bei dieser Gelegenheit legten sie sich die Sache wohl so zurecht: „Es ist der königlich-grönländische Handel, dem wir dies fortnehmen; er hat alles im Ueberfluß, und dieses bischen Mehl macht die Regierung weder reicher, noch ärmer, für uns aber macht es viel aus." — Und sie gingen vergnügt damit nach Hause. Ich fürchte, daß ein solcher Gedankengang nicht nur in Grönland allein zu finden ist.

Uebrigens muß auch zur Entschuldigung der Grönländer hervorgehoben werden, daß sie gleich von Anfang an und viele, viele Jahrzehnte lang den schändlichsten Betrügereien seitens der europäischen Kaufleute ausgesetzt waren, die sogar zum eigenen Vorteil falsch Maß und Gewicht benutzten und ihnen im Austausche schlechte Waren gaben. Ich will nur erwähnen, was Saabye erzählt, daß sie sich nämlich im achtzehnten Jahrhundert zu großer Tonnenmaße, die obendrein noch ohne Boden waren und über Vertiefungen im Fußboden gestellt wurden, bedienten. Da hinein mußten die Eskimos den Speck legen, ehe er ihnen abgekauft wurde, und gaben so mindestens anderthalb Tonnen statt einer. Dies wußten und durchschauten sie, fanden sich aber darein. Dergleichen kommt jetzt natürlich nicht mehr vor.

Als Beweis dafür, wie redlich der Eskimo die Moralgesetze hält, die er achtet, sei daran erinnert, daß er nie über der Flutmarke liegendes Treibholz anrührt, und gerade das könnte er doch so leicht nehmen, ohne daß es jemand erführe. Wenn wir Europäer uns nun grade gegen dieses Gesetz versündigen, was wir leider ebenso oft mit Wissen und Willen, wie ohne beides gethan haben, hat dann der Eskimo nicht das gleiche Recht, uns zu verachten, wie wir ihn?

Schlägereien und derartige Roheiten kommen, wie gesagt, bei ihnen nicht vor. Mord ist gleichfalls eine große Seltenheit. Sie halten es für grausam, ihre Mitmenschen zu töten. Krieg ist daher in ihren Augen etwas Unverständliches und Verabscheuenswürdiges, ihre Sprache hat nicht einmal ein Wort dafür; und Soldaten und Offiziere, die zu dem Handwerke, Leute totzuschlagen, angelernt werden, sind ihnen reine Menschenschlächter.

Wohl ist es, wie Egede sagt, „gelegentlich passiert, daß ein extrem malitiöser Mensch einen andern aus verborgenem Hasse erschlagen hat". Wenn er sagt, daß „solches die andern mit größtem Kaltsinne ansehen, ohne an Bestrafung zu denken oder es sich zu Herzen zu nehmen", so glaube ich freilich, daß er darin nicht ganz recht hat; denn sie verabscheuen die That ganz gewiß, und wenn sie sich nicht hineinmischen, so hat dies seinen Grund darin, daß sie dies für eine Privatangelegenheit zwischen dem Angreifer und dem Angegriffenen halten. Es kommt daher nur den nächsten Verwandten des Ermordeten zu, ihn zu rächen, falls sie dies können, und man findet also selbst bei diesem friedlichen Volke eine Andeutung von einer Art Blutrache, wenn sie auch nur schwach entwickelt ist und auf die Ueberlebenden keinen schweren Druck auszuüben scheint. Wird jedoch ein Mörder gemeingefährlich, so hat man Beispiele davon, daß auch die Nachbarn sich vereinigen, um ihn zu töten.

Fatimafaaer

Oft ist dort, wie anderswo, der Grund des Mordes eine Frau oder ein Liebesverhältnis.

Der Ueberfall geschieht meistens auf dem Meere, wobei der eine den andern von hinten angreift, ihn entweder mit der Harpune ersticht oder ihn zum Kentern bringt oder ihm den Kajak anbohrt. Den Gegner von vorne anzugreifen, paßt weniger zum Charakter eines Eskimos. Nicht so sehr aus Furcht, als weil er sich davor schämen würde und es ihm peinlich wäre, wenn der andere ihn ansähe.

Alte Hexen und Zauberer zu töten, halten sie für erlaubt, weil sie meinen, daß diese mit ihren Künsten anderen schaden oder sie gar töten können. Es scheint auch nicht gegen ihre Moral zu streiten, den Tod Kranker, die schwer leiden, oder solcher Menschen, die phantasieren, wovor sie besonders große Furcht haben, zu beschleunigen.

Dasjenige unserer Gebote, gegen welches sich die Grönländer am häufigsten versündigen, ist das sechste, und der Leser wird wohl schon aus dem vorhergehenden Kapitel den Eindruck gewonnen haben, daß Tugend und Züchtigkeit in Grönland nicht in hohem Ansehen stehen. Dies ist besonders der Fall bei den christlichen Eingeborenen auf der Westküste, die viel mit uns Europäern in Berührung gestanden haben. Viele sehen es dort für gar keine besondere Schande an, wenn ein unverheiratetes Mädchen Kinder bekommt. Hiervon habe ich wiederholt Beweise gesehen. Während wir in Godthaab waren, befanden sich dort in der Nachbarschaft zwei Mädchen in gesegneten Umständen, verbargen dies aber durchaus nicht, sondern legten schon lange, bevor es nötig war, die grüne Haarbinde[1]) an

---

[1]) Wie Seite 22 erwähnt, tragen Unverheiratete, die Kinder haben. eine grüne Haarbinde.

und schienen über diesen sichtbaren Beweis, daß sie nicht verschmäht worden waren, beinahe stolz zu sein. Ich habe Grüne gesehen, die nicht allein grüne Haarbinden hatten, sondern auch Besatz und Schleifen von dieser Farbe auf ihrem Anorak trugen, was weder vorgeschrieben, noch üblich ist.

Obwohl die Priester stark gegen die Schlaffheit in dieser Beziehung geeifert und den jungen Leuten beiderlei Geschlechtes von der Schule an strengere Moralbegriffe einzuprägen versucht haben, scheinen diese ihre Auffassung dieser Sünde nicht verändert zu haben, ja es vielmehr noch ärger zu treiben.

Wenn die jungen Grönländerinnen mit einem Manne ein Verhältnis haben, machen sie kein Hehl daraus. Ist es ein Europäer, so prahlen sie geradezu damit, und es scheint sogar, als ob sie dadurch größeres Ansehen unter ihren Freundinnen gewönnen. Hieran sind die Europäer zum wesentlichen Teile selber schuld; denn erstens haben die jungen Männer, die nach Grönland kamen, sich oft schlecht gegen die Grönländerinnen betragen und ein schlechtes Beispiel gegeben, und zweitens haben die Europäer im ganzen dafür gesorgt, sich in solchen Respekt zu setzen, daß der einfachste europäische Matrose jetzt dem besten grönländischen Fänger von den Mädchen vorgezogen wird. Dies hat denn auch sichtbare Früchte getragen, indem sich die Rasse in den anderthalb Jahrhunderten, seitdem wir uns im Lande niederließen, derartig mit europäischem Blute gemischt hat, daß es jetzt außerordentlich schwer fällt, auf der ganzen Westküste einen wirklichen Vollbluteskimo zu finden[1]).

---

[1] Ein Grund hierzu ist auch die natürliche Geschlechtswahl, da die Mischlinge jetzt zum Teil für schöner als die reinen Eskimos gelten und daher beim Heiraten häufig vorgezogen werden.

Und dies, trotzdem die Anzahl der Europäer im Lande einen geringen Bruchteil der Zahl der Eingeborenen ausmacht; ein paar hundert gegen zehntausend.

Daß die Geneigtheit der Europäer zu derartigen Vergehen nicht dazu beigetragen hat, ihren Geistlichen die Arbeit zur Hebung dieses Gebotes zu erleichtern, versteht sich von selbst. Meiner und sicherlich auch der allgemeinen Erfahrung nach sind die Grönländerinnen in den Kolonieen, wo viele Europäer sind, sehr viel leichtfertiger als ihre Schwestern dort, wo es keine gibt. Als Beispiel will ich erwähnen, daß die Frauen in Sardlok, Kornok, Kangek und Narsak durchgehends einen besseren Eindruck machten als die Frauen von Godthaab und Neuherrenhut, die sich jungen Leuten, die ihnen gefielen, gegenüber gerade das Gegenteil von zurückhaltend betrugen.

Es scheint, als sei die Moral in dieser Hinsicht unter den Heiden vor Ankunft der Europäer bedeutend besser gewesen. Selbst Hans Egede, der ihren moralischen Zustand doch sonst nicht in zu glänzenden Farben schildert, sagt in seiner neuen Perlustration: „Dagegen sind die Jungfrauen und Mädchen sehr züchtig, sowie wir nie gesehen haben, daß sie mit jungen Kerlen leichtfertig verkehren oder mit Worten oder Taten das geringste Zeichen solcher Gesinnung geben. In den 15 Jahren, die ich jetzt in Grönland verlebt habe, weiß ich nur von zwei oder drei Mädchen mit unehelichen Kindern, denn sie halten dies für eine große Schande."

Und Dalager, der ihnen überhaupt das heutzutage garnicht mehr gerechtfertigte Zeugnis giebt, sie seien freilich „der Sünde der Liederlichkeit ergeben, doch nicht in dem Grade wie andere Nationen", sagt von den Mädchen: „Sie

sind in ihren ersten reifen Jahren dem Anscheine nach sehr
keusch, denn sonst würden sie sicher das Glück verscherzen,
einen Junggesellen zum Manne zu bekommen."

Bei den Heiden auf der Ostküste scheint es damit heut=
zutage nicht so streng genommen zu werden; denn Holm
sagt, daß es dort für keine Schande gilt, wenn eine Un=
verheiratete Kinder hat.

Die strenge Moral, die den unverheirateten jungen
Leuten beiderlei Geschlechts vorgeschrieben war, scheint jedoch
nach der Heirat keine Geltung mehr gehabt zu haben. Die
Männer erfreuten sich jedenfalls dann der ungebundensten
Freiheit. Egede sagt: „Ich habe lange nichts davon gehört,
daß die Männer sich zu anderen Weibern als ihren eigenen
und die Weiber sich zu anderen Männern hielten; schließlich
aber erfuhren wir doch, daß sie es damit nicht so genau
nehmen." Er beschreibt unter anderm ein merkwürdiges
Spiel, wozu sich die Männer und die verheirateten Frauen
„wie zu einer Assemblee" versammeln. Hierbei stellten sich
die Männer der Reihe nach in die Mitte der Stube und
sangen zum Klange einer Trommel Loblieder auf die Frauen
und die Liebe, und dabei sollten alle Anwesenden völlige
Freiheit ohne jeden Zwang haben. „Aber zu diesem
Spiele kommen die Jungen und Unverheirateten, die
sehr züchtig sind, niemals; nur die Verheirateten, meinen
sie, können dergleichen thun, ohne sich dessen schämen zu
müssen."

Egede sagt auch, daß die Frauen es für ein besonderes
Glück und eine große Ehre halten, mit einem Angekok,
d. h. einem ihrer Propheten und Gelehrten, in ein intimes
Verhältnis zu treten, und fügt hinzu: „ja, viele Männer
sehen es selber gern und bezahlen den Angekok dafür, daß

er bei ihren Frauen schlafe, besonders wenn sie selber keine Kinder mit ihnen zeugen können."

Die Freiheit der Eskimoweiber in dieser Hinsicht ist also sehr verschieden von der dem germanischen Weibe zustehenden. Der Grund liegt wohl darin, daß, während die Erhaltung des Erbes, Geschlechtes und Stammbaumes bei den Germanen stets eine große Rolle gespielt hat, alles dieses für den Eskimo bedeutungslos ist, da er wenig oder nichts zu vererben hat und es für ihn hauptsächlich darauf ankommt, Kinder zu haben.

Hinsichtlich des erwähnten Spieles behauptet Dalager jedoch, daß es sehr selten vorkommen solle, und es sei „wohl zu merken, daß eine Ehefrau, die schon glückliche Mutter ist, sich nie darauf einläßt".

Witwen und geschiedene Frauen aber, meint er, nehmen es nicht so genau. Während man sehr selten hört, „daß ein Mädchen sich vergangen habe, sieht man dagegen solche Weiber ebensoviele Kinder gebären wie richtige Ehefrauen. Wird ihnen dies vorgeworfen, wenn auch von ihren eigenen Landsleuten, so antworten viele, es geschehe nicht aus Liederlichkeit, sondern aus einem natürlichen Antriebe, Kinder zu gebären, aus welchem Grunde sie aber manchen redlichen Mann verführen."

Auch auf der Ostküste scheint die Moral der Verheirateten nach unserem Begriffe nichts weniger als gut zu sein. So habe ich erzählt, daß die Männer ihre Frauen oft austauschen; doch geschieht dies unter bestimmten Männern, und der Mann liebt es in der Regel nicht, daß seine Frau sich mit anderen einläßt, als mit dem, welchem er sie geliehen hat. Er selber aber beansprucht für sich völlige Freiheit. Im Winter, wenn sie in Häusern wohnen, spielen sie oft ein Frauentausch- oder Lampenlöschungsspiel, das dem obenerwähnten ähnelt und bei dem die Lampen ausgeblasen werden. Hieran aber dürfen auch Unverheiratete teilnehmen. Holm sagt, ein guter Wirt lasse, wenn er Gäste im Hause habe, abends stets die Lampen auslöschen.

Auf der Westküste dagegen ist dieses Spiel jetzt verschwunden. Ich möchte allerdings nicht dafür einstehen, daß es an Orten, wo es den Predigern oder anderen Behörden schwer werden dürfte, dahinterzukommen, nicht doch noch ausnahmsweise gespielt wird; denn auch die verheirateten christlichen Grönländer scheinen keinen übertriebenen Respekt vor dem sechsten Gebot zu haben und lassen sich in dieser Hinsicht gewiß viele Unregelmäßigkeiten zu Schulden kommen.

Wir finden diese Moral auf den ersten Blick natürlich sehr schlecht. Damit ist aber nicht gesagt, daß sie es auch für den Eskimo ist. Wir müssen uns überhaupt hüten, von unserem Gesichtspunkt aus Anschauungen, die sich durch viele Generationen und viele Erfahrung bei einem andern Volke entwickelt haben, sofort zu verdammen, auch wenn sie den unseren noch so sehr widerstreiten. Die Ansichten von Gut und Recht sind hier auf Erden außerordentlich verschieden. Als Beispiel möchte ich anführen, daß ein Eskimomädchen, als Nils Egede ihr von der Liebe zu Gott und unserem Nächsten gesprochen hatte, erklärte: „. . . Ich habe bewiesen, daß ich meinen Nächsten liebe, denn eine alte Frau, die krank war und nicht sterben konnte, bat mich, daß ich sie für Geld nach der steilen Klippe führe, von der sich immer die hinabstürzen, die nicht mehr leben mögen. Weil ich aber meine Leute liebe, führte ich sie umsonst hin und stürzte sie vom Felsen hinunter." Egede meinte, dies sei eine schlechte

That, und sagte, sie habe einen Menschen getötet. „Sie sagte nein; sie habe großes Mitleid mit der Alten gehabt und geweint, als sie abgestürzt war." Soll man dies nun eine gute oder eine böse That nennen?

Als derselbe Egede einandermal davon sprach, daß Gott die Bösen bestrafe, sagte ihm ein Eskimo, er gehöre auch zu denen, welche die Bösen bestrafen, denn er habe drei alte Weiber, die Hexen waren, erschlagen.

Derselbe Unterschied in der Auffassung von Gut und Böse macht sich auch dem sechsten Gebote gegenüber geltend. Der Eskimo stellt das Gebot „Seid fruchtbar und mehret Euch" höher. Dazu hat er um so mehr Grund, als seine Rasse von Natur wenig fruchtbar ist.

Gleich vielen anderen Völkern fand der Eskimo es sehr wunderbar, daß es nicht als etwas ganz Vorzügliches zu betrachten sei, wenn ein Mann mehr als eine Frau hatte. Bei ihnen stieg das Ansehen mit der Zahl der Frauen, und aus diesem Grunde fanden sie die Patriarchen des alten Testamentes vernünftiger als uns. Uebrigens ist das eine Anschauung, die wir bei unseren eigenen Vorfahren bis weit in die historische Zeit hinein wiederfinden.

Als Paul Egede einmal den Grönländern ihre Neigung zur Polygamie verwies, lobte einer seine Frau wegen ihres „guten Gemütes, denn sie sei nie böse, wenn er fremde Weiber liebe". Egede sagte, „in unserem Lande duldeten die Frauenzimmer nicht, daß ihre Männer sich mit anderen einließen; sie würden diese aus dem Hause jagen". „Das ist kein Lob für Eure Frauenzimmer," meinte der Eskimo, „daß sie ihre Männer für sich allein haben und Herr über sie sein wollen; bei uns würde man sie tadeln."

In dieser Beziehung denken sie weniger ideal, aber

praktischer als wir. Betrachten wir z. B. ihren Frauentausch und ihre Behandlung unfruchtbarer Frauen, so erscheinen ihre Sitten uns recht locker. Aber diese Sitten sind ja wesentlich darauf berechnet, Nachkommenschaft zu erzielen, und erinnern wir uns der großen Bedeutung, die diese für sie hat, so fällen wir vielleicht ein etwas milderes Urteil.

Bleibt die Gattin eines Grönländers kinderlos, so wird ja der Hauptzweck seiner Ehe nicht erreicht, und es scheint ihm daher nur natürlich, daß er dem abzuhelfen versucht. Als ein junger Mann, dessen Frau keine Kinder hatte, einmal Nils Egede ein Fuchsfell dafür anbot, daß entweder er selber ihm dazu verhelfen oder einen seiner Matrosen es thun lassen sollte, war er sehr verdutzt, daß Egede darüber böse werden konnte. Er antwortete: „Das ist keine Schande; sie ist verheiratet und kann einen Deiner verheirateten Matrosen bekommen."

Daß es jedoch auch den verheirateten Grönländern ursprünglich nicht an dem, was wir Sittlichkeitsgefühl nennen, gefehlt hat, scheint unter anderem daraus hervorzugehen, daß sie sich im täglichen Leben sehr anständig betragen und in der Regel keinen Anstoß erregen, worüber alle Reisenden einig sind.

Wenn ein Heide — und viele christliche Grönländer desgleichen — die Gattin eines anderen, wenn sie ihm gefällt, nicht antastet, so geschieht dies wohl meistens mehr aus Scheu vor einem Zwiste mit dem Manne, als weil er es für unrecht hält. Doch daß selbst auf der Ostküste ein schwacher Rechtsbegriff in dieser Beziehung vorhanden ist, ergiebt sich aus folgender, in Angmagsalik gebräuchlicher Redeweise: „Die Walfische, Moschusochsen und Renntiere verließen das Land, weil die Männer zu viel mit anderer Leute Frauen verkehrten." Viele Männer behaupten aber, es sei geschehen, „weil die Frauen darüber eifersüchtig wurden, daß die Männer mit anderer Leute Frauen Umgang hatten". Letzteres soll auch daran schuld sein, daß der Sund, der früher vom Sermelikfjord bis an die Westküste quer durch das Land ging, jetzt vereist ist.¹)

Egede sagt, daß die Frauen, obwohl sie seltsamerweise bis zu seiner Ankunft durchaus nicht eifersüchtig waren, wenn ihre Männer mehrere Frauen hatten, und „sich stets gut mit letzteren vertrugen", auf einmal damit unzufrieden waren und nicht wollten, daß die Männer sich eine Nebenfrau nahmen. Und zwar sei diese Sinnesänderung vor sich gegangen, nachdem er ihnen über das Ungebührliche ihrer Sitte gepredigt habe; er setzt noch hinzu: „Ja, nachdem ich es ihnen aus Gottes Wort vorgelesen und nachgewiesen hatte, baten sie mich, nicht zu vergessen, ihren Männern das sechste Gebot einzuschärfen." Diese Wirksamkeit der Missionare unter den Frauen sagte den Männern begreiflicherweise nicht zu, und ein Eskimo, dessen beide Frauen einander in die Haare gekommen waren, sagte voll Erbitterung zu Niels Egede: „Du hast sie mit Deiner Leserei verdorben, und nun sind sie eifersüchtig aufeinander." Mir scheint der Groll des Mannes berechtigt. Was würden wir sagen, wenn die Grönländer in unser Land kämen, in unsere Häuser drängen und unseren Frauen i h r e Sittlichkeitsmoral predigten?

Nach eskimoischer Anschauung ist das Heiraten zweier

---

¹) Siehe H o l m: „Mitteilungen über Grönland". Heft 10, Seite 100.

Geschwisterkinder untereinander, wie überhaupt zwischen nahen Verwandten nicht erlaubt. Nicht einmal Pflegegeschwister, die zufällig zusammen erzogen sind, dürfen sich heiraten. Am besten soll die Braut von auswärts sein.

Dieses Gesetz entspricht also der sogenannten Exogamie oder dem Verbote, sich mit mutmaßlichen Blutsverwandten desselben Familiennamens, oder doch aus demselben Clan (bei den Chinesen), Gotra (bei den Hindus) oder derselben Gens (bei den Römern) ehelich zu verbinden. Dasselbe Verbot findet sich unter wenig verschiedenen Formen bei den Hindus, den Chinesen, in der griechischen Kirche, in der altkatholischen, zum Teil auch bei den Slawonen, den Indianern und vielen anderen.

Unsere eigenen Vorfahren haben wohl auch früher der Exogamie gehuldigt, die jedoch stark im Widerspruch steht zu der jetzt bei uns üblichen Anschauung, daß Heiraten zwischen Leuten aus demselben Orte, ja vorzugsweise unter nahen Verwandten, wenn nicht gar Geschwisterkindern die besten seien. Im Großen und Ganzen scheinen die wilden Völker die ausgedehntesten, umfassendsten Heiratsverbote zu haben, während die beschränktesten Vorschriften darüber in den modernen, zivilisierten Staaten zu finden sind. Die Exogamie wäre demnach ein Ueberbleibsel der Barbarei, von dem sich unser Volk in hohem Grade freigemacht hätte. Der Ursprung dieses Moralgesetzes ist sehr schwer zu erklären. Trotzdem ich wissenschaftliche Autoritäten gegen mich habe, scheint es mir nicht unmöglich, daß ihm zum Teil der Glaube zu Grunde liege, die Verwandtenehe erzeuge schwächliche Nachkommen. Jedenfalls finden wir solchen Glauben in seinem engsten Begriffe bei fast allen Völkern in Form von Scheu vor Blutschande. Allerdings meinen mehrere moderne Forscher beweisen zu können, daß Ehen zwischen Verwandten keine schlechten Folgen haben. Doch berechtigt oder nicht berechtigt: es ist Thatsache, daß ein solcher Glaube hat entstehen können, und ist erst der Glaube da, so kommt das Gesetz von selbst. Daß es, wie bei den Grönländern soweit geht, alle an einem Orte Wohnenden zu umfassen, läßt sich leicht durch ihre obenbesprochenen Bräuche erklären, nach denen man nie bestimmt wissen kann, ob die Brautleute aus einem Orte nicht am Ende Halbgeschwister sind.

In vieler Beziehung steht die Moral des heidnischen Eskimos durchgehends höher als die in den meisten christlichen Staaten. Da ich dies schon im siebenten Kapitel angedeutet habe, will ich hier nur an ihre aufopfernde Nächstenliebe erinnern, und an ihre Bereitwilligkeit, einander zu helfen, wozu wir bei uns wahrhaftig kein Seitenstück finden.

Die Nächstenliebe des Eskimos aber geht sogar soweit, daß er es unterlassen kann, einen andern schlecht zu machen. Ja, er sagt ihm nicht einmal etwas Nachteiliges, das wahr ist, nach, wenn er sein Nachbar ist. Dergleichen würde nicht zu seiner friedlichen, wohlwollenden Gesinnung passen. Wie schon erwähnt, scheinen die Frauen in dieser Hinsicht nicht ganz so zuverlässig zu sein, doch dies soll ja keine ungewöhnliche weibliche Schwäche sein.

Vor dem Alter hat der Eskimo keine sehr hervortretende Ehrfurcht. Solange die Alten noch arbeiten können, werden sie allerdings geachtet, und sind sie früher gute Fänger gewesen und haben Söhne, so können sie sogar großen Einfluß haben und als das Oberhaupt des Hauses betrachtet werden.

Eine Frau, die tüchtige Söhne hat, wird auch dann noch ehrerbietig behandelt, wenn sie ein sehr hohes Alter erreicht. Ist sie Witwe, so hat sie besonders großen Einfluß, da sie dann gewöhnlich das Haus regiert und die Schwiegertöchter sich ihren Anordnungen unterwerfen müssen. Doch werden die Leute sonst so alt, daß sie nicht mehr arbeiten können, so werden sie, namentlich die Weiber, wenig rücksichtsvoll behandelt. Bisweilen schämen sich die Jüngeren nicht einmal, sie geradezu zu verspotten, und hierin finden die alten Knacker sich mit großer Geduld, als sei es nun einmal so der Lauf der Welt.

Will der Leser sich selber eine Ansicht über die moralische Denkweise eines ursprünglichen Eskimos bilden, so glaube ich, ist der beigefügte Brief eines Grönländers an Paul Egede[1]) von Interesse. Ich gebe ihn hier wieder, weil er meine Anschauungen in vieler Beziehung unterstützt und Egedes Buch, „Nachrichten über Grönland", in dem die Uebersetzung (Seite 230—236) abgedruckt ist, jetzt schwer zu haben sein dürfte.

Der Schreiber des Briefes war ein Heide, den Paul Egedes Vater, Hans Egede, getauft hatte. Der Brief, der natürlich auf Eskimoisch geschrieben war, verrät außer überraschenden moralischen Ansichten auch scharfen Verstand und Gefühle, die man sicherlich, wie Paul Egede sagt, „einem so dummen Volke, wie die Eskimos es der allgemeinen Meinung nach sein sollen", nicht zutrauen würde. Er bildet, wie man sehen wird, die Antwort auf einen Brief Egedes und lautet folgendermaßen:

---

[1]) Paul Egede war jahrelang Prediger in Grönland, dann aber (1756) nach Kopenhagen gezogen.

„Liebenswürdiger Pauia!"¹)

Du weißt selbst, wie wert und angenehm mir Dein Schreiben ist. Aber wie erschrak ich, als ich darin von dem Untergange der vielen Menschen bei dem Erdbeben, von dem wir hier nichts gehört haben, las, bei dem, wie Du sagst, in einem Augenblicke mehr Menschen umgekommen sind, als in unserem ganzen Lande wohnen. Ich kann nicht beschreiben, wie mich dies erregt hat, und wir erschraken so, daß viele von ihrem Wohnorte nach anderen Stellen flüchteten, die ebenso unsicher waren, obgleich der Grund aus Felsen besteht. Denn wir sehen auch bei uns, daß Klippen von oben bis in den Abgrund hinunter zerrissen sind; wann dies aber geschehen ist, weiß keiner von uns. Die Granitfelsen unseres Landes kann Gott, in dessen Macht alles liegt, ebenso leicht erschüttern, und wir armes, elendes Gewürm sind leicht darunter begraben. Du läßt mich wissen, daß der Winter Euch weder Schnee, noch Kälte gebracht hat, und schließest daraus, daß er bei uns um so strenger gewesen sein muß; wir haben jedoch einen ungewöhnlich milden Winter gehabt. Wie ich gehört habe, meinen Eure Gelehrten, daß das milde Wetter von den warmen Dünsten herrühre, die bei dem Erdbeben aus der Erde gekommen sind, die Luft erwärmt und die Schneemasse geschmolzen haben sollen. Doch, wenn ich nicht gehört hätte, daß die Gelehrten dies gesagt haben, hätte ich geglaubt, daß die Wärme der Erde nicht ausreichen könne, um die hohe, weite Luft zu erwärmen, ebensowenig wie der Atem eines Menschen ein großes Haus heizen kann, wenn er einmal hineinhaucht und dann gleich wieder hinausgeht. Die Südwinde, die immer warm sind und bei uns das ganze Jahr geweht haben, sind die Ursache, daß hier nur mäßige Kälte war; weshalb der Wind aber aus Süden wehte, weiß ich nicht, vielleicht wissen es auch die Gelehrten nicht. Sind die bedauernswerten, umgekommenen Menschen vor Hitze gestorben, oder hat die Erde sie verschlungen, oder hat die Erschütterung sie getötet? Schiffer B. meinte, ihre eigenen Häuser seien über ihnen eingestürzt und hätten sie erschlagen. Eure Leute aber scheinen sich dies nicht sehr zu Herzen zu nehmen, denn sie sind nicht allein munter und zufrieden, sondern sie erzählen uns auch, daß die beiden Nationen²), die hierher zum Walfischfange kommen, — nicht aus Eurem Lande, aber doch Eure Glaubensgenossen — einander zu Lande und zu Wasser

---

¹) Pauina oder Pauia wurde Paul Egede unter den Grönländern genannt, es ist eine Verstümmelung von Paul.

²) Es wären also die Holländer und die Engländer.

erschießen und totschlagen, auf einander Jagd machen wie auf Seehunde und Rentiere und sich gegenseitig und solchen, die sie nie gesehen haben und garnicht kennen, Schiffe und Güter stehlen und fortnehmen, bloß weil ihr Oberherr es so haben will. Als ich den Schiffer durch den Dolmetscher fragte, was der Grund solcher Unmenschlichkeit sei, antwortete er, es sei ein Stück Land[1]) dem unsrigen gegenüber, das so weit fort liege, daß sie drei Monate brauchen, um dorthin zu segeln. Ich dachte da, daß sie zu wenig Land hätten, um alle dort wohnen zu können, er aber sagte nein! Es sei nur die Gier der großen Herren nach mehr Völkern und Reichtümern. Ich war über diese Begehrlichkeit so verwundert und wurde so bange, daß ich beinahe vor Schrecken gestorben wäre; doch gleich darauf wurde ich wieder froh. Du kannst wohl kaum erraten, weshalb? Ich dachte an unser schneebedecktes Land mit seinen armen Bewohnern, und ich sagte zu mir selbst: „Gott sei Dank! wir sind arm und besitzen nichts, was diese gierigen Kabdlunaker, so nennen wir alle Fremden, begehren könnten; was wir über der Erde besitzen, gilt ihnen nichts; was uns zur Kleidung und Nahrung dient, schwimmt im großen Meere, davon mögen sie nach Belieben soviel nehmen, wie sie bekommen können, für uns bleibt doch noch genug übrig; wenn wir nur soviel Speise haben, daß wir uns satt essen können, und genug Felle bekommen, um uns gegen die Kälte zu schützen, so sind wir zufrieden, und Du weißt selbst, daß wir den folgenden Tag für das Seine sorgen lassen. Wir wollten also nicht darum Krieg führen, auch wenn es in unserer Macht läge, obgleich wir ebenso gut sagen können, es gehöre uns, wie die Gläubigen aus dem Osten von den Ungläubigen im Westen sagen, diese und ihre ganze Habe gehörten ihnen. Wir können sagen, das Meer, das unsere Küste bespült, gehört uns, unser sind auch die darin schwimmenden Walfische, Walrosse, Tümmler, Einhörner (Narwale), Weißfische (Walart), Seehunde, Heilbutten, Lachse, Dorsche und Knurrhähne; doch wir haben nichts dagegen, daß sich andere soviel von dem großen Vorrate nehmen, wie sie wollen. Wir haben das große Glück, von Natur nicht so habgierig zu sein, wie sie. Ich habe mich oft über die Christen gewundert und nicht recht gewußt, was ich von ihnen denken sollte; sie verlassen ihr eigenes schönes Land und müssen in diesem für sie so harten und häßlichen Lande viel aushalten, nur um uns zu gesitteten Menschen zu machen, aber hast Du wohl so viel Böses bei unserer Nation gefunden und je solchen merk-

---

[1]) Also Amerika.

würdigen, abgünstigen Schnickschnack von einem der unseren gehört? Eure Lehrer unterweisen uns, wie wir dem Teufel entgehen können, von dem wir doch nie etwas gewußt haben, und Eure übermütigen Matrosen beten in vollem Ernste, der Teufel wolle sie holen und zerreißen. Du wirst Dich noch erinnern, daß ich ihnen zu Gefallen in meiner Jugend solche Redensarten von ihnen gelernt habe, ohne die Bedeutung zu kennen, bis Du mir verboten hast, sie zu gebrauchen, und seitdem ich sie selbst verstehen gelernt, habe ich mehr davon gehört, als mir lieb ist. Besonders in diesem Jahre habe ich soviel von den Christen gehört, daß wenn ich nicht durch den langen Verkehr viele gute und gesittete kennen gelernt und Hans Pungiok und Arnarsak, die in Eurem Lande gewesen sind, nicht erzählt hätten, daß es dort viele fromme, tugendhafte Leute giebt, ich gewünscht haben würde, wir hätten sie nicht gesehen, damit sie nicht unser Volk verderben. Du hast wohl mehr als einmal gehört, daß meine Landsleute von Dir und den Deinen glaubten, solche Manier sei Euch in Eurem Lande anerzogen worden, und von einem Frommen unter Euch sagten, er gleiche einem Menschen oder Grönländer. Du erinnerst Dich wohl des Einfalles des lustigen Okako's, Hexenmeister, d. h. Angekoker, in Euer Land zu senden, um die Leute dort zu unterrichten, wie man ein gesitteter Mensch wird, gerade so, wie Euer König Prediger hergesandt hat, um uns zu lehren, daß es einen Gott giebt, den wir früher nicht kannten. Doch ich weiß wohl, daß es ihnen nicht an Unterweisung fehlt und der Vorschlag daher nichts taugt. Es ist wirklich merkwürdig, mein lieber Pauia! Euer Volk weiß, daß es einen Gott, den Schöpfer und Erhalter aller Dinge, giebt, daß sie nach diesem Leben entweder selig oder verdammt werden, je nachdem sie sich betragen haben, und dennoch leben sie, als wäre ihnen befohlen worden, böse zu sein, und als brächte ihnen das Sündigen Vorteil und Ehre. Meine Landsleute dagegen wissen weder von Gott, noch vom Teufel etwas, erwarten weder Lohn noch Strafe nach diesem Leben, und doch benehmen sie sich anständig, verkehren liebevoll und einträchtig miteinander, teilen alles miteinander und schaffen sich gemeinsam ihren Lebensunterhalt. Es giebt wohl Böse unter uns, die zeigen, daß wir mit Euch stammverwandt sein müssen, doch daß an den meisten von uns kein Tadel ist, — (Du denkst wohl nicht, daß ich meines Volkes wegen lüge, Du weißt ja selbst aus Erfahrung, daß dies wahr ist) — kommt vielleicht von unserm unfruchtbaren Lande. Wie ich zuerst von Euren schönen Ländern hörte, habe ich oft ihre Bewohner glücklich geschätzt, weil sie solchen Ueberfluß an wohlschmeckenden Erdfrüchten, Tieren, Vögeln und

Fischen jeder Art, schön eingerichtete große und prächtige Häuser, schöne
Kleider, einen langen Sommer, keinen Schnee, keine Kälte, keine
Mücken, sondern nur wünschenswerte und angenehme Dinge besitzen,
und diese Glückseligkeit, dachte ich bei mir, sei Euch nur deshalb zuteil
geworden, weil Ihr Gläubige und sozusagen Gottes eigene Kinder seid,
während wir als Ungläubige zur Strafe in dieses harte Land gesetzt
seien. Doch oh! wir glücklichen Grönländer! Oh, Du teures Vaterland! Wie gut, daß Du mit Eis und Schnee bedeckt bist! wie gut,
daß, falls Deine Felsen das Gold und Silber, nach welchem die
Christen so gierig sind, enthalten, dieses mit soviel Schnee bedeckt ist,
daß es unzugänglich ist. Deine Unfruchtbarkeit macht uns glücklich
und befreit uns von Gewalt. Pauia, wir sind wirklich mit unseren
Lebensbedingungen zufrieden. Fleisch und Fische sind unsere ganze
Nahrung; Leckerbissen kommen nur selten vor, sind dann aber um so
willkommener. Das eiskalte Wasser ist unser Getränk, es erquickt und
umnebelt nicht den Verstand, auch beraubt es uns nicht unserer natürlichen Kräfte, wie das tollmachende Gebräu, an dem Eure Leute so
viel Geschmack finden. Unsere Kleidung besteht aus dicken, unansehnlichen Fellen, die aber ganz wie für dieses Land geschaffen sind und
sowohl den Tieren, solange sie sie tragen, wie uns, wenn wir sie von
ihnen bekommen haben, gute Dienste leisten. Bei uns giebt es also
— Gottlob! — nicht soviel, daß jemand Lust bekommen könnte, uns
deshalb totzuschlagen. Wir leben somit ohne Furcht. Wohl haben
wir hier im Norden die grimmigen weißen Bären, doch da wir
Hunde besitzen, die für uns mit ihnen kämpfen, haben wir nicht die geringste Gefahr zu befürchten. Von Totschlag hört man bei uns sehr
selten, und er kommt auch nur vor, wenn jemand in den Verdacht gerät
oder von einem Angekok angeklagt wird, einen Menschen mittelst
Zauberei umgebracht zu haben; dann wird er ohne Gnade von den
Betreffenden umgebracht, die ebensoviel Recht zu haben glauben, ihre
Mitmenschen zu töten, wie die Henker Eures Landes Eure Missethäter.
Doch sie prahlen nachher nicht damit oder danken gar Gott dafür, wie die
Herren bei Euch zu Lande, wenn sie die Bewohner eines ganzen
Landes totgeschlagen haben, wie D. mir erzählt hat. Sie können doch
wohl nicht dem guten Gotte, der, wir Ihr uns lehrt, das Töten
verboten hat, danken und lobsingen; es muß ein anderer sein, der
Totschlag und Vernichtung liebt, am Ende ist es gar der Tornarsuk
(der Teufel)? Doch dies kann auch nicht sein, denn dem Satan Ehre
geben, hieße dem frommen Gotte zuwiderhandeln. Dies mußt Du
mir gelegentlich erklären. Ich verspreche Dir, daß ich meinen Lands-

leuten nichts davon sagen werde. Sie könnten darüber so böse werden, wie Kana, der nicht Christ zu werden wagte, weil er fürchtete, dadurch den sittenlosen Matrosen ähnlich zu werden. Ich schreibe Dir nichts über die Bekehrung meiner Landsleute, da ich weiß, daß unser Lehrer Dir schon darüber berichtet hat. Die Sache, die ich untersuchen soll, werde ich erforschen, so gut ich kann. Die Probe mit dem Kompaß konnte ich nicht machen, da die Kälte über Jahr nur mäßig war. Die Ursache der beiden widerstreitenden Ströme wird wohl die sein, von der Du schreibst. Da Du von den beiden beinahe versteinerten Fischen soviel hältst, werde ich Dir noch einige zu verschaffen suchen. Sie sind, wie Du Dir gedacht hast, aus dem Leersgrunde. Nun habe ich sozusagen mit Dir gesprochen, und Du mit mir; jetzt muß ich meinen Brief versiegeln. Der Schiffer ist bereit, und der Wind ist gut. Unser gemeinsamer mächtiger Beschirmer führe sie glücklich über das große, gefährliche Meer und bewahre sie vor allem vor den bösen Menschenjägern, vor denen sie sich, wie ich gemerkt habe, am meisten fürchten; und lasse sie unverletzt ihr Vaterland erreichen und dort die Freude haben, Dich, Du Lieber, zu treffen.

Grönland, 1756. Paul Grönländer.

Der Inhalt dieses Briefes verdient Beachtung, und unter anderen dürften die Antifriedensbündler unserer Zeit viel daraus lernen können.

Er, wie alles andere, was sonst in diesem Kapitel hervorzuheben war, berechtigt uns wohl zu der Behauptung, die ursprüngliche Moral des Eskimos nähere sich oft der idealen christlichen, ja stehe gewissermaßen über ihr. Denn, wie es oben heißt, die Grönländer wissen „weder von Gott, noch vom Teufel, glauben weder an Lohn, noch an Strafe nach diesem Leben und führen einen guten Lebenswandel" — trotzalledem!

Manch einer wird es erstaunlich finden, daß dies vorkommen kann bei einem in seinem äußeren Auftreten so tief stehenden Volke, wie es am Ende des zweiten Kapitels dargestellt wurde. Andere überrascht es vielleicht mehr.

daß sich bei einem Volke ohne Religion oder wenigstens mit einer sehr unvollkommenen, die wir noch besprechen werden, eine so hohe Moral entwickeln konnte. Es steht das im Widerspruch mit der bekannten Behauptung, Moral und Religion seien nicht von einander zu trennen. Daß die Moral zum wesentlichen Teile Naturgesetzen entspringt und sich auf solche aufbaut, dürfte sich beim Studium der Eskimogesellschaft ziemlich deutlich ergeben.

Kapitel XI.

Gerichtspflege, Trommeltanz und Vergnügungen.

Ich habe wiederholt versucht, dem Leser einzuprägen, daß die Eskimos friedfertige, gutmütige Leute sind. Nichts scheint mir ein schlagenderer Beweis dafür, als ihre ursprüngliche Rechtspflege.

Wer sich einbildet, daß es den heidnischen Eskimos an jeglicher Gelegenheit gefehlt habe, erlittenes Unrecht dem Urteil ihrer Mitmenschen zu unterbreiten, befindet sich im Irrtum. Ihre Justiz war indessen ganz eigentümlicher Art und bestand in einer Art Duell. Dieses wurde nicht, wie in civilisierten Ländern, mit scharfen Waffen ausgefochten; der Grönländer ging hierbei, wie in anderen Dingen, vernünftiger vor: er forderte seinen Gegner zu einem Singstreit oder Trommeltanz heraus. Man verlegte ihn gewöhnlich auf den Sommer an die großen Lagerplätze, wo sich viele Leute mit ihren Zelten versammelt hatten. Der Verlauf war der, daß die beiden Gegner sich in einem Kreise von Zuschauern beiderlei Geschlechts einander gegenüber stellten. Auf ein Tamburin oder eine Trommel schlagend, sangen sie nun abwechselnd Spottlieder auf einander. In diesen Liedern, die in der Regel vorher gedichtet, bisweilen aber auch improvisiert wurden, erzählten sie alles, was der Gegner verbrochen hatte, und versuchten, ihn nach besten Kräften lächerlich zu machen. Wer die Zuhörer am meisten über seine Witze oder Anklagen lachen machte, blieb Sieger. Auf diese Weise wurde auch über so schwere Verbrechen wie Mord abgeurteilt. Es mag uns das als eine recht bequeme Strafjustiz erscheinen, aber für dieses Volk mit seinem ausgeprägten Ehrgefühl genügte sie. Das Schlimmste, was einem Grönländer passieren kann, ist, vor seinen Mitbürgern lächerlich oder verächtlich gemacht zu werden, und es ist sogar vorgekommen, daß einzelne einer Niederlage beim Trommeltanz wegen auswandern mußten.

Diesen Trommeltanz giebt es noch auf der Ostküste, und er scheint mir eine sehr nützliche Einrichtung, die ich uns Europäern wohl wünschen möchte. Denn eine schnellere Art, Streitigkeiten beizulegen und die Schuldigen zu strafen, kann ich mir nicht denken.

Leider scheinen die Missionare auf der Westküste anderer Meinung gewesen zu sein. Als einen heidnischen Brauch hielten sie ihn eo ipso für unmoralisch und schädlich, und er wurde mit der Ausbreitung des Christentums unterdrückt und ausgerottet. Dalager sagt sogar: „Es giebt beinahe kein Laster in Grönland, gegen das unsere Missionare heftiger predigen, als diesen Tanz, angeblich, weil dabei alle möglichen Leichtfertigkeiten betrieben würden, besonders von der Jugend." Dies gefiel ihm gar nicht. Er räumt ein, daß vielleicht einige Unregelmäßigkeiten vorkommen können, meint aber doch, wenn ein Mädchen beschlossen habe, bei dieser Gelegenheit den Pfad der Tugend zu verlassen, so habe sie sich einen recht unruhigen Zeitpunkt und Ort dazu ausgesucht. Man muß ihm beipflichten, wenn er sagt: „Und wahrlich, wenn man bei uns zu gleichem Zwecke und mit gleichem Nutzen tanzte, würde man jeden zweiten Moralisten und Advokaten sich im Handumdrehen in einen Tanzmeister verwandeln sehen."

Die Folge dieses wenig überlegten Vorgehens ist, daß es in Grönland jetzt wirklich weder Recht, noch Gesetz giebt. Die Europäer können sich natürlich nicht in die Angelegenheiten mischen oder sollen es jedenfalls nicht. Kommt aber einmal ein seltener Fall von schwerem Verbrechen vor, so greifen die dänischen Behörden dennoch ein. Der Erfolg ist manchmal überraschend. Als vor einigen Jahren ein Mann in einer nordgrönländischen Kolonie seine Mutter erschlagen hatte, wurde er zur Strafe auf eine einsame Insel verwiesen. Damit er dort allein existieren könnte, mußte man ihm einen neuen Kajak und einige Lebensmittel für den Anfang mitgeben. Nach einiger Zeit, als die Vorräte verzehrt waren, kehrte er zurück und erklärte, dort draußen nicht mehr leben zu können, weil sich da nichts fangen ließe. Er bezog wieder sein altes Haus, und die einzige Veränderung, die sein Leben dadurch erlitt, daß er seine Mutter erschlagen hatte, war — daß er kostenlos in den Besitz eines neuen Kajaks gekommen war.

Eine wirkungsvollere Strafe wenden die Kolonieverwalter bisweilen den Frauen gegenüber an, indem sie ihnen für eine bestimmte Zeit den Besuch des Kolonialladens verbieten.

Der Trommeltanz war außer dem Gerichtstag auch noch ein großes Vergnügen, ja er wurde manchmal nur der Belustigung halber getanzt. Dann sangen die Auftretenden Lieder verschiedenen Inhalts, schlugen dabei auf eine Trommel und bewegten den Körper in den verschiedensten, mehr oder minder burlesken Drehungen und Wendungen. Das hätte die Missionare gleichfalls bedenklich machen sollen. Denn Vergnügungen sind auch notwendig, sie beleben das Gemüt, was für ein Volk, das in einer so harten Natur lebt und so wenige Zerstreuungen hat, gewiß von großer Bedeutung ist. Als eine Art Ersatz dafür haben die Eskimos jetzt von den europäischen Walfischfängern und Matrosen viele europäische Tänze, besonders reels, gelernt, die sie zum Teil ihrem Geschmacke nach veränderten. In den Kolonien dient gewöhnlich die Tischlerwerkstatt, der Speckhausboden oder ein anderer großer Raum als Ballokal, und dort wird so oft getanzt, als es der Kolonieverwalter oder die hohen Herren erlauben, am liebsten jede Woche. An den andern Wohnplätzen tanzen sie auch in den eigenen Häusern.

Solch ein grönländischer Ball mit den vielen Menschen, alten und jungen, die teils tanzen, teils als Zuschauer in dichten Gruppen in ihrer farbenreichen Tracht an den Wänden, auf den Pritschen und auf Bänken stehen, nimmt sich in dem von Thranlampen schwach erleuchteten Raume recht malerisch aus. Es ist ein reiches Gemisch von Schönheit und herrlichen Formen neben auffallendster Häßlichkeit. Und dazu diese übersprudelnde Freude und die außerordentliche, graziöse Tanzfertigkeit. Im reel bewegen sich die Beine oft so flink, daß das Auge ihnen kaum folgen kann. Die Musik bestand früher meistens aus Geigenspiel. Jetzt hat auch die Handharmonika schon angefangen, sich dort einzubürgern.

Die armen Eskimos, die den deutschen Herrnhutergemeinden, deren ein paar im Lande sind, angehören, dürfen nicht tanzen, ja nicht einmal zusehen, wenn andere tanzen, sonst werden sie in den Bann gethan oder von den Missionaren auf das schwarze Brett geschrieben.

Als weiteres Vergnügen ist das Kirchengehen anzuführen. Besonders lustig finden sie das Singen der Kirchenlieder, und die Frauen mögen es so gern, daß sie sich auch bei anderen Gelegenheiten damit ergötzen.

Nicht minder interessant finden die Weiber den Besuch des Ladens. Wenn die Oeffnungszeit herannaht, kann man sie mitten im Winter im ärgsten Schneegestöber in dichten Gruppen längs der Außenwände stehen und auf den Augenblick warten sehen, in dem sich die Thür des Paradieses öffnet und sie hineinstürzen können. Die meisten haben gar nicht die Absicht zu kaufen, sondern verbringen die Stunden, in denen der Laden geöffnet ist, teils damit, daß sie sich alle europäischen Luxusartikel, namentlich Kleiderstoffe und Tücher, zeigen lassen, teils damit, daß sie den Ladendienern den Hof machen, teils mit dem Austausch mehr oder weniger derber Witze, und wohl auch einem wirklichen Einkauf.

Im Sommer, wenn die Schiffe eben mit Warenvorräten aus Europa angekommen sind, ist der Zudrang außergewöhnlich groß. Dann ist der Laden den ganzen Tag über in förmlichem Belagerungszustand. Die Grönländerinnen lieben, ganz wie ihre Schwestern diesseits des Meeres alles Neue, und dies findet daher, sowie es ankommt, reißenden Absatz. Die Hauptsache ist, wie ich gemerkt habe, daß die Ware neu ist, welchem Zweck sie dient, ist weniger wichtig. So hatte einmal die weise Regierung in Kopenhagen gefunden, die Eskimos seien jetzt soweit vorgeschritten, daß sie wie andere civilisierte Menschen ohne Nachttöpfe nicht mehr auskommen könnten, und demgemäß bestimmt, daß dieses Geschirr dort eingeführt würde. Kaum waren diese merkwürdigen Gefäße angelangt, kauften alle, die es dazu hatten, sich einen oder zwei. Tags darauf kamen die eingeborenen Damen jede mit einem Nachttopf in den Laden, stellten ihn auf den Ladentisch und ließen sich ihre Butter oder ihre Grütze darin einpacken.

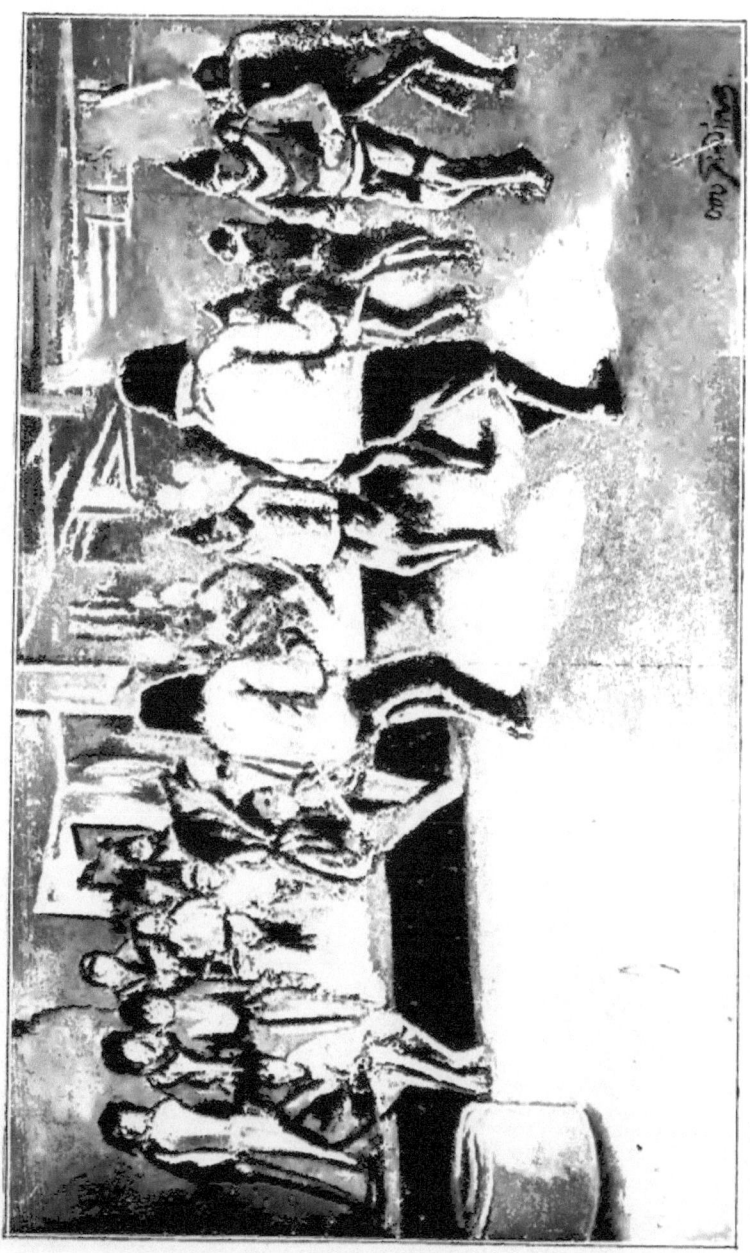

Grönländischer Tanz.

Kapitel XII.

Begabung. — Kunst. — Musik. Dichtung. Erzählungen Eingeborener.

Die Grönländer haben scharfen Verstand und zugleich großes Erfindungstalent. Ihre Geräte und Waffen sind dafür, wie wir sahen, ein schlagender Beweis. Daß sie Verstand haben, wurde den Missionaren, namentlich im Anfange, sehr unangenehm fühlbar, wenn sie so dumm waren, sich mit den heidnischen Angekokern aufs Disputieren einzulassen. Wenn sie aber auch mundtot gemacht wurden, so hatten sie dafür doch oft Argumente in der Hinterhand, die schlagender waren, als die der Eingeborenen. Sie führten, wie mein Freund, der Zimmermeister in Godthaab zu sagen pflegte, „eine proppere Faust", und dieser überließ die grönländische Friedfertigkeit das Feld.

Als Beispiel ihrer guten Anlagen ist anzuführen, daß sie verhältnismäßig leicht lesen und schreiben lernen. Die meisten Christen verstehen sich auf beides, und viele sogar ausgezeichnet; ihre Schreibfertigkeit ist oft geradezu bewundernswert. Selbst die Heiden lernen schnell Domino und Brettspiel, ja sogar das Schach. Mit den Eingeborenen in der Gegend von Godthaab spielte ich oft Dame und wurde manch liebes Mal von der Geschicklichkeit und Berechnung, die sie dabei an den Tag legten, überrascht.

Unsere verschiedenen Fächer scheinen sie sich ziemlich leicht anzueignen. Am schwersten wird ihnen das Rechnen und nur verhältnismäßig wenige kommen so weit, daß sie ordentlich mit Brüchen rechnen lernen; die meisten haben schon vom Subtrahieren und Addieren ganzer Zahlen übergenug, von Division und Multiplikation garnicht zu reden. Dieser Mangel an Begabung wurzelt sicher in grauer Vorzeit. Die Eskimosprache hat, wie die meisten Natursprachen, ein wenig entwickeltes Zahlensystem. Nur für fünf Ziffern giebt es Worte, und diese werden an den Fingern abgezählt: „1 = atausek, 2 = mardluk, 3 = pingasut, 4 = sisamet und 5 = tatdlimat, welch letzteres annehmbarerweise das ursprüngliche Wort für eine Hand gewesen ist. Soll ein Eskimo weiter zählen, so hilft er sich damit, daß er für sechs den ersten Finger der anderen Hand (arfinek oder igluane atausek), für sieben den zweiten Finger der anderen Hand (arfinek mardluk) u. s. w. nennt. Ist er aber bis zehn gekommen, so hat er keine Hand mehr zur Verfügung und muß daher mit den Füßen aushelfen. Zwölf heißt also zwei Zehen des einen (arkanek mardluk u. s. w.) und siebzehn zwei Zehen des anderen Fußes (arfersanek mardluk u. s. w.). So kann er bis zwanzig kommen, was er einen ganzen Menschen zu Ende (inuk nâvdlugo) nennt. Hier haben die mathematischen Begriffe vieler Eskimos ein Ende, aber wirklich aufgeweckte Köpfe können noch weiter zählen und bezeichnen die Zahl einundzwanzig mit einem Finger des zweiten Menschen (inûp áipagssâne atausek) u. s. w. Achtunddreißig sind z. B. drei Zehen am anderen Fuße des zweiten Menschen (inûp áipagssâne arfinek pingasut), und mit vierzig ist der zweite Mensch zu Ende (inûp áipagssá nâvdlugo). So erreicht man hundert oder den fünften Menschen zu Ende, dann aber kann selbst der begabteste Eskimo mit seiner Sprache nicht weiter kommen."

Dies ist, wie man begreifen wird, eine etwas schwerfällige Weise, sich auszudrücken, wenn man sich oft in den hohen Zahlen über 20 bewegen soll, was früher dort oben selten vorkam, jetzt aber durch die Einführung des Handels und des Geldes sich leider mehr eingebürgert hat. Es ist daher auch ganz natürlich, daß die Grönländer, trotz ihrer merkwürdigen Widerstandskraft gegen fremde Worte, die dänischen Zahlworte auch für die niedrigen Zahlen immermehr annehmen. Mit deren Hilfe können sie sogar über hundert, von ihnen untritigdlit genannt, hinaus. Doch ich hege den Verdacht, daß es ihnen noch immer schwer wird, eine so hohe Zahl mit einem bestimmten Begriffe zu verbinden. Tausend nennen sie tusintigdlit.

Die primitive Rechenmethode der Eskimos entspricht derjenigen der meisten Naturvölker, da Finger und Zehen ja die natürlichsten Hülfsmittel zu diesem Gebrauche sind. Auch unsere Vorfahren werden auf ähnliche Weise gerechnet haben. Bei aller Unvollkommenheit ist es doch ein großer Fortschritt gegen die australischen Stämme, die nur bis drei, ja, eigentlich nur bis zwei zählen können und blos die Begriffe: „eins, zwei und viele" kennen. Daß auch die Vorfahren der Eskimos einst auf dieser Stufe standen, deutet ihre ursprüngliche Grammatik an, in der es einen singularis, einen dualis und einen pluralis giebt; also grade wie im Gotischen, Griechischen, Sanskrit, den semitischen und vielen anderen Sprachen.

Alle Reisenden sind einig im Lobe des Ortssinnes und der topographischen Begabung der Eskimos. Als Kapitän Ommaney 1850 einen Eskimo vom Kap York bat, ihm die Küste zu zeichnen, nahm dieser einen Bleistift, ein Ding, das er noch nie gesehen hatte, und zeichnete die Küstenlinie längs des Smithsundes von seinem Geburtsorte nach Norden mit verblüffender Genauigkeit auf. Er deutete dabei alle Inseln, die größeren Hügel, Gletscher und Gebirge an und versah sie mit ihren Namen.

Dem Kapitän Holm brachten die heidnischen Eingeborenen eine von ihnen in Holz geschnitzte Karte der Ostküste von Angmasalik nach Norden.

Für mein Empfinden haben die Grönländer ausgesprochen künstlerische Anlagen, und wenn ihre Kultur sich wenig nach dieser Richtung hin entwickelt hat, so ist dies, glaube ich, dem harten Kampf ums Dasein zuzuschreiben, der ihnen dazu keine Zeit ließ. Ihre Kunst[1]) besteht wesentlich in der Verzierung der Waffen, Geräte und Kleidungsstücke mit Mustern und Figuren, entweder in Holz- oder Knochenschnitzerei oder in Lederstickerei. Die Figuren stellen oft Tiere, Menschen, Frauenboote und Kajake vor, sind aber mehr darauf angelegt, dekorativ oder symbolisch zu wirken, als wirkliche Nachbildungen der Natur zu sein, in der Regel haben sie rein traditionelle Formen angenommen. Einige haben auch religiöse Bedeutung und stellen z. B. den tôrnârssuk — einen ihrer Geister übernatürlichen Wesens — vor. Wenn sie sich wirklich bestreben,

---

[1]) Den wichtigsten Beitrag zur Kunde ihres ursprünglichen Zustandes finden wir in Kapitän Holms bedeutungsvollem Bericht über die Eskimos in Angmagsalik. „Mitteilungen a. Gr." Heft 10, Seite 148 ff. und Bilder.

die Natur nachzuahmen, zeigen sie einen außergewöhnlichen Formensinn und große Geschicklichkeit, wovon man sich überzeugen wird, wenn man die merkwürdigen Abbildungen sieht, die Kapitän Holm von den Decken und dem Spielzeug auf der Ostküste giebt.

Waffen und Geräte waren sicherlich eines der ersten Dinge, auf die sich der menschliche Kunstdrang warf; noch früher aber war wohl der menschliche Körper selbst sein Gegenstand. Ueberbleibsel dieser ersten Kunstform finden wir auch bei den Eskimos, indem die Weiber ihren Liebreiz dadurch zu erhöhen suchen, daß sie sich mit Lampenruß gefärbte Fäden von Sehnen in geometrischen Figuren und Linien durch die Haut der Arme und Beine, auch wohl der Brust und des Gesichtes ziehen.

Merkwürdigerweise scheinen die Grönländer eine Bildschrift, die, wie viele meinen, zum Teil der Kunst zum Ausgangspunkt diente, nicht gekannt zu haben; sofern man nicht die symbolischen Figuren ihrer Ornamente so deuten will. Der einzige Versuch einer wirklichen Bildschrift, den ich bei ihnen entdecken konnte, macht keinen auffallend talentvollen Eindruck. Es war ein Brief an Paul Egede von einem Angekok. Er bestand schlechtweg aus einem Stocke, auf dem mit Ruß und Thran ∧ gezeichnet war. Der Angekok hatte dem Ueberbringer noch nachgerufen: „Falls Pania Angekok nicht versteht, was ich meine, so sage ihm, es bedeute ein paar Hosen, die ich vom Kaufmann haben will; er wird es aber schon verstehen."[1]

Eskimos, die Proben europäischer Kunst und Darstellungsweise gesehen haben, können wunderbare Dinge

---

[1] Paul Egede: „Grönländische Berichte", Seite 73.

ausführen, ohne daß man sie unterrichtete. Ein Grönländer, Namens Aron, wurde einmal krank und durfte nicht ausgehen. Dr. Rink sandte ihm ein paar Schnitzmesser und einige ältere Holzschnitte. Im Bette liegend, begann er nun die Sagen der Eskimos zu illustrieren, und er zeichnete nicht nur seine Bilder, sondern schnitt auch die Clichés dazu in Holz.

Als Probe ihrer Fertigkeit in der Bildschnitzereikunst bringe ich hier die Abbildung zweier in Holz geschnitzter Köpfe, die mir ein Eingeborener von einer Ansiedlung im Godthaabdistrikte schenkte. Man kann nicht im Zweifel darüber sein, daß der Künstler hier seine eigene Rasse unsterblich gemacht hat.

In musikalischer Hinsicht sind die Grönländer recht begabt. Es ist auffallend, wie leicht sie unsere Musik auffassen und wiedergeben, sei es durch Gesang, den sie sehr lieben, oder auf der Violine, dem Harmonium, der Handharmonika und anderen Instrumenten, die sie selbst schnell spielen lernen. Dies ist um so auffallender, als ihre eigene Musik, die bei den Trommeltänzen gebräuchlich war, wie die der meisten Naturvölker eintönig und wenig entwickelt ist. Sie hat nur wenige Töne, gewöhnlich nicht über fünf, ist aber trotzdem eigentümlich und nicht uninteressant. Sie soll das Rauschen der Ströme nachbilden. Die Ostgrönländer erzählten Holm, daß sie die Toten singen hören, wenn sie an einem Flusse schlafen, und diesen Gesang versuchen sie wiederzugeben.

Das Ursprüngliche ihrer Musik ging natürlich bei der Berührung mit den Europäern mehr oder weniger verloren. Man hört dort jetzt auch viele europäische Melodieen, und es wirkt recht überraschend, wenn droben zwischen

Felsen und Gletschern plötzlich Kopenhagener Gassenhauer, wie „Gina, Du schöne Maid, willst Du nicht mit?" ertönen.

Die Grönländer haben einen großen Reichtum an Märchen und Sagen, von denen viele sehr eigenartig sind. Nichts giebt einen so tiefen Einblick in das ganze Seelenleben dieses Volkes, seine Anlagen, Gefühle und Stimmungen, wie der Inhalt dieser Sagen und die Art, wie sie erzählt werden. Man wird darin Darstellungskunst und Phantasie entdecken und außerdem noch einen grotesken Humor, der jedoch natürlich oft in solche Derbheiten ausartet, daß an Druck nicht zu denken war.

Außer dieser Sagendichtung und den Erzählungen merkwürdiger Thaten hatten die Grönländer auch eine Poesie. Die Gedichte waren entweder Spottlieder, die bei den oben erwähnten Trommeltänzen gesungen wurden, oder Beschreibungen verschiedener Dinge und Begebenheiten.

Als der Trommeltanz bei der Einführung des Christentums abgeschafft wurde, verfiel oder veränderte sich auch die Verskunst. Doch noch immer dichten die Grönländer Lieder. Der Inhalt ist oft satirisch und macht die Eigentümlichkeiten der Mitmenschen in mehr oder weniger harmloser Art lächerlich. Derartige Lieder wurden auch auf einzelne Mitglieder der Expedition gemacht, und ich hörte sie oft abends auf dem Koloniewege diese Spottlieder singen, ohne daß es mir gelang, eines davon zu erhalten. — Auf Dr. Rinks Veranstaltung wird seit 1861 in Godthaab ein grönländisches Journal „Atuagagdliutit" herausgegeben. Es wird von Lars Möller gedruckt, einem Eingeborenen, der in Kopenhagen war, um diese Kunst zu erlernen, und der auch Bilder dazu zeichnet und lithographiert. Die

Zeitschrift erscheint alljährlich in zwölf Nummern und wird gratis verteilt; die Kosten trägt die allgemeine Landeskasse. Der Inhalt besteht aus Uebersetzungen aus dem Dänischen, sowie aus selbständigen Beiträgen von Eingeborenen über ihren Fang, Reisen u. s. w. Dadurch ist dort oben eine ganz neue Litteratur entstanden.

Ein paar Proben von Erzählungen sollen bei dieser Gelegenheit mitgeteilt werden. Die erste ist der Bericht des Eskimos Silas über seine Reise von Umanak im Godthaabsfjorde nach dem Ameralikfjorde zur Unterstützung der vier Mitglieder unserer Expedition, die dort im Oktober 1888 zurückblieben, als Sverdrup und ich nach Godthaab reisten. Der Kolonieverwalter Brummerstedt in Holstenborg hat die Güte gehabt, den Bericht zu übersetzen. Die Uebersetzung ist eine möglichst wortgetreue Wiedergabe des grönländischen Originaltextes. Ich muß noch daran erinnern, daß der Verfasser ein gewöhnlicher eingeborener Fänger ist, der weiter keine Bildung genossen hat, als den Unterricht, der jetzt jedem dort oben zu teil wird.

Erzählung

von den Europäern, die Grönland von Osten nach Westen auf dem Binneneise durchzogen, und von ihrer Ankunft in Ameralik und Godthaab

(geschrieben von Silas aus Umanak).

Ich will zuerst von unserer Reise nach Korkuk erzählen: Wir Grönländer, die wir an den Fjorden wohnen, sind stets darauf bedacht, die Fuchsbaue auszunehmen, damit wir durch den Fellverkauf ein wenig Geld in die Hände bekommen. Ende September reisten wir, vier Mann hoch, nach Korkut. Nämlich ich, Peter, David und mein Pflegesohn Conrad. Conrad hat im Monat Mai vom Vorstande einen Kajak erhalten. Als wir in Korkut angelangt waren, gingen David und ich den nächsten Morgen auf die Renntierjagd, Peter und Conrad nach den Fuchsfeldern, wo sie wohl Spuren, aber keine Füchse fanden. Da es auch sehr nach Regen aussah, machten wir uns den folgenden Tag wieder auf den Weg nach Hause. Als der Wind abflaute, gingen David und ich quer über die Bucht. Wir sahen einen Fleckenseehund auftauchen, verfolgten ihn, schossen aber mehrere Male vorbei, weil es zu hohe Dünung war. Da wir auch weiter keinen Seehund sahen, ruderte David von mir fort zu den anderen auf der entgegengesetzten Seite der Bucht, während ich dabei blieb, in der Mitte zu rudern. Als ich mich unserem Wohnorte näherte, fiel es mir auf, daß unterhalb der Häuser ein hölzernes Boot lag. Vor unserer Abreise hatte ich gehört, daß die Missionare den Besuch des Verwalters aus Godthaab erwarteten, sobald er in Kornok gewesen wäre. Er war auch wirklich gekommen. Als ich am Ufer anlegte, entdeckte ich zwei Kajake, die nur wenig über die Flutmarke hinaufgezogen waren. Nachher stellte sich heraus, daß zwei Postbeamte in den Kajaken der Seminaristen gekommen waren.

Sowie ich ausgestiegen war, kam auch schon mein Pflegesohn zu mir an den Strand und erzählte mir, daß die Männer, die von der Ostküste nach der Westküste über das Binneneis gegangen waren, glücklich am Ameralikfjorde angekommen seien. Vier von ihnen wären noch dort in der Bucht geblieben und zwei wären in einem Zeugboote in Godthaab eingetroffen.

Als ich dieses hörte, erstaunte ich sehr und sagte gleich: „Hätte ich sie doch nur im Sommer, als ich in Kapisilik Renntiere jagte, getroffen!" (Wir hatten nämlich schon gehört, daß jemand die Reise über das Binneneis wagen wollte.) Darauf sagte ich: „Wie haben sie nur in einem Zeugboote vom Ameralikfjorde nach Godthaab reisen können? Die ganze Küste besteht ja nur aus steilen, unzugänglichen Felswänden. Das ist sehr merkwürdig, wir Grönländer würden den Weg nie in einem solchen Fahrzeuge zurückgelegt haben."

Ich ging dann in mein Haus, zog den Fellpelz und die Hosen aus und begann zu essen. Bald darauf klopften Kinder an die Fensterscheiben und riefen mir zu, ich solle zu Otto (dem Missionar) kommen. Ich zog schnell die Hosen wieder an, aber die Kinder riefen mir da durch das Fenster zu, daß Otto schon im Begriffe sei, in mein Haus einzutreten. Da es zu lange gedauert haben würde, wenn ich noch meinen Anorak angezogen hätte, ging ich in Hemdärmeln hinaus und traf ihn neben meinem Hauseingange. Als ich heraustrat, sagte er zu mir: „Du kennst ja den Weg nach dem Ameralikfjord. Da die vier Europäer dort zu bedauern sind, sollt Ihr, Du und Peter, der Kajakmann des Vorstehers, ihnen Proviant bringen. Mache Dich also schnell fertig."

Da ich, wie gesagt, eben erst nach Hause gekommen war, hatte ich gerade keine besondere Lust, gleich wieder abzureisen, sagte aber schließlich doch ja. Es regnete sehr stark, und als die Uhr nachmittags vier war und ich Kaffee getrunken hatte, ging ich, während ich auf die Briefe wartete, in das Zelt der Besatzung des Vorstehers, um etwas Neues zu hören, und der Steuermann erzählte mir, daß zwei von der Expedition Lappen seien. Ich hatte wohl, als ich noch zur Schule ging, von einem Volke namens Lappen gehört, aber von seinen Sitten und seinem Aussehen wußte ich nichts.

Als die Briefe fertig waren und wir (Peter und ich) den Proviant, Spiritus u. s. w. in unsere Kajake gestaut hatten, fuhren wir ab, um womöglich noch vor Einbruch der Nacht das Lothaus zu erreichen, denn es regnete zu heftig, als daß wir unter freiem Himmel hätten liegen können, und es giebt doch keine großen Steine mit Erdlöchern darunter, unter denen man schlafen kann.

Als es anfing, dunkel zu werden, landeten wir dort und gingen in das Haus. Da aber das Dach nicht dicht war, rann der Regen in die Stube. Ich hatte glücklicherweise einen Kaffeekessel und eine Untertasse bei mir. Die Untertasse benutzten wir als Lampe und legten uns dann nieder, um zu schlafen, so gut wir konnten.

Am andern Morgen kochten wir Kaffee, und sobald es hell war, fuhren wir weiter.

Als wir in Itivdlek angelangt waren, trugen wir erst den mitgenommenen Proviant u. s. w. über Land nach der unserem Landungsplatze entgegengesetzten Seite der Landzunge. Dann nahmen wir unsere Kajake auf den Kopf und trugen sie auch dorthin, um uns den Umweg um die Landzunge herum zu sparen. Wir dachten vor Abend in den Ameralikfjord hineinzukommen, da aber der Südwestwind immer stärker wurde und die See hoch ging, kamen wir nur bis an die Nordseite von Kingak; denn ich wagte nicht um die Kingakzunge herumzurudern, weil ich nicht genau wußte, wie sie bei Sturm zu passieren ist, und da mir bekannt war, daß es in der Nähe keine Stelle giebt, wo wir hätten landen können, wenn uns der Wind zu stark wurde.

Wir fanden eine Felsenhöhle, krochen hinein und schliefen dort.

Als es anfing hell zu werden und das Wetter einigermaßen still war, fuhren wir ab, nachdem wir unseren letzten Kaffee getrunken hatten. Nach längerem Rudern kamen wir endlich über die Landzunge, vor der ich mich am meisten gefürchtet hatte, hinaus und wandten uns wieder dem Lande zu. Weil mein Begleiter diesen Weg noch nie gesehen hatte, sagte ich ihm, wie die einzelnen Berge heißen und welchen Weg wir einzuschlagen pflegen, wenn wir auf die Renntierjagd gehen.

Wir wußten nichts Bestimmtes über den Aufenthaltsort jener Leute, und ich hielt es für das Wahrscheinlichste, daß sie an einem der Zeltplätze am tiefsten Einschnitte der Bucht zu treffen wären. Deshalb ruderten wir den Fjord hinauf und feuerten, als wir dicht bei Ivigtussok waren, vier Schüsse ab, die aber nicht beantwortet wurden. Wir ruderten nun gleichmäßig weiter, — (trafen zwei Seehunde, wollten sie schießen, es glückte uns aber nicht, auf Treffweite heranzukommen, da es zu windig war), — bis wir das Binnenende des Fjordes erreichten, und gaben dann wieder einige Schüsse ab, die auch nicht beantwortet wurden, worauf wir zu fürchten begannen, daß wir die, welche wir suchten, nicht treffen würden.

Bald darauf glaubten wir einen Schuß zu hören, wie wir meinten von Umiviarssuit her. Ich sagte deshalb zu meinem Begleiter: „Laß uns hier bei Umiviarssuit landen und erst die andere Seite des großen Flusses absuchen, ob wir sie nicht dort finden, es wäre ja möglich."

Nachdem wir unsere Kajake durch den Uferschlamm auf das feste Land gezogen hatten, nahm ich den Brief und meine Flinte; Peter nahm die seine auch mit, damit wir Signalschüsse abgeben konnten. Als ich wieder einmal geschossen hatte (Peters Gewehr war naß und dadurch unbrauchbar geworden), hörten wir endlich einen Schuß in der Nähe und gewahrten große Stiefelspuren; da wir nun nicht mehr daran zweifelten, daß wir die Gesuchten finden würden, waren wir wieder bei guter Laune, namentlich deswegen, weil wir nun die Lappen sehen würden. Doch als wir weiter gingen, fanden wir auch Grönländerspuren. Wir hatten geglaubt, wir würden die ersten sein, die zu ihnen kämen, erfuhren aber später, daß kurz vor uns zwei andere Grönländer bei ihnen angelangt waren. Bald darauf sah Peter ein Zelt, vor dem Leute standen. Er rief Hurrah, und ich schoß vor Freude mein Gewehr ab. Dann suchten wir nach dem besten Wege zum Zelt hinunter und wurden dabei auf Grönländisch angerufen: „Amuinak." (Kommt geraden Wegs herunter.) Wir erkannten die beiden Grönländer, es waren der Vorsteher Terkel und sein jüngerer Bruder Hoseas aus Sardlok, die eben auch mit Proviant angekommen waren. Wir sahen die beiden Norweger und die beiden Lappen eine Mahlzeit verzehren und von dem ihnen gesandten Kaffee trinken. Sie saßen an einem gedeckten Tisch und benutzten dazu einen ihrer Schlitten.

Als wir bei ihnen ankamen, reichte ich dem einen den Brief, und sowie er ihn in der Hand hatte, gab er ihn dem Manne, der am weitesten von ihm entfernt saß (Kapitän Dietrichson).

Endlich sahen wir nun die Lappen, nach denen wir uns so gesehnt hatten. Wir wunderten uns über ihren Anzug, denn solche Kleidung pflegen die Europäer, die in unser Land kommen, nicht zu tragen. Ihr Schuhzeug glich Schlittschuhen, die Spitzen waren aufwärts gekrümmt, die Stiefel des einen hatten Sohlen, wie die Grönländer sie an ihren haben. Der Aeltere der beiden Lappen hatte

Sohlen von Renntierknochen, ebenfalls mit gebogener Spitze.
Sie trugen Renntierfellhosen, die sehr stramm saßen, darunter weißwollene Unterhosen, und hatten in ihren Röcken so viele Taschen, daß sich die ganze Vorderseite als Versteck benutzen ließ. Sie trugen auch Halstücher an deren beiden Enden sich je ein Versteck (Tasche) befand.

Der jüngere, Samuel Balto, trug eine hohe Mütze mit vier Hörnern, in denen Federn steckten, und einem roten Bande um die Mitte. Der ältere Lappe, Ole Ravna, hatte eine lange, rote Mütze, die immer spitzer wurde und in einer Troddel endete.

Als die Briefe, die der Verwalter und Otto uns mitgegeben hatten, gelesen waren, bekamen wir zu essen und auch Kaffee, der uns ein großer Genuß war. Darauf folgten wir ihnen in das Zelt, um mit ihnen zu reden. Als wir hörten, daß sie Bücher hätten, suchten wir eins davon aus, das auf Dänisch und Grönländisch gedruckt war, und zwei ebenso beschriebene Zettel. Indem wir diese benutzten, gelang es uns zuletzt, ihnen begreiflich zu machen, was wir ihnen mitgebracht, und sie zu bitten, uns die Sachen holen zu helfen, da wir nicht alles allein tragen könnten.

Da Terkel und sein Bruder nach Godthaab mußten, sollten Peter und ich die Ankunft des Bootes, das die vier Männer auch dorthin bringen sollte, abwarten. Otto hatte mir allerdings gesagt, ich solle gleich wieder nach Umanak zurückkehren, aber ich wollte lieber warten und die Fremden nach Godthaab begleiten, da ich dann höher bezahlt werden würde.

Nachdem wir den beiden, die uns beim Holen der mitgebrachten Sachen helfen sollten, ein Zeichen gegeben hatten, gingen wir mit ihnen, Terkel und seinem Bruder an den Strand und packten dort unsere Vorräte aus. Die beiden freuten sich sehr über die Sachen, und wir hatten ihnen ja auch vielerlei mitgebracht, unter anderem fünf Roggenbrote und zwei Flaschen, in welchen Wein war.

Als wir umkehrten, um alles ins Zelt zu tragen, wünschten wir erst Terkel und seinem Bruder eine glückliche Heimreise und verließen sie dann. Da wir an eine Spur kamen, erzählte ich Kristiansen und Samuel Balto (dem Lappen), daß die Spuren von mir und meinen Gefährten auf der Sommerreise herrührten, als wir hier im Juli Renntiere jagten. Ich zeigte ihnen auch die Akuliarusiarssukberge und sagte ihnen, daß meine damaligen Reisegefährten Conrad und Fredrik hießen und wir dort fünf Renntiere geschossen hätten.

Als wir wieder an das Zelt kamen, fing der Lappe an, Hurrah zu rufen, und ich stimmte mit ein. Als der Herr (Kapitän Dietrichson) sah, was wir mitgebracht hatten, schien er sich auch sehr zu freuen, und nun wurde alles ins Zelt getragen, worauf sie sofort anfingen, in einem großen Topf Kaffee zu kochen.

Als der Kaffee fertig war, tranken wir ihn und aßen uns satt; nachher tranken wir Punsch. Als sie müde waren, sagten sie, wir sollten mit ins Zelt kommen, und gaben uns dort einen Schlafsack, in dem drei Männer liegen konnten, und in diesem sollten wir mit dem alten Lappen schlafen.

Peter aber wollte nicht mit ihm zusammen im Sacke liegen, und ich war auch ein bischen abergläubisch (bange), mit Lappen zusammen zu schlafen; das kommt davon, weil wir Grönländer sonst nie mit Europäern zusammenliegen.

Als Peter durchaus nicht wollte, kroch ich allein in den Sack, konnte aber lange nicht einschlafen, teils weil der Lappe (mein Schlafkamerad) sehr tief atmete, teils weil wir so viel lachten und die drei in dem anderen Sacke sich immerzu neckten. Als sie endlich still waren, schliefen wir auch ein.

Als wir am nächsten Morgen aufgewacht waren, gegessen und Kaffee getrunken hatten, wollte ich gern auf die Renntierjagd gehen, denn das Wetter war gut, und ich mag nicht faullenzen. Da Peter sagte, er habe noch nie ein Renntier gesehen, wollte ich ihn mitnehmen, er aber wollte nicht mitkommen, weil sein Gewehr noch nicht trocken war. Ich ging also allein im Laufe des Vormittags, obwohl es ein Sonntag, der siebente Oktober, war. An meinem Winterwohnorte Umanak wäre ich an einem solchen Tage schwerlich auf Erwerb ausgegangen, aber ich wollte den Fremden gern etwas Fleisch verschaffen, wenn es auch nur ein Hase wäre.

Im Gehen fiel mir ein, daß es Sonntag und der Feiertag ja Gott dem Herrn geweiht sei, und ich betete da schnell: „Gieb uns unser täglich Brot" u. s. w. Möchten doch alle Christen, wenn sie auf Erwerb ausgehen, ohne Bedenken also beten! Ich erklomm langsam den Berg, und als ich beinahe oben angelangt war, sah ich in eine Spalte hinein und meinte, dort etwas niedergeduckt sitzen zu sehen. Da ich glaubte, es seien Renntiere, blieb ich eine Zeitlang still sitzen und guckte hinunter. Als sich dort aber gar nichts rührte, zweifelte ich an der Richtigkeit meiner Vermutung und begann hinabzuklettern, um zu sehen, was es eigentlich war; als ich weiter unten war, sprang eine ganze Herde auf, darunter ein sehr großer Bock mit seinen Kühen und mehrere andere. Ich ärgerte mich so über mich selbst, daß ich sagte: „Ich Dummkopf, weshalb habe ich die Augen nicht aufgemacht, nun habe ich mir durch meine Blindheit wieder selbst geschadet!"

Sie liefen anfangs ziemlich schnell, blieben aber bald stehen. Ich verhielt mich ganz ruhig und behielt sie im Auge. Nach einer Weile liefen sie den Berg, auf dem ich mich befand, hinunter. Als sie mit allen Kälbern vorbeigelaufen waren, ging ich hinterdrein, um zu sehen, wo sie blieben, und sah sie nun unterhalb des gegenüberliegenden Berges. Als sie näher kamen, die Leitkuh in ziemlicher Entfernung von mir voran, und der Bock, mir etwas näher, hinterdrein, schoß ich auf diesen, obwohl ich die Kuh lieber gehabt hätte, und traf ihn. Aber die Kugel verletzte ihn nur am Bug. Ich lud zum zweiten Male, lief ihnen nach und traf ihn nun so, daß er tot hinfiel; um die übrigen Renntiere kümmerte ich mich nicht mehr, da ich glaubte, sie doch nicht einholen zu können.

Als ich das Tier abgehäutet und einen Teil des Fleisches unter Steinen versteckt hatte, wickelte ich das, was ich mitnehmen wollte, in das Fell und machte mich auf den Heimweg, ohne mich weiter umzusehen, ob noch andere Renntiere in der Nähe seien. Unterwegs sah ich erst ein großes weißes und dann noch ein sehr großes braunes Renntier über den Weg laufen. Beide aber schienen mir zu weit entfernt, um sie zu schießen

Als ich unten am Berge ankam, war es schon Nachmittag geworden. Als ich mich dem Zelte näherte, wollte ich erst einen Schuß abfeuern, wie wir Grönländer zu thun pflegen, wenn wir ein großes Renntier erlegt haben. Da die im Zelte aber Europäer waren und ich nicht viel Pulver hatte, ließ ich es sein. Draußen vor dem Zelte war niemand, weshalb ich mich ruhig verhielt. Peter kam zuerst heraus, und als er mich sah, fragte er, ob ich ein Renntier hätte, und als ich diese Frage bejahte, ging er in das Zelt und verkündete dort die Neuigkeit, so gut er es konnte, worauf sie alle herauskamen und mich anstarrten.

Ich trat nun zu ihnen hin, und sie freuten sich sehr, ja außerordentlich, als ich ihnen eine Keule gab und sagte, sie sollten sie kochen. Leutnant Dietrichson gab ich etwas Mark und Fett, weil ich gemerkt hatte, daß er anfing, mich lieb zu haben. Als ich gegessen und Kaffee getrunken hatte, erzählte mir der alte Lappe, der das Renntierfleisch kochte, daß er selbst dreihundert Renntiere besitze.

Obwohl es noch lange nicht gar war, aßen sie schon davon und wollten, daß Peter und ich mit aus dem Topfe essen sollten. Ich gab ihnen noch mehr Fleisch, das auch gekocht wurde, und so weiter, bis keiner von uns einen Bissen mehr essen konnte.

Als wir uns schlafen legten, fingen sie wieder an sich gegenseitig zu necken, und da ich sehr müde und schläfrig war, sagte ich zu Peter: „Nun fangen sie wieder an und ich bin so müde; sie müssen doch wissen, daß heute Sonntag ist." Und ich sagte zu ihnen: „Heute ist Feiertag!"

Als sie endlich schwiegen, stimmten Peter und ich Kirchenlieder an, die wir gelernt hatten. Da waren sie mäuschenstill, und der jüngere Lappe sang auch ein frommes Lied.

Als wir erwacht waren, gingen Peter und ich aus, um den Rest des Renntierfleisches zu holen, und als wir uns dem Zelte wieder näherten, hatte sich der Himmel schon wieder bezogen. Wir legten das Fleisch in unsere Kajake, aber sowie wir dort anlangten, kamen uns auch die beiden Lappen nach, und ich gab ihnen noch ein großes Stück zum Kochen und ging mit ihnen nach dem Zelte. Nachher erhielten sie auch noch den Rücken und den Hals des Renntiers zum Verspeisen.

Der Aufenthalt dort wurde uns aber gründlich verleidet, da es zu regnen begann und durchaus kein Boot kommen wollte, um uns zu holen. Was uns am meisten verdroß, war, daß unser Schuhzeug, obwohl wir zwei Paar mitgenommen hatten, ganz entzwei war, so daß wir zuletzt Kamiker anziehen mußten, die auf denselben Fuß zugeschnitten waren.

Wir begannen schon davon zu sprechen, daß wir, sowie das Wetter es erlaubte, sehen wollten, aus dem Fjord herauszukommen, und wir sagten den Europäern, wir wollten die Nacht in unseren Kajaken zubringen, weil wir des Morgens nicht so lange schlafen möchten, wie sie es zu thun pflegten, da dieses bei uns Grönländern weder Sitte, noch Brauch sei. Da sie auch nichts dagegen einwendeten, gingen wir an den Strand, um in unseren Kajaken zu schlafen.

Als wir am nächsten Morgen ins Zelt kamen, fragten sie, ob wir gut geschlafen hätten, und als wir ja sagten, bedankten sie sich. Nach dem Abendessen sagten wir gute Nacht und gingen wieder an den Strand, fest entschlossen, am nächsten Morgen, falls das Wetter es erlaubte, abzufahren, da es uns zu ungemütlich war, auf Schuhen in solchem Zustande herumzulaufen.

Das Wetter war am nächsten Morgen denn auch sehr schön, der Himmel klar und blau, und wir machten uns reisefertig, stauten das Fleisch fort u. s. w. Da hörten wir plötzlich draußen auf dem Fjord einen Schuß, gerade als die Sonne aufging. Wir wußten nicht genau, ob wir recht gehört oder nicht, aber bald darauf hörten wir wieder einen und dann noch mehrere. Ich beantwortete sie mit meiner Flinte, eilte nach dem Zelte und sah von dort hinten auf dem Fjorde zwei Boote mit einer ganzen Menge Menschen.

Dieser Anblick machte uns sehr froh, da wir schon gefürchtet hatten, daß sie ausbleiben würden.

Als wir alle versammelt waren, konnten wir ein Boot und ein Frauenboot erkennen und freuten uns, weil wir nun ja wußten, daß wir alle nach Godthaab kommen würden. Der Lappe Balto kochte Kaffee, und als dieser fertig war, trank ich davon und wollte sehen. Doch da Peter mich zurückrief, kehrte ich wieder um. Es stellte sich heraus, daß sie wünschten, ich sollte erst mit ihnen allen essen. Wir aßen uns denn auch gehörig satt und tranken Kaffee dazu.

Als sie sich zur Abreise rüsteten und die Bootsleute alle Sachen an den Strand trugen, gingen wir wieder nach unseren Kajaken. Nachdem wir dort alles reisefertig gemacht, sah ich mich nach den Booten um und entdeckte, daß sie schon über den Fjord fuhren. Wir ruderten ihnen nach und erreichten nun die entgegengesetzte Seite (Sonnenseite) der Bucht. Dort trank die Besatzung wieder Kaffee und aß, worauf wir die Reise fortsetzten, denn, obgleich die Ruderer die ganze letzte Nacht nicht geschlafen hatten, wollten sie doch weiter. Erst als wir bei Nûa (Landspitze) waren, erklärte die Besatzung des Frauenbootes, daß sie dort Zelte aufschlagen und übernachten wollten, hauptsächlich, weil der Fellbezug ihres Bootes zu naß geworden. Das Boot war zu lange im Wasser gewesen, ohne daß sie es zwischendurch hatten trocknen lassen, und wir meinten alle, es wäre gefährlich, das Boot nicht ein wenig trocknen zu lassen und die Löcher im Bezuge nicht zuzunähen. Ich blieb die Nacht über da, um ihnen am Abend das Boot ans Land ziehen und es am Morgen wieder ins Wasser bringen zu helfen.

Um Mitternacht ging ich aus dem Zelte ins Freie und sah, daß es windstill war. Es schien mir am besten, abzureisen, während Stille herrschte, weshalb ich die anderen weckte und ihnen sagte, es sei besser, jetzt zu fahren. Während der Kaffee gemacht wurde, beluden wir das Boot und reisten dann weiter.

Bald darauf näherten wir uns Nunangiak, und der Wind fing jetzt an, sich ein wenig aufzunehmen. Als sie nachher bis Tuapagssuak gekommen waren, ging ich voraus, um nachzusehen, wo das Holzboot geblieben war, da ich nicht wußte, wo jene sich befanden, ob sie die Reise fortgesetzt oder für die Nacht Zelte aufgeschlagen hatten. Ich hatte nämlich schon Heimweh, ich war ja auch lange von Hause fort. Im Sommer bin ich ja manchmal ziemlich lange fort, wenn ich auf Erwerb ausgehe, habe dann aber stets einen Kameraden aus meinem Orte, der mich begleitet. Als es ganz hell zu werden begann und ich nach Tuapârssunguit gelangte, erblickte ich dort das Boot und ein Zelt. Sie waren eben aufgestanden, und als ich am Ufer anlegte, kam Peter zu mir hinunter und zog mich aufs Land. Er erzählte mir, daß Thee gemacht werde. Es war ja auch sehr kalt und wehte sehr frisch östlich von Ameralik her. Wir tranken nun Thee und aßen, und die Europäer freuten sich, als sie mich wiedersahen.

Nachdem wir gespeist hatten, fuhren wir ab, und als wir Kingigtorssûp erreichten, fingen Kristiansen und ich an, uns anzulachen, weil wir jetzt hofften, noch an demselben Tage in Godthaab zu sein. Als wir an die Landspitze von Urkusigssap kamen, gingen Peter und ich voran, um dem Führer der Expedition einen Brief zu bringen, den sie geschrieben hatten. Als wir uns Godthaab näherten, vermuteten die Einwohner dort, daß wir kämen, weshalb sie sich versammelten.

Als wir anlegten und ihnen sagten, daß die anderen in der Nähe seien, kamen immer mehr Leute herbei. Die Grönländer sehnten sich am meisten nach den Lappen, und als sie hörten, daß ich ein großes Renntier geschossen, wurden sie ganz eifrig, und ich hörte von ihnen allen nichts weiter als Rufe nach einem Stückchen Talg.

Als Peter nach seinem Hause ging, begleitete ich ihn. Ich beneidete ihn darum, daß er schon so weit war. Dort tranken wir Kaffee und gingen dann zum Verwalter, weil wir glaubten, wir würden gleich bezahlt werden. Bald darauf hörten wir rufen, daß die Lappen sich näherten (d. h. von den Häusern aus gesehen werden könnten), und ich ging nun nach dem Hause des Vorstehers Lars Heilman, bei dessen Frau ich Kaffee trank. Ich pflege nämlich in diesem Hause zu schlafen, wenn ich in der Kolonie übernachte. Nachdem ich Kaffee getrunken hatte, ging ich mit all den anderen Menschen hin, um sie am Ufer anlegen zu sehen. Da sich die Europäer und die Grönländer versammelt hatten, stand dort eine große Menschenmenge. Nach und nach kam das Frauenboot, das die Sachen der Reisenden brachte, und da sie auch mein Renntier in das

Boot gelegt hatten, ging ich näher ans Ufer hinan, um mein Eigentum in Empfang zu nehmen. Nachdem ich etwas davon an die Grönländer verteilt hatte, verkaufte ich den Rest vorteilhaft. Für das Fleisch, das die Europäer im Fjorde verzehrt hatten, erhielt ich fünf Kronen, für die Reise dorthin zwanzig Kronen, für den Renntierkopf drei Kronen und für das Fell vier Kronen und fünfzig Oere. Für den Rest erhielt ich ungefähr achtzehn Kronen.

Als ich alles Geld erhalten hatte, dachte ich stark daran, mir einen Stutzen zu kaufen. Dies war lange meiner Wünsche Ziel gewesen, aber ich hatte bisher nicht genug gehabt, um ihn mir kaufen zu können. Ich habe freilich einen alten Stutzen, 1874 tauschte ich die Schrotflinte des Volontärs (Irmingers, der im Kajak umkam) gegen ein älteres Stutzgewehr aus. Diesen Irminger (der im Kajak umkam) werden die Südgrönländer gewiß noch kennen. Als er umkam, war ich bei ihm.

Ich kaufte mir also einen Stutzen und werde den alten meinem Pflegesohne geben, damit er sich im Schießen üben kann. Er ist 17 Jahre alt, und für uns, die wir am inneren Ende der Fjordes wohnen, ist es wichtig, ein Gewehr zu haben, sowohl der Renntiere, wie der Seehunde und anderer lebender Wesen halber. Ich übernachtete in Godthaab, aber ich war nicht recht vergnügt, da mich die Mitglieder der Expedition immer quälten, ihnen das Fell des Renntieres, das ich geschossen hatte, zu verkaufen, während ich es eigentlich am liebsten selber behalten hätte, da es ein schönes, dichtes Fell war, auf dem es sich im Winter, wenn es kalt ist, gut liegt. Ich erlegte ja allerdings im August ein großes Renntier, doch sein Fell war so dünn, daß ich es nicht als kâk (Unterlage auf der Pritsche) zurechtmachen ließ. Als sie dreimal gekommen waren, um es zu kaufen, mochte ich nicht länger nein sagen und verkaufte es ihnen. Ich sagte dann dem Verwalter, ich wolle einen Stutzen kaufen, und bekam auch einen. Als ich mit dem Einkaufen fertig war, wollte ich abreisen, da ich mich sehr danach sehnte, nach Hause zu kommen. Aber der Nordostwind zwang mich, noch eine Nacht in der Kolonie zu bleiben, da ich bei Kasigianguit nicht vorbeizugehen wagte, teils des Windes wegen, teils, weil ich so vielerlei im Kajake mitnehmen mußte. Am Morgen des nächsten Tages war, als ich aufstand, besseres Wetter, und der Wind hatte sich gelegt. Ich fuhr dann über den Ausbau Körnok nach meinem Wohnorte.

Die folgende Erzählung ist für den noch immer starken Aberglauben der Eskimos bezeichnend und auch für das nächste Kapitel von Interesse. Frau Signe Rink hat mir die Uebersetzung zur Verfügung gestellt.

„Endlich komme ich nun mit dem, was ich schon so lange zur ‚Unterhaltungslektüre‘ beitragen wollte. Ich gebe nicht viel, aber was ich gebe, das habe ich mit meinen eigenen Augen gesehen. Es handelt von den komischen Bräuchen beim Bärenfang in gewissen südlichen Gegenden, welche Sitten kaum anderswo bekannt sind. Es war im Jahre 1882—83 bei Augpilagtut unweit Pamiagdluk[1]). Bei Augpilagtut stehen zwei Grönländerhäuser. In einem wohnen drei Seehundsfänger mit ihren Familien, nämlich Benjamin mit dem Beinamen Akâtit, Isak, der auch Umangûjok heißt, und Moritz. Im andern lebt Matthäus, den wir meistens Ulipkakaungamik oder den „Vollgepfropften" nennen, weil „vollgepfropft" seine stehende Redensart ist. Er war damals schon über Siebzig, aber doch noch ein guter Fänger, und hatte überdies wiederholt ganz allein einen Bären erlegt.

Es begab sich an einem Sonntag, an dem die anderen Fänger alle in See waren, daß wir, die Daheimgebliebenen, in Matthäi Hause Betstunde hielten. Nach der Betstunde kam Benjamins Sohn, der gleich nach beendetem Gottesdienste ins Freie gegangen war, hereingestürmt und sagte: ‚Draußen steht ein Bär und frißt unsern Speck auf!‘

Diese Nachricht erschreckte mich eben so sehr, wie sie mich erfreute; der alte Matthäus aber zitterte förmlich vor Freude und rief: ‚Bedankt sei, wer eine so gute Nachricht bringt! Ich will gleich hinaus und den Bären totstechen!‘ Ich sah ihn an und glaubte, er würde sich nun schnell ein passendes

---

[1]) Beim Kap Farbel.

Werkzeug dazu aussuchen, ein langes Messer oder etwas
dergleichen, aber weit gefehlt! Die Waffe, mit der er sich
versehen hatte, guckte kaum aus seiner geballten Hand
hervor. ‚Was soll das bei dem Pelze und der dicken Speckschicht des Bären nützen,‘ dachte ich. Uebrigens erlaubten
die Frauenzimmer des Hauses ihm nicht, sich mit dem Bären
einzulassen, und klammerten sich alle an ihn an, um ihn
zurückzuhalten, und ich half ihnen dabei. Sie (die Frauenzimmer) lösten auch alle ihre Haarknoten auf und schüttelten
ihr Haar aus, damit der Bär sie für Männer halten und
zurückhaltender sein sollte. Unsere heidnischen Vorfahren
trauten dem Bären nämlich Menschenverstand zu.

Da wir fürchteten, es könne dem Bären einfallen,
durch die Darmhautscheiben ins Zimmer zu steigen, mußte
ich darauf bedacht sein, mir irgend eine Waffe zu verschaffen, und fragte deshalb nach der Axt. Natürlich aber
hatten sie die Axt den Leuten im anderen Hause geliehen.
Da erblickte ich ein Krummmesser, das auf dem Jpak[1])
neben der Thranlampe lag, und ergriff es zugleich mit
einem Holzstabe von einem Kajakkiele, den ich als Schaft
an dem Messer befestigen wollte. Kaum aber hatte ich
beides in der Hand, als mir jemand von hinten zurief:
‚Gieb her, ich habe doch noch ganz andere Kräfte als Du!‘
Es war kein andrer, als die verwitwete Tochter des alten
Matthäus. Sie entriß mir beide Teile.

Jetzt schlug die Wanduhr[2]) Elf, und gleich würde der
verwünschte Bär gieriger aussehen. Ich lief gleich hin,
um das Schlagwerk anzuhalten, machte es aber in der
Aufregung ungeschickt; der Spektakel wurde immer größer,
bis ich mich endlich soweit gefaßt hatte, daß ich das Lot
abhaken und das Geräusch dämpfen konnte. Die Frauen
hingen noch immer an Matthäus, um ihn zurückzuhalten.
Da begann plötzlich die Mutter des Jungen, der uns die
Ankunft des Bären gemeldet hatte, ihre Hosen bis übers
Knie hinabzuziehen und schwankend im Kreise herum-

---

[1]) Jpak, ein meistens viereckiges Brett am Pritschenrande, ist für
die Thranlampe bestimmt, die, wie erwähnt, auf einem Holzschemel steht.
[2]) Unter den vom Handel in Grönland eingeführten Luxusgegen-
ständen giebt es auch billige Baseler und Nürnberger Uhren, die man
heute an den entlegensten Orten des Landes antrifft.

zugehen, wobei sie ein paar Heuhalme zusammenflocht. Dies geschah, wie die anderen sagten, um die Kraft des Bären zu schwächen und ihn leichter zum Umfallen zu bringen. Unterdessen gelang es dem alten Matthäus sich loszureißen, ich lief ihm nach und holte ihn ein, als er noch nicht ganz aus dem Gange heraus war. Er tuschelte und flüsterte mir zu: „Sei still — er geht jetzt nach der See hinunter."

Matthäus hatte seine Flinte im Kajak auf dem zur Ebbezeit freiliegenden Strande, und als der Bär am Kajak vorübergegangen war, kroch der Alte vorsichtig auf allen Vieren auch dorthin. Ich blieb vor dem Hause stehen und sah von dort aus, wie sich der Bär auf einmal brummend nach ihm umdrehte, und dies erschreckte mich so, daß ich in das andere Haus flüchtete und dort in der Eile buchstäblich zur Thür hereinfiel. Während ich auf dem Fußboden alle Viere von mir streckte, sah ich durchs Fenster[1]), wie der Bär und Matthäus einander unverwandt anstarrten und nur noch der Kajak zwischen ihnen war, Matthäus Fratzen schneidend und der Bär tief brummend, mit weitaufgerissenem Rachen und sichtlich entschlossen, gleich zuzubeißen. Matthäus stemmte den Fuß fest gegen den Kajak, legte an, ohne die Augen ein einziges Mal von dem Bären abzuwenden, und drückte dann ab. Jetzt eilte ich hinaus und sah ihn das Tier mit der Seehundslanze durchbohren, darauf rief er laut nach dem Hause hinauf, wir möchten so gut sein, uns unseren **Ningek** (Schmackhappen) zu holen. Die gerufenen Frauenzimmer blieben im Eifer, an einander vorbeizukommen, in dem engen Teil des Hausganges stecken und demolierten ihn zum Teil. Als sie bei dem Bären ankamen, tauchten sie die Hände in seine Todeswunde und tranken von dem warmen Blute, wobei jede gleich den Teil des Tieres, den sie geschenkt haben wollte, nannte. Dann kam endlich die Reihe an mich, von dem Blute zu trinken, was ich auch that, indem ich mir den einen Schinken als Anteil ausbat. Da wurde erklärt, daß alles, was Gliedmaßen heiße, schon versprochen sei und ich überdies versäumt hätte, den Bären

---

[1]) In den echten Eskimohütten sitzt es sehr tief.

gleich bei meiner Ankunft anzurühren. Es war wirklich dumm, daß ich daran nicht gedacht hatte. Die Mutter des Knaben, der den Bären zuerst gesehen hatte, eilte nun ins Haus und kam mit einer Tasse Wasser wieder, aus der wir alle einen Schluck trinken mußten, obgleich keiner von uns durstig war; hierdurch sollte ihr Sohn beständiges Glück auf der Bärenjagd gewinnen, und das Bluttrinken hatte dem ganzen Bärengeschlechte zeigen sollen, daß die Menschen seine Todfeinde sind. Ehe der Bär zerlegt wurde, klopften alle auf seinen Pelz und riefen: „Du bist fett, fett, schön fett!" Doch das geschieht nur, weil aus Höflichkeit angenommen wird, daß der Bär wirklich fett sei. Als wir dem unseren aber zu Leibe gingen, stellte es sich heraus, daß er ein wirklich außergewöhnlich mageres Tier war.

Als der Kopf ins Haus gebracht wurde, ging ich mit, da ich wußte, daß mit ihm allerlei Künste würden vorgenommen werden. Er wurde dann auch zuerst auf den Ipak gestellt, mit dem Gesicht nach Südosten, worauf man ihm das Maul und die Nasenlöcher mit Lampenfettabfall und Speck verstopfte und ihm schließlich den Schädel mit allerlei Kleinigkeiten, wie zugeschnittenen Schuhsohlen, Sägespänen, Messern, Glasperlen u. dergl. verzierte. Die südöstliche Richtung giebt den Weg an, auf dem die Bären mit dem „großen Eise" um die Südspitze des Landes herumzukommen pflegen. Die Salbe in den Nasenlöchern soll den Bären, den man fangen will, daran hindern, die Nähe der Menschen zu wittern, und mit dem Lampenfett im Maule will man ihm einen Liebesdienst erweisen, da er als ein großer Liebhaber alles gebräunten Fettes bekannt ist; die Dinge aber, mit denen sie den Bärenkopf schmücken, beziehen sich auf den alten Glauben, daß die Geister ihrer Vorfahren ihnen den Bären geschickt haben, um ihnen dadurch solche Dinge zu verschaffen, und da nach altheidnischer Rechnung die Bärenseele fünf Tage zur Heimreise brauchte, so aß man den Kopf eines Bären auch nie vor Ablauf dieser Zeit, da die Bärenseele sonst unterwegs sterben mußte und die Gaben der Familie dadurch verloren gehen konnten. Sogar die Stelle, wo der Kopf abgeschnitten ist, wird sorgfältig verbunden, damit sich die

Seele nicht unterwegs verblutet. Ich nenne jetzt alles dieses Abgötterei, aber die Heiden glaubten in alten Zeiten, daß alle Dinge, sowohl leblose, wie lebende, eine Seele hätten. Doch dies darf man nicht mit der unsterblichen Seele des Menschen verwechseln. Daß nun die Leute, die hier so tief im Süden wohnen, noch in unseren Tagen, da doch seit der Einführung des Christentums schon so lange Zeit verflossen ist, noch so fest an den alten Bräuchen hängen, kommt wohl daher, daß fast kein Jahr vergeht, ohne daß sie mit den Heiden von der Ostküste zusammentreffen.

Im Jahre 1885 verließ ich Augpilagtut. Ich kann nicht bestimmt behaupten, daß es nicht auch in Pamiagdluk noch einzelne Familien geben mag, die dem alten Bärenglauben noch anhängen. Jedenfalls aber thun es nicht mehr alle — Isaks nun schon ganz gewiß nicht — und an den Orten, die der Kolonie näher liegen, hat man kaum von diesen Bräuchen sprechen hören.

Man hatte mir nicht mitgeteilt, an welchem Tage der Bärenkopf gekocht werden sollte, und ich war daher sehr überrascht, als ich plötzlich zum Mittagessen aufgefordert wurde. Ich schnitt mir ohne weiteres die Schnauze ab, da aber bekam ich etwas zu hören, und sie wurde mir sofort wieder aus der Hand gerissen. Dies aber nahm ich wirklich übel, das leugne ich nicht, und ich sagte ihnen gerade heraus, daß ich keine Spur von alledem glaubte, selbst wenn sie mich für noch so dumm hielten. Doch sie versicherten sehr ernsthaft, daß ich von nun an nie einen Bären würde fangen können, worauf ich ihnen antwortete, daß sie darin wohl Recht behalten würden, weil ich nämlich so kurzsichtig sei, daß ein Bär mich lecken könne, ehe ich ihn überhaupt sehen würde.

Außerdem giebt es noch folgende Bräuche: Sehen sie eine Bärenspur im Schnee, so müssen sie ein wenig von dem Schnee essen, dann gelingt es ihnen sicher, den Bären zu fangen, falls er auf demselben Wege zurückkehren sollte. Die kleinen Knaben müssen die Nieren der gefangenen Bären verspeisen, damit sie mutig und stark und tüchtige Bärenfänger werden. Auch hüten sie sich in den oben erwähnten fünf Tagen ängstlich davor, klirrende Geräusche hervorzubringen, da der Bär jeglichen Klingklang hassen soll.

Matthäus sagte mir, der Bär, den ich ihn töten sah, sei sein elfter gewesen und er habe sich garnicht gefürchtet, weil er hier seine Flinte zur Hand gehabt. Früher aber habe er einmal einen auf dem Eise kriechen sehen und sei, nur mit der Lanze bewaffnet, auf ihn losgegangen. Doch wie lange dies her sei, wisse er nicht mehr, sagte er.

Kapitel XIII.
Die Religion der Eskimos.

Die Religion oder religiöse Idee ist eines der merkwürdigsten Erzeugnisse des menschlichen Geistes. Mit allen ihren der Vernunft widerstreitenden Behauptungen und ihrer verblüffenden Unwahrscheinlichkeit erscheint sie bei flüchtiger Betrachtung unerklärlich. Deshalb sah man sie zu allen Zeiten als eine übernatürliche, göttliche Offenbarung an, die ursprünglich der ganzen Menschheit gegeben war. Doch nachdem man die mehr oder weniger unvollkommenen Religionen der verschiedenen Völker in ihren oft wesentlichen Unterschieden kennen gelernt, zweifelte man an der Richtigkeit einer solchen Auffassung und begann immer mehr darüber zu sinnen, ob die religiösen Vorstellungen nicht dem Menschengeiste selbst zuzuschreiben seien, ob sie nicht ein durch den Einfluß der Umgebung entstandenes Produkt sein könnten.

Das Nächstliegende war, in der Menschheit einen angeborenen Hang zu der gewissermaßen an und für sich etwas Uebernatürliches repräsentierenden Religiosität zu suchen. Eine geheimnisvolle, unerklärliche Ahnung treibt, wie Schleiermacher sagt, den Menschen über die Grenzen dieser endlichen Welt hinaus und führt ihn zur Religion. Nur durch Verkrüppelung dieser Naturanlage kann Religionslosigkeit entstehen. „Der Anfang der Religion selbst aber ist das erste Zusammentreffen des gewöhnlichen Lebens mit einem außergewöhnlichen, die unfehlbare, heilige Vermählung des Universums mit der fleischgewordenen Vernunft zu einer schaffenden, erzeugenden Umarmung."

Nach und nach wurden die Erklärungen weniger vage und hochtrabend. Peschel und andere mit ihm meinten, die religiösen Vorstellungen seien dem Drange entsprungen, der Ursache und dem Anfang aller Dinge nachzuforschen. Oder genauer, es seien die Ursachen der Bewegung, des Lebens und des Gedankens, die der Mensch mit seinem angeborenen Streben nach Erkenntnis des Absoluten suche. Andere dagegen, wie Max Müller, vertreten die Ansicht, das Sehnen nach dem Unendlichen, das Streben, das Unbegreifliche zu verstehen und das Namenlose zu benennen, sei der tiefe Grundton der Seele, der sich in allen Religionen offenbare. Wieder andere, wie O. Pfleiderer, sehen in dem angeborenen, unerklärlichen Schönheitsdrang, dem ästhetischen Gefühl und der Phantasie des Menschen den ersten Keim religiösen Bewußtseins. Einige wollen sogar die religiösen Begriffe auf den Sittlichkeitstrieb oder das moralische Bewußtsein des Menschen zurückführen. Jedoch, wenn man die Religion der Eskimos, sowie die religiösen Begriffe anderer Naturvölker eingehend studiert, zerfallen alle diese philosophischen Erklärungsversuche in Nichts. In unserer empirischen Zeit ist man immer mehr zu der Erkenntnis gelangt, daß die religiösen Begriffe denselben Naturgesetzen zuzuschreiben sind, die alle anderen Phänomene bedingen. Immerhin schließen wir uns der von David Hume zuerst aufgestellten Behauptung an, daß sie sich hauptsächlich von zwei Gefühlsrichtungen oder richtiger zwei „Trieben", wie sie jedes Tier hat, ableiten lassen, nämlich: der Furcht vor dem Tode, und dem Wunsche zu leben! Aus dem ersten dieser Triebe entsteht die Furcht vor den Toten, vor der unerbittlichen Natur und ihren gewaltigen Kräften, und auch der Drang, sich vor ihnen zu schützen. Aus dem zweiten entspringt der Wunsch, glücklich zu sein, nebst dem Streben nach Macht und äußeren Vorteilen. Daraus folgt dann wieder, daß die Religionen in ihren ersten Anfängen nicht uneigennützig, sondern selbstsüchtig sind, und daß der Gläubige den Rätseln der Natur und dem Unendlichen nicht so sehr in Betrachtung versenkt gegenübersteht, als vielmehr eifrig bemüht ist, ihnen Vorteile für sich abzugewinnen. Wo z. B. Amuletten und Fetischen Macht übernatürlicher Art zugetraut wird, bedient man sich ihrer und betet sie an.

Es ist eine schwere, um nicht zu sagen, unlösbare Aufgabe, den Anfang der religiösen Begriffe aufzufinden und festzustellen, unter welcher unbestimmten, nebelhaften Form sie entstanden sind, als am Morgen der Menschheit die Begriffe klarer wurden und sich aus dem tierischen Instinkt der Verstand entwickelte. Es wird mit den religiösen Vorstellungen jener Zeit wohl ebenso wie mit den ersten organischen Wesen gewesen sein. Die ersten Gebilde hatten entweder noch keine so bestimmten Formen angenommen, oder ihre Bestandteile waren noch nicht kompakt genug, daß sie hätten Spuren hinterlassen können. Was wir finden, sind schon entwickelte Stufen. Die ersten religiösen Vorstellungen werden nur äußerst unklare, von vielen äußeren Zufällen abhängende Eindrücke gewesen sein, auf die unser Denken ebensowenig zurückschließen kann, wie wir uns das Aussehen der ersten organischen Wesen auszumalen vermögen. Wir können ebensowenig ergründen, auf welcher Stufe der Entwickelung des

Menschengeschlechts die ersten vagen Anzeichen religiöser Begriffe auftauchten, wie wir die Frage verneinen können, ob unsere affenähnlichen Vorfahren davon ergriffen worden sind. Es scheint mir nicht einmal sicher, daß den Tieren jegliche übernatürliche Empfindung fehlt. Wir können also nicht erwarten, bei einer der jetzt lebenden Rassen ein vollständiges Fehlen übernatürlicher Begriffe, wie schwach sie auch entwickelt seien, zu finden. Verwundern kann es uns nur, daß sie bei einem so hoch entwickelten Volke, wie den Eskimos, noch immer auf einer so auffallend niedrigen Stufe stehen.

Nach der Kenntnis, die wir von den primitiven Religionen haben, scheint es mir wichtiger, die oben erwähnten Triebe nicht als die eigentliche Quelle der religiösen Anschauungen anzusehen. Es sind danach vielmehr drei Keime oder Momente zu unterscheiden, die den Stoff lieferten, aus dem jene beiden Triebe (die wir in einen, den Selbsterhaltungstrieb, zusammenfassen können), die religiösen Systeme bildeten. Diese drei Momente sind: unsere Geneigtheit, der Natur Persönlichkeit zuzuschreiben; ferner der Glaube an ihren und unseren eigenen Dualismus, sowie an die Unsterblichkeit der Seele; und schließlich der Glaube an übernatürliche Kraft oder Macht gewisser Dinge (Amulette). Um einzusehen, von welcher Bedeutung diese Momente sind, besonders auf einer niedrigen Stufe, müssen wir uns auf den Standpunkt eines Kindes zu stellen suchen, der ja dem des Urmenschen am ehesten entspricht. Das Kind legt der Natur nicht nur gelegentlich eine Persönlichkeit unter; es betrachtet alle leblosen oder lebenden Gegenstände seiner Umgebung als Personen und führt z. B. lange Gespräche mit seinen Spielsachen. Ein mir bekanntes Kind stand eines Tages in der Küche und betrachtete nachdenklich einige in einem Topfe kochende Würste. Plötzlich fragte es die Köchin: „Du, hast Du die Würste tot gemacht?" — Wir werden uns alle aus unserer Kindheit erinnern, daß wir jeden Baum, jeden Berg u. s. w. für etwas Persönliches hielten. Dieser Hang, die Natur zu personifizieren, giebt sich, nach Tylor, auch zu erkennen in unserer oft völlig ungereimten Lust, unseren Aerger an leblosen Dingen, die uns irgendwie verletzt oder Schaden gebracht haben, einmal gründlich auszulassen. Als Sverdrup und ich Grönland durchquerten, hatten wir einen Schlitten, der sich schlecht ziehen ließ. Es wäre uns, als wir mit ihm fertig waren, eine wirkliche Genugthuung gewesen, wenn wir ihn zerschlagen oder uns sonst irgendwie an ihm hätten rächen können. Mit dem Kindergemüte unlösbar verbunden ist es auch, in jeder Bewegung oder Veränderung seiner kleinen Welt die Bethätigung eines persönlichen Willens zu sehen.

In der ersten Kindheitsphilosophie des Menschengeschlechtes mag sich diese Auffassung der Naturdinge als lebender Persönlichkeiten ganz natürlich und von selbst gebildet haben. Bäume, Steine, Flüsse, Wind, Wolken, Sonne und Mond wurden lebende Menschen oder Tiere. Die Eskimos glauben noch heute, daß alle Himmelskörper vor ihrer Versetzung an das Firmament lebende Menschen waren.

Doch nach oder gleichzeitig mit diesem Hange mag auch ganz natürlich der Begriff der Doppelnatur, des Dualismus in der Natur und im Menschen selber entstanden sein, das Gefühl eines sichtbaren und natürlichen Daseins und das eines übernatürlichen, unsichtbaren. Stellen wir uns einmal vor, daß ein unwissender Urmensch das Echo seiner eigenen Stimme hörte: mußte er nicht glauben, die Stimme eines anderen Menschen zu hören? Er kannte die Schallwellentheorie ja nicht. Als er aber diese Stimme immer wieder vernahm und doch keinen Menschen finden konnte, mußte er sie natürlich einem unsichtbaren Wesen zuschreiben.

Oder, wenn er den Tau kommen und verschwinden sah, ohne zu wissen, woher er kam und wo er blieb; wenn er die Sterne abends aufgehen und in der Frühe erlöschen sah; wenn er die auftauchenden und sich verziehenden Wolken, den Regen, den Wind, die Strömungen im Wasser betrachtete: mußte da nicht der Gedanke an sichtbare und unsichtbare Zustände in ihm aufsteigen? Als der Ureskimo zum ersten Male einen Gletscher erblickte, ihn als Treibeis das Meer durchschiffen und manchmal gewaltige Eisberge bilden sah: konnte er darin etwas anderes sehen, als das Wirken ein es ihm unsichtbaren Wesens? Ja, er machte ihn selbst zu einem solchen, dessen Abbrechen willkürliche Handlungen waren und das er deshalb fürchtete.

Oder, um etwas ganz anderes anzuführen: wenn ein Urmensch seinen eigenen Schatten oder sein Spiegelbild im Wasser erblickte, die kamen und gingen, die er weder fühlen noch greifen konnte: mußte ihm dabei nicht der Gedanke an etwas Wirkliches, allzeit Sichtbares und etwas Unwirkliches, nur bisweilen Sichtbares kommen?

Also Gründe genug gab es schon für die Entstehung der Vorstellung von dem Dualismus in der Natur, einem sichtbaren und unsichtbaren Dasein. Noch stärker aber wird dieser Glaube an die Zwiefältigkeit der Natur durch den Begriff, den sich der Urmensch von sich selber machen mußte.

Wenn er schlief und träumte, er sei auf der Jagd, beim Tanze oder bei Freunden, kurz er schweife in der Fremde umher, und sich dann beim Erwachen in seiner Hütte liegend fand und von seiner Frau oder seinem Kameraden hörte, daß er seine Behausung garnicht verlassen habe, so mußte er natürlich glauben, daß er aus zwei Teilen bestehe. Der eine der beiden konnte ihn nachts verlassen und alles Mögliche erleben, während der andere liegen blieb. Noch existierte für ihn kein Unterschied zwischen Traum und Wirklichkeit, wie ja auch die Sprache mancher urwüchsiger Stämme, nach Spencer, noch heute nur den Ausdruck „ich sah" für „mir träumte, ich sah" kennt. Da er ferner gesehen hatte, daß sein Schatten ihn bei Tage, aber nicht bei Nacht begleitete, war es ganz natürlich, daß er den Teil seiner selbst, der ihn verlassen konnte, Schatten nannte und damit das bezeichnete, was andere Nationen Seele oder auch Geist nennen. Wir werden später darauf zurückkommen, daß der Eskimo den Glauben an die Seele und den Namen dafür auf diese Weise gefunden hat. Der Beweis für seine eigene Verwandtschaft mit allen ihn umgebenden Dingen wurde durch die Beobachtung, daß auch diese, gleich ihm, Schatten warfen, natürlich noch verstärkt.

Als dann der Urmensch dem Tod ins Angesicht sah mußte dies einen tiefen Eindruck auf ihn machen und seinen Glauben an die eigene Doppelnatur noch mehr befestigen. Er sah denselben Leib, denselben Mund, dieselben Glieder vor sich, nur waren sie sonst voller Leben und Bewegung, während sie nun still und starr dalagen. Der Körper mußte also etwas Lebenspendendes einschließen, und dieses Etwas mußte ganz natürlich die Seele sein, die, wie er aus seinen Träumen wußte, den Leib ja verlassen konnte.

Daß man die Seele, die den Körper beim Tode verläßt, mit dem dann fehlenden Atem in Verbindung brachte, ist ebenfalls ganz natürlich, und so mag es gekommen sein, daß einzelne Eskimos dem Menschen zwei Seelen: Schatten und Atem zuschrieben. Dieser Glaube an den Dualismus der Seele, der bei einigen Völkern in den Begriffen Schatten und Spiegelbild Ausdruck findet, ist weit verbreitet, und daher stammt auch wohl der Unterschied, den wir zwischen Geist und Seele, Pneuma und Psyche machen.

Es könnte uns natürlich erscheinen, daß ein Urmensch an den gleichzeitigen Tod von Körper und Seele glauben mußte. Manch einer mochte es wohl thun; doch da sie in ihren Träumen wieder mit den Verstorbenen zusammentrafen, mußten sie auch wieder annehmen, daß deren Seele noch lebe. Ueberdies war der Schluß ja auch nicht unnatürlich, daß die Seele den Körper dauernd verlassen könne, da sie ihn ja in Zwischenräumen, im Schlafe und im Fieber, schon häufiger verlassen hatte. So mußte der Glaube an die Fortdauer des Lebens der Seele ganz natürlich entstehen, und da der Gedanke an völlige Vernichtung jedes lebende Wesen wenig anspricht, hat die Unsterblichkeitsidee von jeher in der Brust des Menschen starken Widerhall gefunden.

Da aber die meisten Menschen bange sind vor dem Tode und den Toten und deren Gespenstern nicht gern begegnen wollen, da ferner die Furcht über große Phantasie verfügt, so verlieh man den Verstorbenen übernatürliche Macht; besonders zum Schaden, aber auch zum Helfen. Deshalb versuchen die Lebenden, sich die Toten zu Freunden zu machen. Auf solche Weise entstand der Kultus abgeschiedener Seelen, der in den Religionen der meisten

Völker eine so bedeutende Rolle spielt und der, wenn er ihnen auch nicht gerade zu Grunde liegt, doch ein wichtiges Moment aller Religionen, folglich auch derjenigen der Eskimos bildet.

Daß die Geister der Verstorbenen, namentlich bedeutenderer Menschen wie der Hauptleute und Fürsten, mit der Zeit im Volksglauben zu Göttern wurden, kann uns nicht befremden.

Das Wort Gott bedeutet ursprünglich, sowohl bei den Hebräern (il oder el), wie bei den Egyptern (nutar) und vielen anderen Völkern nur ein mächtiges Wesen und wurde auf Helden so gut wie auf Götter angewendet. Und wie es auf Erden besonders mächtige Menschen gab, so mußte es auch in der Geisterwelt besonders mächtige Geister geben, die natürlich Götter par excellence wurden und besonders verehrt werden mußten. Auf diese Weise kommen wir schließlich in dem Augenblick, da in der Geisterwelt eine absolute Monarchie errichtet wird, zu dem Glauben an einen Gott.

Doch neben dieser Ahnenverehrung lag auch ein für die Entwicklung des Aberglaubens äußerst wichtiges Moment in dem Hang des Menschen, gewissen Dingen übernatürliche Kraft zuzutrauen. Auf dem primitiven Standpunkte nutzte man sie zum Anwenden der Macht der Toten oder zu einer Einwirkung auf sie. Auch andere Vorteile versuchte man sich dadurch zu verschaffen, und hieraus hat sich im Laufe der Zeit das Amulettwesen und zum Teil auch die Fetischverehrung entwickelt. Wie der Glaube an die Kraft der Amulette entstehen kann, werde ich weiter unten besprechen.

Ein wichtiges Moment in der Entstehung und weiteren Entwickelung dieser abergläubischen Ideen ist der Einfluß der Medizinmänner (Geisterbeschwörer) oder Priester auf ihre Mitmenschen. Es war selbstverständlich, daß einige, und zwar die klügsten Köpfe, sich besser auf übernatürliche Dinge verstanden, als die große Masse und in näherem Verhältnis zu den Toten standen. Daß sie infolgedessen ihren Mitmenschen helfen konnten, wenn es z. B. galt, die Macht der Toten für den Vorteil des Einzelnen oder des Ganzen auszunutzen, war klar. Und hierdurch erlangte der Priester dann wieder Macht, Einfluß auf das Volk und manche Vorteile materiellerer Art. Deshalb hat es auch jederzeit im Interesse der Medizinmänner und Priester gelegen, die abergläubischen oder religiösen Ideen zu erhalten und zu nähren. Sie erhöhen ihre Macht, wie ihre Einnahmen dadurch, daß sie vorgeben, selber daran zu glauben, ja daß sie neue göttliche Lehren zu ihrem eigenen Besten erfinden.

Bei Völkern wie den Eskimos kommt noch eins hinzu, was einen stark färbenden Einfluß auf den Aberglauben hat: das harte, von Glück und Zufall abhängende Leben, das sie führen, und die Natur, in der sie leben. Daß ein von Jagd und Fischfang lebendes Volk abergläubisch wird, ist eine bekannte Thatsache, für die wir in Norwegen ein schlagendes Beispiel haben. Vergleichen wir nur den Westländer und Nordländer mit dem Ostnorweger. Die ersteren sind hinsichtlich ihres Erwerbes größtenteils auf das Meer angewiesen und abhängig von Wind und Wetter, Fischzügen u. s. w.; einer ganzen Reihe dem Menschen unbekannter Faktoren, die sie mit einem Worte Glück nennen und die ihnen nicht nur ungünstig sein, sondern sogar das Leben kosten können. Daher werden sie unwillkürlich abergläubisch. Es giebt keine Gegend, wo

Pietismus und Obskurantismus so fruchtbaren Boden finden wie in Westnorwegen. Kommen wir nun zu dem Ostnorweger, so nehmen wir einen auffallenden Unterschied wahr. Der Ostnorweger sitzt fest auf seiner Scholle, hat freilich auch ein wenig mit Wind und Wetter zu rechnen, sitzt aber auf dem Trockenen und ist daher weniger abergläubisch. Wieviel stärker aber müssen diese aberglaubenerweckenden Einflüsse erst auf den Eskimo einwirken, dessen ganze Existenz von Jagd und Fischfang abhängt! Die beständigen Gefahren und die arktische Natur tragen gewiß nicht wenig zum verschärfen dieser Einflüsse bei. Eine so wilde, großartige Natur wie die grönländische — mit ihren Gletschern, ihren treibenden Eisbergen, Luftspiegelungen, Stürmen und der langen Winternacht mit dem flammenden Nordlicht — gewinnt unwillkürlich Macht über das Gemüt, erzeugt Ehrfurcht und Bangen und nährt die Phantasie. Wir stehen diesen Wundern mit nüchternem Verstande gegenüber, der Naturmensch aber ersetzt, wie das Kind, das fehlende Verständnis durch die Gebilde seiner ungezügelten Phantasie, und so verstärkt und entwickelt sich der Glaube an das Uebernatürliche.

Die Moral, die sich viele mit den religiösen Begriffen eng verbunden denken, hat ursprünglich wenig oder nichts mit ihnen zu schaffen. Sie entspringt, wie ich schon hervorhob, dem Gesellschaftstrieb und hat bei allen primitiven Völkern nichts mit der Religion gemein. Sie haben keinen Lohn im Jenseits für moralischen Wandel.

Die Eskimos sind ein Beispiel hierfür. Wir finden freilich in den grönländischen Sagen Andeutungen, daß das Böse, besonders Hexerei, von den übernatürlichen Mächten bestraft wird. Die Toten können den Lebenden zum Heil die ihnen erwiesenen Wohlthaten vergelten. Die Seelen (oder imue?) der Tiere können es riechen, wenn man ihre Nachkommen allzu grausam umbringt. Die Seele oder der Geist des Ermordeten verlangt, daß sein Tod gesühnt werde (Blutrache). Das den Schwachen zugefügte Unrecht straft sich auf verschiedene Art u. s. f. Doch all das tritt in so unbestimmter Gestalt hervor, daß man es nicht als etwas Ursprüngliches (Primäres) ansehen kann, sondern nur als etwas Hinzugekommenes, da die Gesetze und gesellschaftlichen Verhältnisse ganz natürlich in die Sagen hineingemengt werden. Es läßt sich daher als der erste unsichere Schritt der religiösen Begriffe zur Moral bezeichnen. Erst bedeutend später aber haben Religion und Moral einen für beide Teile stärkenden Bund geschlossen. Die Religion erhielt dadurch eine gute Stütze, und die Moralgesetze wirkten tiefer, seit sie sich eines besonderen, höheren oder göttlichen Ursprunges rühmen konnten und dazu noch Belohnungen und Strafen im Jenseits festsetzten.

Es ist ein auffallender Zug aller Religionen, daß sie trotz großer Unterschiede in vielen Hauptpunkten wesentliche Aehnlichkeiten haben, die über die ganze Erde gehen. Dafür giebt es nur zwei Erklärungen: entweder haben alle Religionen einunddieselbe Ursache, oder die religiösen Begriffe sind an einer Stelle entstanden und haben sich von dort aus über die ganze Erde verbreitet. Ich glaube, daß beides zusammenwirkte. Menschliches Gehirn und Nervensystem sind bei allen Rassen erstaunlich gleichgebildet Die Unterschiede liegen hauptsächlich in der Entwickelung, der wir den Fortschritt der höheren Rassen zuschreiben müssen. Man kann also wohl dasselbe von den Gesetzen

des Denkens, besonders bei den tieferen, weniger komplizierten
Verhältnissen annehmen, und da die Erfahrungen in ge-
wissem Grade gleich sind, so hat man wohl auch überall
dieselben Schlüsse gezogen, ist aber dabei auch allenthalben
zu denselben Hauptirrtümern gekommen. Diese Irrtümer
liegen nun allen Religionen zu Grunde. Daneben aber
haben sich sicher religiöse Vorstellungen auch an einzelnen
Orten gebildet und sind dann als Wandersagen und Märchen
zu den andern Völkern der Erde gedrungen. Daß sie selbst
zu so abgeschieden lebenden Stämmen wie den Eskimos
gelangen konnten, werde ich später beweisen.

Die Religion der grönländischen Eskimos ist für alle
diese Fragen von großem Interesse. Sie ist so primitiv,
daß mir Zweifel aufsteigen, ob sie den Namen Religion
überhaupt verdient. Sie besteht aus einer Menge Sagen
und vielem Aberglauben, beiden Teilen aber fehlt es an
fester, klarer Gestaltung. Die Begriffe des Uebernatürlichen
wechseln mit dem Individuellen, und das Ganze macht den
Eindruck einer im Entstehen begriffenen Religion, einer
Masse unzusammenhängender, phantastischer Eindrücke, die sich
noch nicht zu einer bestimmten Weltanschauung krystallisierten.
Kurz, ein Standpunkt, wie ihn wahrscheinlich alle Religionen
einmal eingenommen haben, bevor sie sich weiter entwickelten.

Wie alle primitiven Völker haben die Grönländer sich
die Natur ursprünglich als beseelt gedacht. Jedes Ding,
wie Steine, Berge, Hausgeräte u. s w., hatte seine Seele.
Spuren dieses Glaubens finden wir noch heute. Die
Seelen der Werkzeuge, Waffen und Kleider begleiten den
Abgeschiedenen auf seiner Wanderung nach dem Lande der
Toten. Man legt sie deshalb auf oder in das Grab, da-

mit sie dort verfaulen und die Seelen frei werden. Nach
und nach hat sich dieser Glaube in der allen Naturvölkern
eigentümlichen, unlogischen, verwirrenden Weise mit einem
ihm anfänglich grundverschiedenen vermischt; dem nämlich,
daß die Seelen der Verstorbenen ihren Wohnsitz in gewissen Tieren, Gegenständen, Bergen u. s. w. aufschlagen
können, über die sie sich zu Herren machen und von denen
aus sie Ausflüge unternehmen, ja sich sogar den Lebenden
zeigen. So entstand der Glaube, daß in jedem Natur-
gegenstande ein eigenes Wesen wohne, das der Inua (Besitzer) desselben genannt wird; ein Wort, das sehr bezeichnend
eigentlich „Mensch" oder „Eskimo" bedeutet.

Nach der Auffassung der Eskimos hat z. B. jeder
Stein, jeder Berg, jeder Gletscher, jeder Fluß, jeder See
seinen Inua. Selbst die Luft besitzt einen solchen. Das
Allermerkwürdigste ist jedoch, daß auch abstrakte Begriffe
ihren Inua haben können. Es wird z. B. von den Inue
bestimmter Triebe und Leidenschaften gesprochen. Dies
mag bei einem Naturvolke überraschen, ist aber leicht zu
erklären. Wenn z. B. ein Naturmensch Hunger hat und
ein nagendes Gefühl in seinem Innern verspürt, liegt ihm
der Gedanke nahe, daß ein lebendes Wesen ihm dies zu-
füge, und dieses Wesen nennt er den Inua der Eßlust oder
des Hungers. Diese Inue sind meist unsichtbar, zeigen sie
sich aber, so geschieht es, nach Dr. Rink, in Gestalt eines
Funkens oder einer Flamme, und ihr Anblick ist sehr gefährlich.

Der Mensch selbst besteht, der alten Ansicht der Grönländer zufolge, aus mindestens zwei Teilen, Leib und
Seele, die grundverschieden sind. Die Seele ist nur einem
besonderen Sinne sichtbar, den Menschen in besonderer Ge-

mütsverfassung oder von besonderer Begabung (Angekoker) besitzen. Sie hat dieselbe Gestalt wie der Leib, ist aber aus luftförmigem Stoffe. Die Angekoker erzählten Hans Egede, die Seele fühle sich weich an, ja sei eigentlich kaum zu fühlen, als hätte sie weder Knochen, noch Sehnen[1]). Die Ostgrönländer meinen, die Seele sei ganz klein, nicht größer als eine Hand oder ein Finger. Der grönländische Name der Seele ist tarnik. Er ähnelt dem Worte tarrak, das Schatten bedeutet, und es ist mir nicht zweifelhaft, daß es ursprünglich ein und dasselbe Wort war, da ja der Eskimo, wie oben gesagt, Seele und Schatten identifizierte[2]). Dies stimmt völlig mit dem überein, was wir bei andern Völkern finden. Der Bewohner der Fidschi-Inseln nennt z. B. den Schatten, der ihn nachts verläßt, seine schwarze Seele, seine weiße Seele ist das Spiegelbild. Tarrak bedeutet auf Grönländisch Schatten und Spiegelbild, also bezeichnete das ursprüngliche Wort für Seele alle drei Dinge. Nach Cranz[3]) meinten einige Grönländer, der Mensch habe zwei Seelen, den Schatten und den Atem (vergl. oben). Es scheint jedoch zu Egedes und Cranzens Zeit der Glaube, daß die Seele am engsten mit dem Atem verbunden sei, am verbreitetsten gewesen zu sein. Die Angekoker hauchten z. B. den Kranken an, den sie heilen oder mit einer neuen Seele begaben sollten.

---

[1]) Ueber die Beschaffenheit der Seele siehe auch Paul Egede: „Grönländische Berichte", Seite 149, und Cranz: „Geschichte von Grönland", Seite 258.

[2]) Paul Egede sagt in den „Grönländischen Berichten", Seite 126, ausdrücklich, daß die Eingeborenen keinen Unterschied zwischen tarrak und tarnek (tarnik) kennen, und er gebraucht abwechselnd beide Worte. Siehe auch dasselbe Buch, Seite 92.

[3]) „Geschichte von Grönland", Seite 257.

Als bemerkenswert sei noch erwähnt, daß ein westgrönländischer Eingeborener, der Katechet Hanserak, der Kapitän Holm auf seiner Reise längs der Ostküste begleitete, über den Seelenglauben der Angmagsaliker in sein auf Eskimoisch geführtes Tagebuch schrieb, der Mensch habe „viele Seelen". Die größten wohnten im Kehlkopf und in der linken Seite des Menschen und seien winzig kleine Menschen von der Größe eines Sperlings. Die anderen wohnten in den verschiedenen Körperteilen und seien nur so groß wie ein Fingerglied. Werde eine von ihnen entfernt, so erkranke der betreffende Körperteil[1]). Ob dies ein allgemein unter den Eskimos verbreiteter Glaube war, geht aus den anderen Berichten leider nicht hervor.

Die Seele ist ziemlich selbständig und kann den Körper auf längere oder kürzere Zeit verlassen. Sie thut es allnächtlich, wenn sie in lebhaften Träumen auf die Jagd oder auf Vergnügungen ausgeht. Sie kann auch daheim bleiben, wenn der Körper auf Reisen ist, welche Auffassung Cranz dem Heimweh zuschreibt. Sie kann ferner verloren gehen oder durch Hexerei gestohlen werden. Dann wird der Mensch krank und muß seinen Angekok bitten, der Seele nachzureisen und sie wiederzuholen. Ist sie aber inzwischen verunglückt oder von dem Tornarssuk eines anderen Angekoks aufgefressen worden, so muß man sterben. Doch kann der Angekok ihm eine neue Seele verschaffen oder eine kranke vertauschen mit einer gesunden, die er von einem Hasen, Renntiere, Vogel oder einem neugeborenen Kinde nimmt.

Zu diesen beiden Teilen des Menschen kommt bei den Grönländern der Ostküste, nach Holm, noch ein dritter: der „Name" (atekata). „Dieser ist so groß wie der Mensch

---

[1]) Siehe Holm: „Mitteilungen über Grönland," Heft 10, Seite 112.

selbst und tritt in das Kind ein, wenn man ihm gleich nach der Geburt den Mund mit Wasser bestreicht und dabei die Verstorbenen ‚bei Namen' nennt." Die Kinder aller Grönländer, sogar die der christlichen, erhalten meistens den Namen des Zuletztverstorbenen, falls noch keiner nach ihm benannt ist. Dies geschieht, damit er Ruhe im Grabe habe. Die Ostgrönländer meinen, daß der „Name" bei der Leiche bleiben oder erst durch verschiedene Tiere[1]) wandern müsse, bis ein Kind nach ihm benannt werde. Es ist also ihre Pflicht, darauf zu sehen, daß dies geschehe, widrigenfalls es für das Kind die schwersten Folgen haben könnte. Dies hat überraschende Aehnlichkeit mit dem, was mir Professor Moltke Moe mitteilt über den in Norwegen allgemein verbreiteten Glauben, daß die Toten „nach dem Namen gehen". Eine schwangere Frau träumt, dieser oder jener verstorbene Verwandte komme zu ihr (gehe nach dem Namen), und sie muß nun das Kind nach ihm benennen. Thut sie es nicht, so ist dies eine Unterlassungssünde, die schädlichen Einfluß auf die Zukunft des Kindes haben kann[2]). Bei den Kolossiern in Nordwestamerika sieht die Mutter im Traume den verstorbenen Verwandten, dessen Seele dem Kinde Aehnlichkeit mit ihm verleiht. Auch bei den Indianern steht das Namengeben mit Träumen in Verbindung[3]). Der Name

---

[1]) Dieselbe Anschauung findet man auch überall auf der Westküste (siehe „Mitteilungen über Grönland", Heft 10, Seite 342), dort aber scheint es sich nur um die Seele des Verstorbenen zu handeln. Der Unterschied zwischen Namen und Seele kann also bei den verschiedenen Stämmen nicht scharf entwickelt sein.

[2]) Siehe auch Liebrecht: „Zur Volkskunde", Seite 311.

[3]) Klemm: „Kulturgeschichte", III, Seite 77; Tylor: „Primitive Culture" (1873), II, Seite 4; „Antiquarische Zeitschrift", 1861—63, Seite 118.

hat in Grönland, wie überall, große Bedeutung. Zwischen zwei Menschen gleichen Namens[1]) soll Geistesverwandtschaft bestehen, und die Eigenschaften des Verstorbenen sollen in den nach ihm benannten Lebenden übergehn, der überdies noch verpflichtet ist, den Einflüssen zu trotzen, die den Tod des ersteren verursacht haben. Ist er auf dem Meere umgekommen, so muß der Erbe seines Namens seine Ehre darein setzen, dem Meere im Kajak zu trotzen, welche Anschauung wir auch bei anderen Völkern, z. B. bei den Indianern, finden.

Der Grönländer fürchtet sich sehr vor dem Aussprechen eines „toten" Namens. Diese Furcht geht, nach Holm, auf der Ostküste so weit, daß, wenn zwei denselben Namen führen und einer stirbt, der Ueberlebende sofort seinen Namen ändert. Falls der Tote nach einem Tiere oder Gegenstande geheißen, wird auch das Wort für diese umgeändert. Infolgedessen ist die Sprache großen zeitweiligen Veränderungen unterworfen, da die ganze Bevölkerung die umgetauften Worte annimmt[2]). Dieselbe Sitte ist sehr verbreitet bei den Indianern in Nordamerika und Patagonien, bei den Zigeunern in Europa, ferner in Ostafrika, auf Madagaskar, in Australien, in Tasmanien, in Neuguinea

---

[1]) Die Exogamie zwischen zwei Personen gleichen Familiennamens, die wir bei vielen Völkern finden (siehe Seite 145 ff.), scheint mir auf diese Weise leicht erklärlich, indem derselbe Name eine nahe geistige Verwandtschaft erzeugt, die ebenso wie nahe Blutsverwandtschaft als Ehehindernis gilt.

[2]) Siehe Holm, a. a. O. a., Seite 111, wo Beispiele derartiger Umänderungen angeführt sind. Holm sagt: „Die alten Namen werden wieder aufgenommen, sowie der Tote ganz in Vergessenheit geraten ist." Mir erscheint es natürlicher, daß dies geschieht, sobald ein Kind nach ihm benannt worden ist.

und auf den Gesellschaftsinseln. Als die Königin Pomare starb, verschwand in Tahito das Wort po (Nacht) aus der Sprache, und an seine Stelle trat das Wort mi[1]).

Die Furcht vor dem Nennen der Namen Verstorbener kommt auch in Europa vor, nämlich in Deutschland, auf den Shetlandsinseln[2]) und wohl noch anders. Sie wird gewiß auch bei uns zu finden sein. In Grönland, wie bei den eingeborenen Stämmen in Amerika und auf den Sundainseln[3]) verändern Kranke, die ebenso heißen wie ein Verstorbener, ihren Namen, um dem Tode ein Schnippchen zu schlagen.

Die Ostgrönländer fürchten sich auch, ihren eigenen Namen zu nennen. Holm sagt, daß sie stets andere baten, an ihrer Stelle zu antworten, wenn sie danach gefragt wurden. Als eine Mutter gefragt wurde, „wie ihr Kindchen heiße, antwortete sie, sie könne es nicht sagen. Ebensowenig konnte der Vater es sagen; er wollte es nämlich vergessen haben, aber vom Bruder der Frau konnten wir es erfahren"[4]).

Bei den Indianern spielt der Name eine große Rolle und wird sogar möglichst geheim gehalten, weshalb man den Träger oft mit seinem Beinamen[5]) ruft. Bei vielen Völkern geschieht es allgemein, daß man die Namen seiner

---

[1]) Nyrop: „Kleinere Abhandlungen", herausgegeben von der phil.-hist. Gesellschaft, Kopenhagen, 1887, Seite 147—150.

[2]) Nyrop: Siehe oben, Seite 136—137.

[3]) Liebrecht: „Academy". III (1872), Seite 322.

[4]) „Mitteilungen über Grönland", Heft 10, Seite 113.

[5]) Nach Schoolcroft in der „Antiquarischen Zeitschrift", 1861 bis 1863, Seite 119 ff. Siehe auch Andrée: „Ethnographische Parallelen und Vergleiche", Seite 180. Tylor: „Early history of mankind", Seite 142.

Verwandten, wie den des Gatten, der Schwiegermutter, des Schwiegersohnes, der Eltern u. s. w., und auch der Könige nicht nennt. Diese Macht des Namens geht bei einigen Völkern ziemlich weit. Als der König von Dahome, Bossa Ahadi, den Thron bestieg, ließ er alle, die den Namen Bossa führten, enthaupten.

Diese Furcht vor dem Namennennen ist allgemein menschlich; wir finden sie in vielen[1]) unserer Sagen wieder, und sie ist bei uns, besonders in Westnorwegen[2]), Brauch und Sitte. Dies mag daher kommen, daß Name und Gegenstand leicht mit einander verschmelzen. So entsteht der Glaube, daß man, sobald man den Namen weiß, auch den Gegenstand[3]) kenne und daher mit dem Nennen des Namens auf den Gegenstand Einfluß gewinne. Ein Mensch kann demgemäß seine Macht verlieren, wenn er seinen Namen verrät. Deshalb wollen die Toten auch nicht, daß ihr Name genannt werde. Nennt man sie doch, so kann dies die Wirkung haben, die Toten aus dem Grabe heraufzurufen oder sie dort zu beunruhigen. Die Grönländer wagen es z. B. auch nicht, den Namen eines Gletschers (puisortok) zu nennen, weil sie fürchten, er möchte es übelnehmen und bersten[4]). Aehnliche Anschauungen sind sehr verbreitet,

---

[1]) Unsere Vorfahren kannten diesen Brauch ebenfalls. „Sigurd verheimlichte seinen Namen, weil es in alten Zeiten der Glaube unseres Volkes war, daß das Wort eines Sterbenden große Macht habe, wenn er den Namen seines Feindes verwünsche." Saemundar Edda, Ausgabe von Sophus Bugge, Seite 219.

[2]) Nach Mitteilung von Professor Moltke Moe.

[3]) Wie Name und Gegenstand verschmelzen, geht u. a. aus dem schwäbischen Brauche hervor, die „Namen von drei zänkischen Weibern" in den Wein zu werfen, wenn er guter Essig werden soll.

[4]) Vergleiche Nansen: „Auf Schneeschuhen durch Grönland" Seite 301.

unter anderen bei den Indianern, indem diese Orte und
Flüsse nicht bei Namen zu nennen wagen[1]).

Ueber das Leben der Seele nach dem Tode scheinen
die Grönländer verschiedener Meinung gewesen zu sein.
Einige, die von den Missionaren dumme, vertierte Menschen
genannt werden, meinten, mit dem Tode sei alles aus, und
es könne kein Leben im Jenseits geben. Die meisten Grönländer scheinen jedoch geglaubt zu haben, daß die Seele,
wenn sie auch nicht ganz unsterblich sei, doch den Leib
überdauere oder jedenfalls wieder auflebe, nachdem sie mit
ihm gestorben. Dann gelange sie entweder an einen Ort
unter der Erde oder unter dem Meere, oder auch in die
Oberwelt oben im Himmel oder vielmehr zwischen diesen
und die Erde[2]). Der erstgenannte Ort gilt für den besten,
dort ist ein gutes Land, wo es, nach Hans Egede, „schönen
Sonnenschein, gutes Wasser, Tiere und Vögel in Menge"
giebt. Es wird manch einen verwundern, daß sie im
Gegensatze zu uns ihren besten Ort unter die Erde oder
das Meer verlegen. Doch dies scheint mir dadurch leicht
erklärlich, daß sie sahen, wie der Himmel und die Berge
sich im Wasser spiegelten, und ursprünglich dies für eine
andere Welt hielten. Später haben sie freilich entdeckt, daß

---

[1]) Ueber die Bedeutung des Namens und seiner Nennung bei den verschiedenen Völkern vergleiche Kristoffer Nyrops ausführliche Abhandlung „Die Macht des Namens" in den „Kleineren Abhandlungen", herausgegeben von der phil.-histor. Gesellschaft, Kopenhagen, 1887, Seite 119—209. Siehe auch B. Gröndahl in den „Annalen nordischer Altertumskunde", 1863, Seite 127 ff.; Moltke Moe in „Letterstedts Zeitschrift", 1879, Seite 286 ff.; S. Grundtvig: „Dänemarks alte Volkslieder", II, Seite 339 ff.; H. Spencer "Principles of Sociology", IV. Teil, Seite 701.

[2]) Vergleiche Rink: „Jahrbuch für nordische Altertumskunde und Geschichte", 1868, III, Seite 202.

sie nur das Spiegelbild gesehen. Aber der ursprüngliche Glaube an eine Unterwelt hat sich dennoch erhalten, und es ist gerade charakteristisch, daß diese unter das Wasser verlegt wird und viel Sonnenschein hat; denn die Sonne hat wohl meistens geschienen, wenn sie das Spiegelbild sahen.

Der andere Ort in der Oberwelt ist kälter. Er hat wie die Erde Berge und Thäler, und über ihm wölbt sich der blaue Himmel. Dort leben die Seelen der Abgeschiedenen in Zelten rund um einen See herum, und wenn dieser überfließt, regnet es auf Erden. Hier gibt es viele schwarze Rauschbeeren, auch sind hier viele Raben, die sich den alten Weiberseelen[1] unaufhörlich auf den Kopf setzen, schwer zu vertreiben sind und wohl die Läuse unserer Welt vertreten. Bisweilen kann man bei Nacht die Seelen dort oben mit einem Walroßkopf Fußball spielen sehen. Auf der Ostküste glaubt man jedoch, daß das Nordlicht nur aus den Seelen totgeborener, zu früh geborener, ermordeter oder heimlich geborener Kinder bestehe. „Diese Kinderseelen fassen einander bei den Händen und tanzen einen wirbelnden Rundtanz. Sie spielen Ball mit ihrer Nachgeburt, und wenn sie Waisenkinder sehen, laufen sie ihnen entgegen und werfen sie zu Boden. Sie begleiten das Spiel mit einem pfeifenden, schrillen Laute"[2]. Deshalb heißt das Nordlicht auch Alugsukat, welches Wort auch Abort und heimlich geborenes uneheliches Kind bedeutet. Diese Auffassung der Grönländer scheint nahe verwandt mit dem Glauben der Indianer, die im Nordlichte den Reigen abgeschiedener Seelen sehen[3].

---

[1] Vergl. Paul Egede: „Grönländische Berichte", Seite 149.
[2] Holm: „Mitteilungen über Grönland", Heft 10, Seite 113.
[3] Mir von Moltke Moe mitgeteilt.

Eine Hölle haben die Eskimos nicht. Die obenerwähnten Aufenthaltsorte der Seelen sind nur mehr oder weniger gut, aber eine Beziehung zwischen den guten oder bösen Thaten des Menschen und dem Ort, an den er nach seinem Tode kommt, giebt es nicht.

Egede[1]) behauptet jedoch, in das herrliche Land unter der Erde kämen nur „die Frauen, die im Kindbette starben, die Männer, die im Meere ertrinken, und Walfischfänger, was gewissermaßen eine Belohnung sein soll für das Schlimme, das sie hier auf Erden ausgestanden haben. Alle anderen aber kommen in den Himmel". Es scheint mir nicht ausgemacht, daß dies der allgemeine Glaube war. Einen ähnlichen finden wir auch bei uns. Eine alte Frau in Telemarken sagte zu Professor Moltke Moe von ihrem Sohne: „Ja Du, seinetwegen kann ich ruhig sein, er ging geradeswegs in den Himmel. Du weißt ja, es steht in Gottes Wort, daß alle, die in See bleiben oder im Kindbett sterben, unmittelbar in Gottes Reich eingehen"[2]).

Nach der Aussage einiger scheint es jedoch, als ob auch andere Grönländerseelen in die Unterwelt gelangten. Dies sollte unter anderem von der Behandlung der Leiche abhängen. So sagt Paul Egede (Grönländische Berichte, Seite 147), „daß die Kranken, die in den letzten Zügen liegen, gewöhnlich vorsichtig aus dem Bette gehoben und auf dem Fußboden zum Begräbnisse eingekleidet werden.

---

[1]) Siehe hierüber auch Paul Egede: „Grönländische Berichte", Seite 117. Nach der Aussage einiger sollten Hexen und „böse Leute" in die Oberwelt kommen.

[2]) Mitgeteilt von Moltke Moe. Vergleiche auch J. Flood: „Grönland", Christiania, 1873, Seite 10, Anmerkung. Aehnliche Vorstellungen soll man in Bayern und auf den Marquesa-Inseln finden. (Vergl. Liebrecht, „The Academy", III [1872], Seite 321.)

Das Niederlegen bedeutet gleichsam die Niederfahrt unter die Erde, die sie dem Toten wünschen. Stirbt einer aber, bevor er niedergelegt ist, so muß er in den Himmel." Auf die Frage, weshalb man einen Hundekopf auf ein Grab gelegt habe, erhielt er die Antwort: „Es ist bei einigen unserer Mitmenschen so Brauch, einem Kinde, wenn es begraben wird, einen Hundekopf mitzugeben, weil er Spuren finden und dem Kinde, wenn es wieder lebendig wird, den Weg in das Land der Seelen zeigen kann. Denn Kinder sind dumm und unverständig und können allein den Weg nicht finden"[1]). Kapitän Holm[2]) scheint die Richtigkeit dieser Auffassung (die er übrigens nach Hans Egede anführt) zu bezweifeln, und zwar aus dem Grunde, weil er bei den Ostgrönländern solch einen poetischen Brauch nicht entdecken konnte. Mir scheint dies nicht berechtigt, denn einerseits dürfen wir die so bestimmte Aussage eines Mannes, wie Paul Egede, der die Grönländer und ihre Sprache aus dem Grunde kannte, nicht in Zweifel ziehen, andrerseits aber muß man stets bedenken, wie religiöse Begriffe hin und her schwanken und veränderlich sind. Ueberdies finden wir ja entsprechende Bräuche bei den Indianern. Die Azteken schlachteten bei Beerdigungen einen Hund, banden ihm einen baumwollenen Faden um den Hals und verbrannten ihn oder begruben ihn mit der Leiche. Er sollte den Verstorbenen über die tiefen Wasser des Chiuhnahuapa ins Totenreich[3]) führen.

---

[1]) P. Egede: „Grönländische Berichte", S. 109. Siehe auch H. Egede: „Die neue Perlustration Altgrönlands", S. 84. Cranz: „Geschichte von Grönland", S. 301.
[2]) „Mitteilungen über Grönland", Heft 10, S. 106, Anmerkung.
[3]) Tylor: „Primitive Culture" (1873) I, S. 472.

Die Reise in das schöne Land ist jedoch nicht leicht. Egede sagt, unterwegs sei ein hoher, spitzer Steinblock, „den die Toten hinunterrutschen müssen, weshalb der Stein blutig ist". Cranz behauptet, die Seelen brauchten fünf Tage oder noch länger, um diesen Stein oder diesen Felsen hinabzurutschen, bevor sie weiter könnten. Besonders beklage man die Armen, die diese Reise bei stürmischem Wetter oder im Winter machen müßten, weil die Seele dabei leicht zu Schaden kommen könne. Die Grönländer nannten dies den zweiten Tod, mit dem alles zu Ende sei[1]). Sie fürchteten dies sehr, und die Ueberlebenden hatten in diesen Tagen gewisse Vorsichtsmaßregeln zu beachten, damit die Seele nicht verunglücke. Aehnliche Sagen von vielen Schwierigkeiten auf der langen Reise der Seele nach dem Land der Toten finden wir bei den meisten Völkern[2]). Annehmbarer Weise sollten diese Schwierigkeiten ursprüglich Prüfungen sein, die die Guten leichter überstehen als die Bösen. Da nun bei den Eskimos diese Schwierigkeiten kein Prüfstein für Gut und Böse sind, so scheint damit bewiesen, daß diese Sage mit ihren Ausschmückungen von anderen entlehnt ist, und zwar zunächst wohl von den Indianern. Namentlich erinnert der spitze Stein stark an den „Bergkamin" der Indianer, „dessen schmaler Grat so scharf ist wie das schärfste Messer" und über den der Weg nach Wanaretebe, der Wohnstätte der Seelen, führt[3]).

---

[1]) Die Vorstellung vom zweiten Tode oder vom Tode der Seele findet sich bei vielen Völkern: den Hindus, Tartaren, Griechen, Kelten, Franzosen, Skandinaviern, Germanen u. a.

[2]) Tylor: „Primitive Culture", II, Seite 44 ff.

[3]) Knortz: „Aus dem Wigwam", Leipzig, 1880, Seite 133 mit Seite 142 verglichen. Molke Moe hat mich hierauf aufmerksam gemacht.

Auch den Tieren scheinen die Grönländer allgemein eine Seele zuerkannt zu haben. Wie die Menschenseele konnte sie den Körper überleben und ins Jenseits reisen, was z. B. aus der im zwölften Kapitel mitgeteilten Bärengeschichte deutlich genug hervorgeht. Es ergiebt sich auch aus der erwähnten Sitte, Hundeköpfe auf Kindergräber zu legen. Natürlich soll die in dem Kopfe wohnende Hundeseele die Kinderseele geleiten. Dies ist übrigens ein unter Naturvölkern allgemein vorkommender Glaube. So meinen die Kamschadalen, daß die Seele jedes Tieres, selbst des kleinsten Flohs in der Unterwelt wieder auflebe.

Der Grönländer kennt viele höhere übernatürliche Wesen. Von denen, die den Menschen am nächsten stehen und von denen diese durch ihre Angekoker am meisten Nutzen haben, müssen zuerst die Tôrnat (Plural von Tôrnak) genannt werden. Es sind die dienstbaren Geister der Angekoker, die ihnen zu ihrer übernatürlichen Macht verhelfen. Man denkt sich darunter oft die Seelen Verstorbener, besonders der Großeltern und Vorfahren. Es können aber auch die Seelen verschiedener Tiere sein, und ebenso anderer übernatürlicher Wesen menschlichen Ursprunges wie die weiter unten zu besprechenden Kivitut oder wirkliche, im Meere oder im Innern des Landes hausende Geister. Auch Seelen abwesender Europäer. Jeder Angekok hatte in der Regel mehrere; einige erteilten ihm Rat, andere halfen ihm in Gefahr, und wieder andere vollzogen seine Zerstörungs- und Rachegelüste. Letztere sandte er aus, um die, deren Untergang er beschlossen hatte, als Gespenster zu Tode zu ängstigen.

In Verbindung mit den Tôrnat oder über ihnen steht der Tôrnârssuk, der in der allgemeinen Meinung als ihr direktes Oberhaupt oder doch als ein sehr mächtiger Tôrnak galt. Er war beinahe ein Gott, mit dem der Angekok durch seinen Tôrnak in Verbindung treten und von dem er Rat erhalten konnte. Oft scheinen dem Tôrnârssuk auch böse Dinge nachgesagt worden zu sein, und es ging ihm wohl darin wie allen anderen übernatürlichen Wesen, daß es ganz von dem Angekok abhing, ob er ihn als Nutzenspender oder als Schadenbringer auftreten lassen wollte. Der Tôrnârssuk hatte sein Heim in der Unterwelt im Lande der Seelen. Ueber sein Aussehen waren die Begriffe unklar, einige hielten ihn für gestaltlos, nach anderen sollte er einem Bären gleichen, wieder andere stellten ihn als einen einarmigen Riesen dar, und manche behaupteten sogar, er sei so klein wie ein Finger. Ebensowenig scheint man, nach Hans Egede, über sein Wesen völlig ins Reine gekommen zu sein. Während einige ihn für unsterblich hielten, glaubten andere, daß er außerordentlich leicht zu töten sei. So erzählt Egede von den magischen Operationen der Angekoker und ihren Unterredungen mit dem Tôrnârssuk: „Dann aber darf keiner der Anwesenden schlafen, sich den Kopf kratzen oder gar von hinten einen gehen lassen, denn ein solcher Pfeil, sagen sie, kann sowohl den Hexenmeister, wie den Teufel selbst (d. i. den Tôrnârssuk) töten." Dr. Rink glaubt, hier liege ein Mißverständnis Egedes und der übrigen Missionare vor und im ganzen habe man über das Aussehen, wie über das Wesen des Tôrnârssuk nicht viel gewußt. Die Heiden der Ostküste sind jedoch, wie wir sehen werden, ziemlich genau über ihn unterrichtet.

In diesem Tôrnârssuk haben viele ein höchstes, von den Eskimos angebetetes Wesen sehen wollen, das unserem Gott entspreche. Trotzdem wurde er bei der Einführung des Christentums in den Teufel verwandelt und gilt nun dafür. Ich kann mich des Glaubens nicht erwehren, daß Egede und die ersten Missionare ein wenig Anteil an der Fabrikation seiner Gottesvertretung haben. Sie kamen sicherlich, wie viele Heidenmissionare, mit der vorgefaßten Meinung ins Land, jedes Volk müsse einen Gottesbegriff oder den Glauben an ein höchstes gutes Wesen haben. Davon ausgehend haben sie gewiß die armen Heiden solange mit Fragen über ihren Tôrnârssuk gequält, bis die Antworten danach ausfielen. Dann werden sie soviel von ihrem guten, allmächtigen Gotte geredet haben, daß die Heidenpriester, um nicht zurückzustehen, nun ihrerseits versicherten, sie hätten auch einen solchen Gott. Daß er ein so großer Geist nicht war, wie allgemein betont wird, geht deutlich aus Kapitän Holms Bericht über den Glauben der ostgrönländischen Heiden hervor. Ihr Tôrnârssuk ist eher ein bescheidenes Tier, das im Meere lebt und das sowohl Angekoker, wie gewöhnliche Menschen sehen können und gesehen haben. Sie beschreiben ihn ganz genau, haben sogar zahlreiche Abbildungen von ihm. Er ist so lang wie ein großer Seehund, aber dicker als dieser und hat unter anderem lange Fangarme. Holm ist nach ihrer Beschreibung zu der ketzerischen Ansicht gelangt, daß der Tôrnârssuk ein ganz gewöhnlicher Tintenfisch sei. Er frißt die geraubten Seelen und ist oft ganz rot von Blut. Man kann sagen, wenn dies aus dem ursprünglichen Gottesbegriff hat werden können, so ist er in betrübender Weise heruntergekommen. Dazu giebt es auf der Ostküste nicht nur einen, sondern jeder Angekok hat, nach Holm, seinen Tôrnârssuk. Er hat dort auch einen Gehülfen, den Aperketch, der ein schwarzes, bis zu zwei Ellen langes Tier mit großen „Kneifzangen am Kopfe" ist. Holm sagt ausdrücklich, daß er kein Anzeichen von einem Glauben an die Herrschaft des Tôrnârssuk über die Tôrnat habe entdecken können. Wir werden also von der Macht und Bedeutung, die ältere Verfasser diesem Geiste zuschrieben, ein wenig abziehen müssen¹). Es scheint mir klar, daß dieser Glaube an den Tôrnârssuk, wie an die Tôrnat von einem Glauben an die Geister oder Gespenster der Vorfahren abzuleiten ist. Dies geht vielleicht auch aus den Worten selbst hervor. Meiner Ansicht nach konnte **Tôrnak** dasselbe Wort sein wie **tarnik** oder **tarnek** (Seele), welches wieder **tarrak** (Schatten) gleich ist. Eine Stütze für diese Annahme finden wir darin, daß tôrnak auf der Ostküste **tartok** oder **tartak** heißt, welches dasselbe Wort wie **tarrak** ist²). Es kommt mir demnach wahrscheinlich vor, daß alle diese Worte ursprünglich nur eines waren, das Schatten, Spiegelbild der Seele bedeutete und auch die Seelen Verstorbener bezeichnete. Nun aber ist Tôrnârssuk sicherlich von Tôrnak abgeleitet und war vielleicht ursprünglich identisch mit Tôrnârssuak, d. h. dem großen oder dem bösen, häßlichen Tôrnak. Damit wäre dann wieder gesagt, daß er ein mächtiger Tôrnak war, der allmählich bei einigen Stämmen zu einer Art Herrschaft über die anderen Tôrnat oder Seelen Verstorbener gelangte.

---

¹) Interessant ist, daß ein Wesen, gleich diesem von der Ostküste, mit langen Fangarmen u. s. w. auch bei den Alaska-Eskimos vorzukommen scheint. Siehe Holm, „Mitteilungen über Grönland" Heft 10, S. 115, Anm. 1.

²) Tartok bedeutet eigentlich dunkel. Bei den Eskimos im südlichen Alaska bedeutet dasselbe Wort (taituk) Nebel. In Ostgrönland bedeutet târtek schwarz. (Vergl. Rink, „Mitteilungen über Grönland, Heft 11 S. 152.)

Daß die Grönländer diese zum Gegenstande besonderen
Aberglaubens machten, erklärt die Furcht, die sie noch
immer vor den Toten hegen, mehr noch vor deren Gespenstern, die sich oft sehen lassen und sehr gefährlich, aber
auch freundlich sein können. Ihre leiblichste Art, sich zu
zeigen, ist durch Pfeifen und durch Ohrenklingen. Im
letzteren Falle bitten sie um Speise, weshalb man dann
in Grönland sagt: „Nimm nach Belieben", nämlich von
meinem Vorrat¹). Daß ein Gespenst nicht immer gefährlich ist, ergiebt sich aus der Erzählung Nils Egedes²) von
einem Knaben in Godthaab, der, als er einmal mit
einigen anderen in der Nähe des Grabes seiner Mutter
spielte, plötzlich jemand aus dem Grabe steigen sah. Er
und die anderen liefen fort, aber das Gespenst lief ihnen
nach, ergriff den Sohn, „hielt ihn fest, küßte ihn und
sagte: Sei nicht bange, ich bin Deine Mutter und liebe
Dich," und dergl. mehr. Die Bräuche bei Todesfällen und
Begräbnissen zeigen, wie sehr sie sich vor den Toten und
besonders deren Seelen oder Gespenstern fürchten. Oft
wird den Sterbenden kurz vor dem Tode das Leichenkleid,
meistens ihr bestes Gewand, angezogen. Häufig werden
ihnen auch die Beine so gebogen, daß die Füße das
Hinterteil berühren, und dann werden sie so in ein Fell
eingenäht oder eingewickelt. Das letztere wohl deshalb,
weil sie so weniger Platz einnehmen und in ein möglichst
kleines Grab gelegt werden können, und zwar geschieht
dies bei lebendigem Leibe, damit die Ueberlebenden die

---

¹) Rink: „Sagen und Märchen der Eskimos", Suppl., S. 187.
In Schottland heißt Ohrenklingen „Totenglocken" und bedeutet den
Tod eines Freundes (Hogg Monutain Bard, dritte Ausgabe, S. 31.)
²) Dritte Folge u. s. w., S. 74.

Leiche nicht mehr als nötig zu berühren brauchen. Die Furcht vor dem Berühren der Toten geht so weit, daß sie (wie oben erwähnt wurde) einem Verunglückenden (z. B. einem Kajakmann, der dem Ertrinken nahe ist) auf keinen Fall Hülfe leisten würden, sobald sie glauben, er sei dem Tode nahe.

Die Toten werden sofort nach dem Abscheiden hinausgebracht, und zwar, wenn sie in einem Hause gestorben sind, durch das Fenster. Sterben sie aber im Zelt, so durch eine eigens für diesen Zweck in die Hinterwand gemachte Oeffnung[1]). Dies stimmt merkwürdig mit der in Norwegen allgemein verbreiteten Sitte, die Leichen durch eine für diesen Zweck gemachte Oeffnung in der Wand hinauszutragen[2]). An beiden Stellen liegt wohl der gleiche Grund vor, nämlich der Seele durch das Schließen dieses Einganges die Rückkehr unmöglich zu machen, was nicht geschehen könnte, wenn die Leiche durch den Hausgang oder die Thür hinausgebracht würde. Es ist nicht unwahrscheinlich, daß die Grönländer diese Sitte von den alten Norwegern oder den Isländern in Grönland erhalten haben. Wir finden sie in mehreren Sagen als bei den heidnischen Isländern

---

[1]) Auf der Ostküste wird jedoch, nach Holm (Mitteilungen über Grönland, Heft 10, Seite 105) die Leiche auch mittelst eines ihr um die Beine gebundenen Riemens von Seehundsleder aus dem Hausgang hinausgeschleift. Mir scheint, als hätte in diesem Falle die Furcht vor der Berührung der Leiche über die Furcht vor dem Hinausbringen eines Toten aus dem Gange gesiegt. Würde sie durch das Fenster hinausbefördert, so müßte sie ja angefaßt werden. Dadurch, daß die Beine vorangeschleift werden und also nach außen zeigen, will man wohl das Wiederkehren der Seele verhindern.

[2]) Von Moltke Moe mitgeteilt. Vergleiche auch Liebrecht: „Zur Volkskunde", Seite 372 ff.

üblich angeführt. In der „Eyrbyggia"¹) heißt es: „Darauf ließ er hinter dem Toten ein Loch in die Wand brechen und brachte ihn hinaus." Auch die Sachen der Toten werden sofort hinausgeworfen, damit sie die Lebenden nicht verunreinigen. Dies erinnert an unser Leichenstrohverbrennen, welcher Brauch bei allen uns verwandten Volksstämmen in Europa ebenfalls besteht²).

Die Ueberlebenden tragen auch ihre eigenen Sachen ins Freie, damit der Todesgeruch ausziehe. Sie werden entweder abends wieder hereingeholt oder bleiben, wie auf der Ostküste, mehrere Tage draußen. Dort tragen die Verwandten des Verstorbenen ihre bisher getragenen Anzüge nicht wieder; man wirft sie fort³).

Sobald die Leiche draußen ist, zündet eine Frau einen Kienspan an, schwenkt ihn hin und her und sagt: „Hier ist nichts mehr zu holen!" Dies geschieht wohl, um der Seele zu zeigen, daß alle ihre Sachen hinausgeschafft sind.

Der Tote wird entweder begraben oder ins Meer geworfen (falls einer seiner Vorfahren im Kajak umgekommen ist?). Seine Habe, wie Kajak, Waffen und Anzüge, oder bei weiblichen Wesen Nähutensilien, Krummmesser u. s. w., wird auf oder neben das Grab gelegt; ist die Leiche aber ins Meer geworfen, so irgendwo an den Strand. Dies scheint teils deshalb zu geschehen, weil sie Furcht vor den Sachen des Toten haben und sie nicht wieder benutzen wollen, teils auch, weil diese ihnen, wie H. Egede sagt,

---

¹) Grönlands historische Denkzeichen. III, Seite 639.
²) Siehe Moltke Moes Bericht an die Neuen Universitäts- und Schulannalen, 1880 (Separatabdruck, Seite 2), und die dort angeführten Werke.
³) Holm: „Mitteilungen über Grönland", Heft 10, Seite 107.

Veranlassung zum Weinen geben würden, indem der Anblick sie an den teuren Verstorbenen erinnert und „sie glauben daß der Tote frieren müsse, wenn man zuviel um ihn weine"¹). Diese Vorstellung erinnert auffallend an den zweiten Abschnitt von Helge Hundingstöter, wie er seiner Witwe Sigrun naß, verfroren und bereift begegnet, weil sie um ihn geweint hat. („Helge schwimmt in Kummertau".²)) Man vergleiche auch das bekannte schwedisch-dänische Volkslied „Aage und Else", worin es heißt:

> Wohl jedesmal, wenn Du Dich freust,
> Nicht denkst an meinen Tod,
> Füllt sich mein schwarzer Leichenschrein
> Mit duftenden Rosen, rot.
>
> Doch jedesmal, wenn Du Dich grämst,
> Im Aug' der Thränen Flut,
> Füllt sich der Sarg, in dem ich ruh',
> Sogleich mit schwarzem Blut.

Außerdem aber war es gewiß die Meinung der Grönländer, daß der Tote seine Sachen brauche, sei es zu Ausflügen aus dem Grabe, sei es in der anderen Welt. Sie sahen die Sachen verfaulen und glaubten, daß ihre Seelen der Seele des Verstorbenen folgten. Wer den Toten hinausgetragen oder ihn oder etwas ihm Zugehöriges berührt hat, ist für einige Zeit unrein und muß sich nach Vorschrift der Angekoker gewisser Speisen oder Arbeiten enthalten. Die-

---

¹) H. Egede: „Des alten Grönlands neue Perlustration", Seite 83.
²) Siehe P. A. Gödeckes Uebersetzung der Edda, Seite 170 und die Anmerkung, Seite 355. Moltke Moe hat mich auf diese Uebereinstimmung aufmerksam gemacht.

selben Vorschriften müssen auch alle im Trauerhause Wohnenden beobachten, teils um sich selber nicht zu schaden, teils um der abgeschiedenen Seele die Reise nicht zu erschweren.

Sie müssen eine bestimmte Zeit um den Toten trauern, und sehen sie Bekannte oder Verwandte, die sie seit dem Todesfalle noch nicht getroffen haben, so müssen sie, sobald diese ins Haus treten, zu weinen und zu heulen anfangen, wenn auch noch so lange Zeit seitdem verstrichen ist. Solche Heulscenen sollen recht komisch wirken und sind die reinste Komödie, nach der man sich mit „Essen und Bewirtung" tröstet. Sie haben auch manche andere Trauerbräuche, die oft ziemlich stark in ihr Leben eingreifen können. So die Sitte, daß die, die die Leiche hinausgetragen haben, jahrelang nichts Eisernes anfassen dürfen. Dazu kommt die obenerwähnte Furcht vor dem Nennen des Namens des Verstorbenen.

All das geschieht, wie die Ostgrönländer Holm sagten, „damit der Tote nicht zürne". Es zeigt, welch großen Einfluß auf dieses Leben sie den Toten zuschreiben, und es liegt danach nichts Unwahrscheinliches darin, daß der ganze Glaube an die Tôrnat und den Tôrnârssuk sich daraus entwickelt habe. Später wird sich indessen auch anderer Aberglaube hineingemischt haben.

Die Grönländer glauben übrigens an eine ganze Heerschar übernatürlicher Wesen. Ich werde hier nur einige wenige nennen.

Die Tiere des Meeres beherrscht eine große Frau, die einige „die Namenlose", andere aber Arnarkuagssâk nennen, welcher Name nur „altes Weib" bedeutet.

Sie wohnt unter dem Meere, wo sie in ihrer Stube bei einer Lampe sitzt, unter der, wie bei allen Grönländer-

lampen, eine Schale oder ein umgekehrter Schemel zum
Auffangen des herabtröpfelnden Thranes steht. In diesem
Thran schwimmen Scharen von Seevögeln, und von hier
gehen die Tiere des Meeres aus, wie der Seehund, das
Walroß und der Narwal. Sobald sich in ihrem Haar gewisse Unreinlichkeiten angesammelt haben, hält sie die Seetiere von den Küsten zurück, oder diese bleiben, vom
Ungeziefer angelockt, freiwillig aus. Dann fällt dem Angekok
die schwere Aufgabe zu, die Meerfrau zu besuchen, um sie
zu besänftigen oder zu kämmen.

Der Weg zu ihr ist gefährlich, und der Angekok muß
seinen Tôrnak mitnehmen. Zuerst geht es durch das schöne
Land der Seelen in der Unterwelt. Dann kommt ein tiefer
Abgrund, über den er nur auf einem großen, eisglatten,
sich mit großer Geschwindigkeit drehenden Rade gelangen
kann, wobei der Tôrnak ihm behülflich ist. Darauf muß
er an einem großen Kessel vorbei, in dem lebendige Seehunde kochen. Schließlich geht es durch eine gefährliche
Wache von aufrechtsitzenden und wütend um sich
beißenden Seehunden hindurch, oder an einem großen Hund
vorbei, der vor dem Hause der Meerfrau steht und bellt,
sowie ein großer Angekok sich nähert. Nur ab und zu
schläft er ein wenig. Diesen Moment muß man abpassen,
was freilich nur die größten Angekoker können. Hier muß
der Tôrnak den Angekok wieder bei der Hand nehmen.
Denn der Eingang ist breit genug, aber der Weg ist so
schmal wie eine Schnur oder ein Messerrücken und führt
über einen entsetzlichen Abgrund. Schließlich gelangen sie
in das Haus der Meerfrau. Ihre Hände sollen so groß
sein wie die Schwanzfinne eines Walfisches, und schlägt sie
den Angekok, so ist es mit ihm vorbei. Nach Aussage

einiger rauft sie sich die Haare und schäumt vor Wut über solchen Besuch, so daß der Angekok sich mit ihr schlagen muß, ehe sie sich von ihm lausen und kämmen läßt. Nach anderen genügen freundliche Worte und gütliche Ermahnungen. Wenn sein Geschäft abgethan ist, hat der Angekok einen verhältnismäßig leichten Rückweg[1]). Der Mythus erinnert stark an die Reisen in die Unterwelt oder den Hades, die in den europäischen Sagen eine so große Rolle spielen (Dionysos, Orpheus, Herakles u. s. w., vergleiche auch Dante) und zu denen unsere eigene Mythologie in Hermods Helritt, um Baldur zu holen, ein Gegenstück besitzt. Aehnliche Sagen kommen übrigens auch bei den Indianern vor. Nach dem, was Moltke Moe mir mitteilte, erscheint es kaum zweifelhaft, daß die grönländische Vorstellung hier von europäischen Sagen gefärbt oder sogar aus ihnen entstanden ist. Die Vorstellung von dem glatten Rade tritt in den Legenden[2]) des Mittelalters auf, und die Brücke, die so schmal ist wie eine Schnur oder ein Messerrücken, finden wir ebenfalls, zum Teil sogar mit denselben Worten, geschildert, wieder in europäischen Sagen aus jener Zeit über Reisen in die Unterwelt. Ein altes, nordenglisches Lied spricht von der „Schreckensbrücke, nicht breiter als ein Faden". Tundal sieht im Fegefeuer eine schmale Brücke

---

[1]) Paul Egede: „Fortsetzung der Erzählungen u. s. w.", Seite 45 ff.; Hans Egede: „Grönlands neue Perl", Seite 118 ff.; Rink: „Märchen und Sagen der Esk.", Suppl., S. 183 ff.

[2]) Bei den Dakotah-Indianern ist auf dem Wege nach Wanaratebe ein Rad, das mit fürchterlicher Schnelligkeit über den Boden des Abgrundes, der am Fuße des auf Seite 210 erwähnten scharfen Bergkammes liegt, hinrollt. An dieses Rad werden alle gebunden, die ihre Eltern verächtlich behandelt haben. Siehe Liebrecht: „Gervatius otii imperialia" (1856), Seite 91, Anmerk. 2.

über einem schrecklich tiefen, finsteren, stinkenden Thale u. s. w. Zum ersten Male erscheint diese Höllenbrücke in der Legendenlitteratur in den Dialogen Gregor des Großen aus dem Jahre 594 (liber IV, caput 36)[1]. Doch diese mittelalterlichen Vorstellungen sind zweifellos wieder von orientalischen Traditionen gefärbt. Die Juden reden von einer fadenbreiten Höllenbrücke, und die Muhammedaner glauben, daß alle Seelen mitten in der Hölle über eine Brücke müssen, die dünner ist als ein Haar, schärfer als ein Messer und finsterer als die Nacht[2]). Der „Avesta" zufolge kamen die Seelen der alten Parsen in der dritten Nacht nach dem Tode über die „hohe Hara" — ein die Erde umgebendes, bis an den Himmel reichendes Gebirge — auf dem Wege nach der von zwei Hunden bewachten Tsjinvatbrücke. Diese Brücke erweitert sich und wird, nach den Pehlevischriften, beinahe eine Parasange breit, wenn die Seelen frommer Menschen hinübergehen, zieht sich aber zusammen, wenn Gottlose sie passieren wollen, so daß sie in die unmittelbar unter ihr liegende Hölle stürzen[3]).

Eine ähnliche Vorstellung finden wir (vergl. Sophus Bugge, unten angeführt) im alten Volkslied „Draumekvaedi" von der Gjallarbrücke auf dem Weg ins Totenreich.

---

[1]) Mir von Moltke Moe mitgeteilt.

[2]) Siehe Sophus Bugge: „Mythologische Erläuterungen zum Draumekvaedi", in der Norwegischen Zeitschrift für Litteratur und Wissenschaft, 1854—55, Seite 108—111; Grimm: „Mythologie", Seite 794; Liebrecht: „Gervasius otia imperialia", Seite 90 ff.; vergl. auch H. Hübschmann: „Die parsische Lehre vom Jenseits und jüngsten Gericht", Jahrbücher für protestantische Theologie, V (Leipzig 1879), Seite 242.

[3]) Mitgeteilt von Moltke Moe. Vergl. auch H. Hübschmann siehe oben, Seite 216, 218, 220 und 222.

Sie hängt so hoch in der Luft, daß man auf ihr schwindlig wird („Gjallarbrui, hon henge saa högt i vinde" = Die Gjallarbrück', sie hängt so hoch im Winde). In einigen Varianten des Liedes wird sie ausdrücklich als schmal bezeichnet, indes andere sie als „steil und breit" schildern. In den Edden heißt es von Hermod, daß er über die Gjallarbrücke ritt, die mit glänzendem Gold gepflastert war und unter ihm allein nicht weniger dröhnte, als unter fünf Fylken (250) toter Männer.

Dem Glauben der Grönländer an eine Brücke oder einen schmalen Weg scheinen also diese europäischen oder ursprünglich zum Teil orientalischen Vorstellungen, die ihnen die alten Nordländer brachten, zu Grunde zu liegen. Gleichzeitig aber können sie auch etwas Ursprünglicheres enthalten. So finden wir bei den Indianern den Glauben an eine Schlangenbrücke oder einen sich in der Luft drehenden Baumstamm, der über den Totenfluß in die Totenstadt führt[1]).

Der große Hund, der den Eingang zum Hause der Meerfrau bewacht, erinnert ja sehr an Hels furchtbaren, an der Brust blutigen Hund Garm, der vor der Gripahöhle heult. Ein solcher Hund in der anderen Welt ist übrigens eine allgemeinverbreitete Vorstellung. Bei den Indern bewachen zwei Hunde den Weg zu Jamas Wohnung[2]), und bei den alten Parsen bewachen zwei Hunde die Tsjinvat-

---

[1]) Tylor „Prim. Cult." II, S. 50. Vergl. auch den Glauben der Indianer an den messerscharfen Bergkamm. (Siehe S. 210, Anm.) Eine Möglichkeit ist ja vorhanden, daß die Indianer diese Idee von den Eskimos oder noch wahrscheinlicher von den Europäern nach der Entdeckung Amerikas bekommen haben.

[2]) Siehe Bugge, a. a. O. a., Seite 114.

brücke (siehe vorige Seite). Bei den Indianern steht ein großer oder toller Hund jenseits der obenerwähnten Schlangenbrücke.

In europäischen Märchen, besonders in unseren nordischen, kommt oft ein altes Weib vor, das über die Tiere herrscht. Die Alte will gern Mutter genannt, gekratzt und gewaschen werden und freut sich, wenn sie ein Paar Schuhe, ein Stück Tabak oder dergleichen bekommt. Trifft Aschenpüster sie und erweist ihr solche Gefälligkeiten, so erwidert sie dies mit „mütterlicher Fürsorge", läßt ihm die Tiere helfen oder schenkt ihm etwas. Doch außer diesem gewöhnlichen Motiv, das in vielen unserer Märchen wiederkehrt, läßt sich auch ein bestimmtes Märchen, das von ähnlichen Vorstellungen getragen wird, nachweisen. Aschenpüster kommt mit einem ganzen Gefolge von Tieren, dem Hasen, der Wildkatze, dem Braunbären (Eichhörnchen), dem Raben, dem Wolfe und dem Bären, zu der Bergfrau, um seine geraubte Schwester zu erlösen. Während er ißt, ruft die Bergfrau: „Kratze mich! Kratze mich!" „Du mußt warten, bis ich gegessen habe," antwortet der Bursche. Die Schwester aber sagt ihm, daß die Hexe ihn zerreißen wird, wenn er es nicht gleich thut. Da läßt er die Tiere sie kratzen, eines nach dem andern. Doch sie ist nicht damit zufrieden, bis die Reihe an den Bären kommt, der ihr alle Läuse wegkratzt. In mehreren Varianten sind es drei Brüder, die nacheinander ihr Glück bei der Hexe versuchen. Die beiden ersten werden von ihr totgeschlagen[2]). Diese

---

[1]) Tylor, siehe oben, Seite 50; vergl. Knortz: „Aus dem Wigwam", S. 142.

[2]) Von Moltke Moe nach seinen ungedruckten Märchenaufzeichnungen mitgeteilt. Siehe auch eine Aufzeichnung aus Flatdal im

Züge nordischer Märchen scheinen schon an und für sich von verdächtiger Aehnlichkeit mit der grönländischen Vorstellung. Namentlich erinnert das Waschen und Kopfkratzen stark an das Haarkämmen, und da wir gleichzeitig finden, daß die Arnarkuagssak den westlichen Eskimos unbekannt ist, so scheint die Verbindung klar. Einer grönländischen Sage zufolge war sie die Tochter eines mächtigen Angekok, der sie, als er unterwegs von einem Sturme überfallen wurde, aus dem Frauenboote warf, um sich zu retten. Als sie sich an den Bootrand klammerte, hieb er ihr nacheinander alle Finger und beide Hände ab. Diese verwandelten sich in Seehunde und Walfische, über die sie selbst Herrscherin wurde. Als sie dann unterging, erhielt sie ihren Wohnsitz unter dem Meere. Die Eskimos vom Baffinslande kennen dieselbe Sage von einer Frau namens Sedna, die jedoch ein ganz anderes Wesen ist, als die Arnarkuagssak. Letztere scheint am Mackenzieflusse unbekannt zu sein. „Sollte es sich bestätigen," sagt Dr. Rink, „daß die grönländische Mythe auch in Alaska unbekannt ist, so müssen wir annehmen, daß sie während der Auswanderung nach Grönland erfunden wurde"[2]). Nach dem Obenerwähnten ist indessen die Annahme natürlicher, daß der Mythus von den alten Nordländern stammt.

Fassen wir alles zusammen, so scheint diese grön-

Fedraheim 1887, Nr. 18; eine aus Hardanger (abgeschwächt) in Haukenaes, „Natur, Volksleben und Volksglaube in Hardanger", II, 233. Dänische Varianten in Kl. Berntsen „Volksmärchen" I (Odense 1873), 116; St. Kristensen „Jütische Volkserinnerungen", V, Seite 271.

[2]) Rink „Berichte: über Grönland", Heft 11, Seite 7. Vergl. Boas: Petermanns Mitteilungen, 1887, Seite 303; Rink und Boas: „Eskimo tales and songs" im Journal of American Folk-Lore (1889?), Seite 127.

ländische Gottheit ursprünglich eine altnorwegische Märchen-
gestalt gewesen zu sein. Die Beschreibung der Reise zu
ihr stammt wahrscheinlich von europäischen Sagen und
Legenden, die von den alten Grönlandsfahrern eingeführt
wurden, oder ist doch stark von jenen gefärbt. Daneben kann
sie sich auch mit ursprünglicheren eskimoischen Elementen
vermischt haben, die aus dem Westen stammen und denen
der Indianer gleichen.

Die zur Oberwelt emporfahrenden Seelen kommen
auf dem Gipfel eines hohen Berges an der Wohnung einer
seltsamen Frau vorbei. Sie heißt Erdlaversissok (d. i. Ein-
geweideausnehmerin) und hat einen Trog und ein blutiges
Messer. Sie schlägt die Trommel, tanzt mit ihrem eigenen
Schatten und sagt nichts weiter als: „Mein Hosenschlitz!"
oder singt: „Ja, ha, ha, ha!" Wenn sie sich umdreht,
sieht man auf ihrer Rückseite einen großen Spalt, aus dem
ein magerer Kaulkopf (Cottus gobio) schlenkert. Läßt
sie sich von der Seite sehen, so zieht sich ihr Mund so
schief, daß das Gesicht in der Quere länglich wird. Bückt
sie sich, so kann sie sich selbst den Hintern lecken, und bückt
sie sich seitwärts, so schlägt sie mit der Wange auf die
Hüfte, daß es nur so klatscht. Kann man sie ansehen, ohne
zu lachen, so hat es keine Gefahr. Sobald man aber den
Mund verzieht, wirft sie die Trommel hin, ergreift den
Frechen und wirft ihn zu Boden. Dann zieht sie ihr
Messer, schneidet ihm den Bauch auf und reißt ihm die Gedärme aus, die sie in den Trog wirft, um sie bald voller
Gier zu verschlingen[1]). Auch in dieser Erzählung begegnen

---

[1]) Anm. über Crantzens Geschichte von Grönland (von Glahn),
(Kopenhagen 1771), Seite 384 ff. Rink: „Märchen u. Sagen der Esk.",
S. 87, 166; Suppl., S. 44.

wir mehreren traditionellen norwegischen Zügen[1]). Die „Unterirdischen" dulden kein Lachen. Das Menschenkind, das sie damit beleidigt, muß schwer dafür büßen. Auch in zwei Namen von der Jotunriesin, die uns die Snorra Edda[2]) bewahrt hat, Bakrauf und Rifingafla (das Weib mit dem gespaltenen oder zerrissenen Hinterteil) finden wir ganz denselben Gedanken, der sich in dem großen Spalte der grönländischen Sagengestalt ausspricht.

Auf derselben Reise kommen die Seelen auch am Hause des Mondgeistes vorbei. Der Weg, den sie wandern, wird unter anderem als sehr eng beschrieben, und man sinkt auf ihm bis an die Achseln ein[3]). Dies erinnert an die Sümpfe, die in unserem „Draumekvaedi" in der Nähe der Gjallarbrücke liegen und in denen die Bösen versinken[4]).

„Høg'e ae den Gjallarbrui,
„ho tisst 'punde skyi hange,
„men eg totte tyngre dei Gaglemyrann
„gu' baere den, dei ska gange"![5])
„Hoch ist ist die Gjallarbrück',
„Schwere Wolken unter ihr wehen,
„Doch noch schwerer ist das Gaglemoor,
„Götter, helft dem, der dort soll gehen!"

In Dänemark kennt der Volksglaube diese Höllensümpfe unter dem Namen Helmoore, Helsümpfe. Anscheinend spüren wir hier also wieder den Einfluß der alten Nordländer, zu denen die Vorstellung von derartigen

---

[1]) Mitgeteilt von Moltke Moe.
[2]) I, 551, 553.
[3]) Rink: „Märchen und Sagen der Eskimos", Seite 87.
[4]) Vergl. Sophus Bugge, a. a. O. a., Seite 115 ff.
[5]) Nach einer Aufzeichnung von Moltke Moe.

Strafsümpfen in der Unterwelt durch die kirchliche Visions-
dichtung des Mittelalters gelangt sein mag.

Auf See glauben die Kajakmänner sich von dem so-
genannten Ignerssuit (Plur. von ignerssuak = großes
Feuer) umgeben. Die meisten sind gute Wesen, die den
Menschen helfen. Der Eingang ihrer Wohnungen liegt am
Strande. „Die erste Erde, die entstand, hatte weder Meere,
noch Gebirge, sondern war ganz glatt. Da Ihm da droben
die Menschen auf ihr nicht gefielen, zerstörte Er die Erde.
Sie barst. Die Menschen fielen in die Spalten und wurden
Ignerssuit. Das Wasser überströmte alles. Als die Erde
wieder erstand, war sie vollständig bedeckt von einem Eisgletscher. Dieser verschwand allmählich, und vom Himmel
fielen zwei Menschen herab, von denen die Erde bevölkert
wurde. Jahr für Jahr nimmt der Eisgletscher ab. An
vielen Orten sieht man noch Zeichen von der Zeit, da das
Meer über den Bergen stand"[1]).

In diesem Mythus lassen sich Einflüsse von nicht
weniger als vier verschiedenen Seiten verspüren. Die Vorstellung von den Ignerssuit selber, die Menschen gleichen
und unter der Erde wohnen, ähnelt der indianischen Sage,
nach der die Menschen früher unter der Erde lebten und
dann an einer Weinranke, die aus einer Spalte oder Berg-
klamm emporrankte, auf die Oberfläche der Erde hinauf-
kletterten. Als ein dickes Weib (oder ein dicker Mann)
hinaufklettern wollte, brach die Ranke, und die anderen
mußten unten bleiben, während diejenigen, die hinauf-
gelangt waren, die Erde bevölkerten[2]).

---

[1]) Holm: „Mitteilungen über Grönland", Heft 10, Seite 144.
[2]) Vergleiche Knortz: „Aus dem Wigwam", Seite 130 ff. H. de
Charencey (Mélusine I, Seite 225) erwähnt (nach Malthaeus „Hidatsa

Die beiden vom Himmel herabfallenden Menschen entstammen, wie mir scheint, der Schöpfungssage der finnisch-ugrischen Stämme oder doch derselben Quelle wie diese. Bei den Vogulen kommen die beiden ersten Menschen in einer Wiege von Silberdraht vom Himmel. Daß der Himmel die Wiege des Menschengeschlechtes sei, behaupten auch die Mythen anderer finnisch-ugrischer Völker in Asien und Europa[1]).

---

grammar", 1873, Einleitung Seite XVII), daß die Vorfahren der Minetarier (Stamm in den Missouriländern) auf dem Grunde eines großen Sees lebten und mittelst eines großen Baumes auf die Erde gelangten. Der Baum stürzte aber um, sodaß viele unten bleiben mußten. (Nach einem noch ungedruckten Manuskripte von Moltke Moe.) Dies erinnert beinahe noch mehr an die unter der See lebenden Ignerssuit.

[1]) Siehe J. Krohn: „Finnische Litteraturgeschichte", Teil I, Kalevala (1891), Seite 165 ff. Moltke Moe hat mich auf diese Aehnlichkeit aufmerksam gemacht und mir sein Manuskript einer noch ungedruckten Abhandlung über ähnliche Sagen geliehen. Meist sind in diesen Himmel und Erde durch einen großen Baum verbunden, an dem die Menschen hinauf- und hinabklettern oder dergl. Der Mythus eines solchen Himmelsbaumes kommt fast auf der ganzen Erde vor. Wir finden ihn bei uns (Ygdrasil), in Polynesien, auf Celebes, Borneo, Neuseeland u. s. w. Bei den Vogulen verwandelt sich der Sohn der beiden ersten Menschen in ein Eichhorn, klettert an einem Baume in den Himmel und später wieder herab (vergl. A. Lang „Myth, Ritual and Religion" [1887], I, Seite 182, Anmerkung 2); bei den Indianern klettert der erste Mensch einem Eichhorn nach auf einen Baum und gelangt in den Himmel, aus dem er herabkommt, um Kultur zu bringen oder um seine Schwester zu holen (vergl. Tylor: „Early History of Mankind" second edition, Seite 349 ff.). Die Zigeuner an den Grenzen Siebenbürgens sprechen in ihrer Schöpfungssage u. a. von einem großen Baum, von dem Fleisch auf die Erde fiel und aus dessen Blättern die Menschen entstanden. (vergl. H. v. Wlislocki: „Märchen und Sagen der transsylvanischen Zigeuner", Nr. 1). Der Zusammenhang der grönländischen Vorstellung mit diesen Mythen ist wahrscheinlich; daß der Baum bei den Eskimos verschwunden ist, ist ja ganz natürlich.

Aehnliche Vorstellungen sind auch zu den Indianern gelangt (vielleicht durch die Eskimos?): so meinten die Huronen, die ersten Menschen seien vom Himmel herabgekommen[1]). Die Anschauung, daß die Erde ursprünglich flach war und dann barst, erinnert auch an die finnisch-ugrische Schöpfungssage, nach der die Erde bei ihrer Erschaffung eine flache, ebene Schale auf dem Wasser bildete, dann aber durch eine Erschütterung (weil Satan sich übergeben mußte) sich wellenförmig bewegte und in diesem Zustand erstarrte, wodurch Berge und Thäler entstanden[2]).

Ein drittes Moment bilden die Menschen, die jene erste, flache Erde bewohnten und mit denen Er dort droben so unzufrieden war, daß Er die Erde bersten und das Wasser hervortreten ließ. Es scheint mir kaum zweifelhaft, daß dies einer direkten Einmischung der christlichen oder jüdischen Sintflutsage zu verdanken ist, die selbstverständlich in Grönland von der West- nach der Ostküste gelangt sein kann. Möglicherweise haben sich der Sintflutsage auch noch Einzelheiten einer in ganz Europa und nicht zum wenigsten in Norwegen verbreiteten Sage von der Entstehung der Unterirdischen oder Unsichtbaren (des Huldrevolkes) angeschlossen. Als Unser Herrgott Eva einmal besuchte, wusch sie gerade ihre Kinder. Die noch Ungewaschenen versteckte sie schnell im Keller, in dunklen Winkeln und unter großen Kufen, die anderen aber führte sie Ihm vor. Gott fragte, ob dies alle seien, und als sie bejahte, sagte er: „Saa skal de, som er dulde, bli hulde!" („So sollen die Versteckten verborgen bleiben!") Und von diesen stammt

---

[1]) Vergl. A. Lang: „Myth, Ritual and Religion" 1, Seite 181.
[2]) Vergl. J. Krohn, a. a. O. a., Seite 163—173.

das Huldrevolk[1]). Jedenfalls erinnern die Ignerssuit an die Unterirdischen unserer nordischen Volksüberlieferung.

Schließlich haben wir als viertes Moment, das nur aus Grönland selbst[2]) stammen kann, die Eisgletscher.

Von anderen Wesen lassen sich noch die sogenannten Binnenlandmenschen anführen, die im Innern des Landes oder auf dem Binneneise wohnen. Einige von ihnen werden Tornit (Plur. von Tunek) oder auch Inorutsit, auf der Ostküste auch wohl Timersit genannt; sie haben Menschengestalt und sind sehr groß, wie einige sagen, 4 m, nach anderen aber so groß, wie ein Frauenboot lang ist, also mindestens 10 m. Ihre Seele allein hat die Größe eines gewöhnlichen Menschen. Sie leben von der Jagd, teils vom Erlegen der Landtiere, teils von der Jagd auf Seetiere. Sie können ungeheuer schnell laufen. Wenn sie auf See sind, brauchen sie keinen Kajak, sondern sitzen im Wasser, und „der Nebel ist ihr Kajak[3])." Seehunde können

---

[1]) Von Moltke Moe mitgeteilt. Andere erzählen, daß Eva die unartigen Kinder versteckte oder daß sie sich schämte, so viele zu haben. — Siehe Faye: „Norwegische Volkssagen", 2. Ausgabe, Seite XXV; Söegaard: „Aus den Bergen", Seite 102; den „Thalbewohner", 1862, III, Nr. 17; Storaker und Fuglestvedt: „Volkssagen aus den Aemtern Lister und Mandal", Seite 51; Finn Magnusen: „Die Eddalehre", III, Seite 329; Grimm: „Deutsche Myth.", 4. Ausgabe, III, Seite 163 u. s. w. — Die Sage ist ursprünglich jüdisch und stammt von den Rabbinern (siehe z. B. Liebrecht über Gervasius Tolburoensis Otia imperialia, Seite 70 ff.).

[2]) Paul Egede giebt vom Untergange der Ignerssuit als Menschen eine andere Erklärung. Sie „haben auf der Erde gewohnt, bevor die große Flut die Welt überschwemmte, und als die Erde bei der Flut kenterte, kam alles das, was bisher nach oben gekehrt gewesen war, nach unten". Fortsetzung der „Erzählungen", Seite 96.

[3]) Dies erinnert ja an unsern norwegischen Drang, der in einem halben Boote segelt, und eine Beeinflussung, vielleicht durch die alten Nordländer, scheint nicht unmöglich.

sie vom Lande aus fangen (mit großen Wurfschlingen), und zwei schwere große Robben oder blaue Seehunde können sie auf dem Rücken in einem Sack von Seehundsleder bis tief ins Innere des Landes tragen. Mit den Menschen stehen sie meistens auf Kriegsfuß, verkehren aber manchmal auch freundschaftlich und tauschen sogar Frauen mit ihnen.

Eine andere Art Binnenlandmenschen sind die Igaligdlit (Plur. von Igalilik), die mit einer ganzen Küche auf der Schulter umgehen. Der Kessel allein ist so groß, daß man einen ganzen Seehund auf einmal darin kochen kann, und besagter Kessel kocht, wo sie gehen und stehen. Eine dritte Art sind die Erkigdlit (Plur. von Erkilek), die nach einigen oben Menschen- und unten Hundegestalt haben, nach anderen aber Menschen mit Hundeköpfen oder Hundeschwänzen sind. Sie tragen ihre Pfeile in einem Köcher auf dem Rücken und gelten als tüchtige Bogenschützen[1]). Den Menschen sind sie Feinde. Ferner seien die Isserkat (Plur. von Isserak) genannt, die „längs blinzeln", was wohl heißen soll, daß ihre Augen nicht quer, sondern von oben nach unten im Kopfe liegen.

Wie Dr. Rink nachgewiesen hat, läßt sich kaum daran zweifeln, daß diese Binnenlandmenschen, die alle eine hervorragende Rolle in den Sagen der Grönländer spielen, ursprünglich verschiedene Indianerstämme waren, mit denen die amerikanischen Vorfahren der Grönländer teils freundschaftlichen, meist aber feindlichen Verkehr hatten. Schilderungen und Erzählungen dieser Stämme haben sie

---

[1]) Paul Egede: „Grönländische Berichte", S. 172.

mit nach Grönland gebracht, und der Schauplatz wurde auch fernerhin in das Innere des Landes verlegt, d. h. in das Innere Grönlands, wo die Menschen dann allmählich zu mythischen Wesen wurden. Das Wort Tunek scheint geradezu „Indianer" zu bedeuten und wird von den Eskimos in Labrador noch heute dafür gebraucht. Die Eskimostämme auf der Westküste von Hudsonsbai nennen die Indianer des Innern Erkigdlit. Daß die Tornit groß und flink sind, paßt gut auf die Indianer, da diese größer als die Eskimos und diesen auf dem festen Lande überlegen sind. Daß die Erkigdlit tüchtige Bogenschützen sind und ihre Pfeile in Köchern tragen, was die Grönländer nie gethan, erinnert ebenfalls an die Indianer, wie auch die Hundebeine und der Hundekopf wohl auf den Glauben der Indianer zurückzuführen sein dürfte, daß sie von einem Hunde abstammen (siehe oben)[1]. Die „längsblinzelnden" Isserkat können recht gut ursprünglich Indianerstämme mit ausgeprägt schiefen oder seltsam geformten Augen gewesen sein. Solche sind ausdrücklich von Reisenden beschrieben worden. Wir haben hier also übernatürliche oder mythische Wesen von greifbar historischem Ursprunge. Den Sagen von den Kämpfen mit ihnen liegen sicherlich gleichfalls bis zu einem gewissen Grade geschichtliche Begebenheiten zu Grunde. Auf dieselbe Weise waren wohl auch die klassischen Nationen mit ihren mythischen Völkern bekannt[2].

---

[1] Da die Sage von Hundemenschen weit über die Erde verbreitet ist (wir finden sie auch bei den Griechen), können die Eskimos sie aber auch anderswoher bekommen und dann auf die Indianer angewandt haben, die, wie sie wußten, von einem Hunde abstammen wollten.

[2] Vergl. Tobler: „Ueber sagenhafte Völker des Altertums u. s. w." in der Zeitschrift der Völkerpsychologie, Band 18 (1888), S. 225 ff.

Wesen eigentümlicher Art sind die Kivitut (Plur. von Kivitok). Früher waren sie gewöhnliche Menschen, die sich jedoch aus irgend welchem, oft unbedeutendem Grunde mit ihrer Familie oder ihren Hausgenossen erzürnt oder sich von ihnen benachteiligt geglaubt und deshalb die Menschen verlassen. Sie flüchteten in die Berge oder das Innere des Landes, wo sie seitdem einsam leben und sich von Tieren nähren, die sie ohne Waffen nur mit Steinwürfen erlegen. War der Kivitok nur erst kurze Zeit von Hause fort, so steht es noch in seiner Macht, heimzukehren. Gehorcht er aber nicht binnen einer bestimmten Zahl von Tagen der Stimme des Heimwehs, so verliert er die Fähigkeit, zu den Menschen zurückzukehren. Einige meinen, dies geschehe erst nach einem Jahr. Nun erhält er übernatürliche Eigenschaften, wird schnellfüßig, daß er von Berggipfel zu Berggipfel springen kann, zerlegt Renntiere ohne Waffen und trifft alles, wonach er wirft. Er wird groß, kleidet sich in Renntierfelle, bekommt ein schwarzes Gesicht und weißes Haar, wird ferner allwissend oder hellsehend, kann die Menschen reden hören und erlernt die Sprache der Tiere. Dafür aber kann er zu seinem Unglück nicht sterben, und er weint vor Sehnsucht nach den Menschen, die er nicht mehr besuchen darf. Nur selten, namentlich nachts, kann er sich gelegentlich in die Häuser oder die Vorratsspeicher schleichen, um dort etwas Eßbares oder auch ein wenig Tabak zu entwenden. Die aber, die ihm etwas thaten, sind nie vor seiner Rache sicher.

Das Merkwürdige an diesem Glauben ist, daß er sich möglicherweise auf die Wirklichkeit stützt. Nimmt man einzelne kranke oder alte, dem Tode nahe Menschen aus, die sich ins Meer oder von steilen Bergen hinabstürzen, um ihren Leiden ein Ende zu machen, so ist Selbstmord in Grönland so gut wie unbekannt. Dagegen kommt es vor, daß einzelne nur wegen eines kränkenden Wortes ihres Nächsten ins Gebirge gehen und den Menschen wenigstens mehrere Tage entschwunden sind. Ich selbst kenne Grönländer, die dies thaten. Man glaubt jedoch zuverlässige Beispiele zu haben, daß Leute längere Zeit als Kivitok gelebt haben. Vor ungefähr fünfundzwanzig Jahren fand man in einer Höhe auf der Akugdlekinsel in Nordgrönland Spuren, daß sich dort ein Mensch längere Zeit aufgehalten hatte. Vor dem Höhleneingang fand man einen vielbenutzten Fußpfad, drinnen war ein Feuerherd, ein Loch im Fußboden, das als Vorratskammer gedient hatte, ein weiches Mooslager, Ueberbleibsel von getrockneten Fischen, eßbare Pflanzenwurzeln u. dergl. Einige Schritte weiter fand man eine kleinere Höhle, deren Oeffnung ein Steinblock verschloß. Hier hatte der Kivitok sich selbst begraben, als er den Tod herannahen gefühlt. Als man ihn fand, lag er noch in seinem Fellpelze da. Den Eingang zum Grabe hatte er selbst von innen mit einem Steinblock verschlossen. Die Grönländer erkannten ihn wieder und meinten, er müsse zwei bis drei Jahre als Kivitok gelebt haben. Der Grund, daß er die Menschen verlassen, soll der gewesen sein, daß seine Angehörigen ihn als einen schlechten Fänger verachteten und zurücksetzten. Als dann auch sein kleiner Sohn starb, wurde ihm das Leben zu schwer, und er floh in die Wildnis[1].

---

[1] Siehe Hammer: „Grönländische Nachrichten", H. 8, S. 22 ff.; E. Stram im „Buschauer", Oktober 1885, Seite 735 ff. Ueber die Kivitut siehe auch Rink: „Märchen und Sagen der Eskimos" Supplementband.

Wie Moltke Moe mir nachweist, besteht eine merkwürdige Aehnlichkeit zwischen diesen Kivitut und den in den isländischen Sagen so häufig vorkommenden Utilegumeron oder Ausmärkern, d. h. Uebelthätern, die ins Gebirge flohen und fern von Menschenwohnungen leben. Die große Rolle, die sie in der Volksphantasie spielen, und die mystische Furcht, mit der man sie betrachtet, haben bewirkt, daß sie im Volksglauben sehr bald mit den Trolden, dem Huldrevolke und ähnlichen Sagenwesen verschmolzen, deren übermenschliche Eigenschaften auch ihnen zugeschrieben wurden. So können sie in die Zukunft sehen, wissen, was in der Ferne geschieht, können Nebel hervorzaubern und dadurch den Wanderer irreführen und haben übernatürliche Kräfte[1]). Wie der Kivitok sich bei den Menschen einschleicht, um etwas Eßbares zu stehlen, so raubt der Ausmärker den Einsiedlern Schafe, Speisen und Kleidungsstücke. Der Glaube, daß Menschen durch Absonderung von der menschlichen Gesellschaft zu übernatürlichen Kräften kommen, ist für die Grönländer wie die Isländer gleich charakteristisch. Noch größer wird die Uebereinstimmung, wenn man bedenkt, daß diese Sagen in Grönland wie auf Island einen wesentlichen Teil des Inhaltes der Volksüberlieferung und des jetzigen Glaubens bilden. Bei andern Völkern kommen ähnliche Vorstellungen so gut wie garnicht vor (die Norweger im Westen und besonders im Norden zum Teil ausgenommen). Da scheint mir denn die Schlußfolgerung dringend geboten, daß auch der Kivitokglaube in

---

[1]) Siehe Arnasen: „Jslenzkar pjódsogur" II, Seite 160—304; Maurer: „Jsländische Volkssagen", S. 240 ff.; Carl Andersen: „Jsländische Volkssagen", 2. Ausgabe, Seite 258 ff.

Grönland von alten Nordländern, oder näher bestimmt, von den Isländern stammt.

Von den seltsamen Wesen der Grönländer ist ferner noch anzuführen der Igdlokok, der einem halben Menschen glich, nur einen halben Kopf, einen Arm, ein Bein und ein Auge hatte. Sehr ähnliche Wesen finden wir bei den Griechen, den Moslemin, den Zulukaffern und den Indianern[1]).

Ueber die Erschaffung der Welt hatten die Grönländer sich keine Ansicht gebildet. Die Erde und das Weltall sind entweder von selbst entstanden oder sie sind immer dagewesen und werden immer bleiben.

Ueber die Erschaffung der Menschen oder der Eskimos hatten sie ebenfalls keine klaren Ansichten. Einige meinten, der erste Mensch sei aus der Erde hervorgewachsen und habe sich mit einem Erdhäufchen vermählt. Dies habe eine Tochter geboren, die er dann zur Frau nahm[2]). Das Herauswachsen aus der Erde ist eine ganz gewöhnliche Anschauung, die auch bei uns und auf Island vorkommt[3]). Wir sagen: „Wer mit einem Stock auf die Erde haut, schlägt seine Mutter, und wer auf Gestein haut, schlägt seinen Vater", was ja an die grönländische Vorstellung erinnert, da der Mann dort gleichfalls einem Felsen entsprungen sein wird.

---

[1]) Paul Egede „Grönländische Berichte", Seite 172 ff.; Tylor: „Primitive Culture", I, Seite 391; Tobler, a. a. O. a., Seite 238, Liebrecht: „The Academy", Seite 321.

[2]) Paul Egede: „Fortsetzung der Erzählungen", Seite 92; Hans Egede: „Grönl. Perlustration", Seite 117.

[3]) Vergleiche Liebrecht: „Zur Volkskunde", Seite 332 und die dort angeführten Stellen. Siehe auch Moltke Moe in der Letterstedtschen Zeitschrift 1879, Seite 277 und 81. Moltke Moe hat mich auf die Aehnlichkeit aufmerksam gemacht.

Ueber die Entstehung der Europäer haben sie eine Sage, die für uns nicht gerade schmeichelhaft ist. Eine Eskimofrau, die keinen Mann lange behalten konnte, verheiratete sich schließlich mit einem Hunde und bekam von ihm mehrere Menschenkinder und mehrere Hündchen. Letztere setzte sie auf eine alte Schuhsohle, schob sie in die See hinaus und rief ihnen nach: „Fahret hin und werdet Kavdlunaker (Europäer)" oder „Von Euch sollen alle anderen Völker stammen". Daher kommt es, wie die Eskimos sagen, daß die Kavdlunaker immer auf der See leben und ihre Schiffe wie Grönländerschuhe hinten und vorne rund sind. Die anderen Kinder setzte sie auf Weidenblätter und schob sie ins Land hinein, und aus ihnen wurden die Binnenlandmenschen oder Indianer (Erkiligdlit und Tornit)[1]. Ganz ähnliche Sagen finden wir bei den Eskimos auf Baffinsland[2] und auch an der Nordseite von Alaska, wo sie sich indessen nur auf die Indianer und nicht auf die Europäer zu beziehen scheinen. Solche Sagen von hündischer Abstammung (oder Abstammung von Wölfen und Bären) kommen bei vielen Völkern vor, bei Ariern, wie bei Mongolen und amerikanischen Urvölkern[3]. Bei vielen Indianerstämmen spielt diese Sage insofern eine Hauptrolle, als sie glauben, daß das erste Weib sich mit

---

[1] Hans Egede: „Grönl. Perlustration", Seite 117; Paul Egede: „Fortsetzung der Erzählungen", Seite 47; Rink: „Märchen und Sagen der Eskimos", Seite 90, „Suppl.", Seite 150; „Mitteilungen über Grönland", Heft 10, Seite 290 und 342.

[2] Rink und Boas: „Journal of American Folk-Lore", (1888?), Seite 124 ff.

[3] F. Liebrecht: „Zur Volkskunde", 1879, Seite 17—25; J. C. Müller: „Geschichte der amerikanischen Urreligionen", Seite 134 und 165. Moltke Moe hat mich hierauf aufmerksam gemacht.

einem Hunde vermählte und sie von diesem Paare abstammen. Ich bin überzeugt, daß die Eskimos ihre Sage dorther erhielten und sie als für die Indianer geltend herübernahmen. Als sie später mit anderen Fremden, wie den Europäern, zusammentrafen, wandten sie jene Sage auch auf diese an. Merkwürdig ist, daß der zum Schiff gewordene Schuh auch in den Baffinsländer Sagen wiederkehrt.

Die Ursache des Todes ist bei den Eskimos ein altes Weib, das sagte: „Laßt diese nach und nach sterben, sonst wird es zu eng auf der Welt." Nach anderen zankten sich zwei von den ersten Menschen. Der eine sagte: „Laß Tag sein, laß Nacht sein und die Menschen sterben", der andere aber: „Laß nur Nacht sein und die Menschen leben bleiben"; nach langem Streiten ging es nach den Worten des ersteren. Noch andere erzählen, eine Schlange und eine Laus hätten gewettet, wer zuerst bei den Menschen ankäme. Gewänne die Schlange, so sollten sie immer leben, gewänne aber die Laus, so sollten sie sterben müssen. Die Schlange habe einen großen Vorsprung gehabt, sei unterwegs aber von einem hohen Berg gefallen und habe infolgedessen einen großen Umweg machen müssen. Da sei die Laus früher angelangt, und also hätten die Menschen von nun an sterben müssen[1]). Diese Mythen scheinen schon durch ihre sinnlose oder aus dem Zusammenhange losgerissene Darstellung zu verraten, daß sie aus anderen Gegenden stammen und Bruchstücke älterer Sagen sind, deren ursprünglicher Zusammenhang und Sinn in Vergessenheit geriet. Wenn wir uns umsehen, finden wir auch bei den weit entfernt wohnenden Völkern merkwürdige

---

[1]) P. Egede: „Fortsetz. d. Erzähl.", Seite 32 u. 80; „Grönl. Berichte", Seite 127 u. 106; H. Egede: „Grönl. Perl.", Seite 117.

Aehnlichkeiten. Die zweite Mythe (von dem Zanke) findet sich auch auf den Fidschiinseln, wo sich der Mond mit einer Ratte streitet und will, daß die Menschen sterben und wiederaufleben wie er selbst. Die Ratte aber sagt, sie sollten lieber sterben wie Ratten, und so geschah es. Bei den Indianern zankten sich die Stammväter, zwei Wolfsbrüder. Der jüngere sagt: „Wenn ein Mensch stirbt, laß ihn den nächsten Tag wieder kommen, damit seine Freunde sich freuen." „Nein," sagt der ältere, „laß die Toten nicht wiederkehren." Da erschlug der Jüngere den Sohn des Aelteren, und damit kam der Tod in die Welt[2]).

In Südafrika giebt es Mythen, die der von der Schlange und der Laus merkwürdig ähnlich sind. Sowohl an der Goldküste, wie bei den Zulukaffern wurde vom ersten großen Wesen ein Tier (ein Chamäleon) mit der Botschaft zu den Menschen gesandt, sie sollten ewig leben und nie sterben. Dann aber bedachte sich das Wesen und schickte ein zweites (den schnellfüßigen Salamander) aus mit dem Bescheid, sie müßten sterben. Da die zweite Botschaft zuerst anlangte, wurde es so. Bei den Hottentotten ließ der Mond den Menschen sagen: „Gleich wie ich, sollt Ihr sterben und wieder aufleben"[3]). Der Hase aber hörte es, eilte voraus und sagte: „Gleichwie ich, sollt Ihr sterben und nicht

---

[1]) Tylor: „Primitive Culture" I, Seite 355; A. Lang: „Mythologie", Paris 1886, Seite 204 u. 204; Smith: „Inst. annual Report of the Bur. of Ethnology" 1879—80, Seite 45. Sollte dies von Tag und Nacht in der grönländischen Form eine direkte oder indirekte Einwirkung der biblischen Schöpfungsgeschichte sein?

[2]) Moltke Moe weist mich darauf hin.

[3]) Christaller in der Zeitschrift für Afrikanische Sprachen, I (1887 bis 1888), Seite 49—62. Vergl. auch Dr. Bleek: „Reinecke Fuchs in Afrika" (Weimar 1870); Tylor, a. a. O. a., Seite 355; A. Lang, a. a. O. a., Seite 203.

wieder aufleben." Diese Mythe gleicht wieder auffallend der obenerwähnten von den Fidschiinseln, und so erhalten wir eine Brücke zwischen der zweiten und dritten grönländischen, die zwei Varianten ein und derselben Sage sein müssen. Die Stammsage muß sehr alt sein, da sie sich so weit verbreiten konnte.

Die Eskimos glauben ungefähr von allem, was sie sehen, daß es von ihren Landsleuten stamme. Fische und andere Seetiere entstanden dadurch, daß ein alter Mann Späne von einem Baum hieb, sich damit zwischen die Beine strich ("sudore testiculorum") und sie dann ins Wasser warf, wo sie zu Fischen wurden. Der Haifisch entstand auf andere Art. „Eine Frau wusch sich einmal das Haar mit Urin, und als ihr ein Windstoß das Tuch, mit dem sie sich abtrocknete, entführte, wurde aus dem Tuch ein Haifisch; daher riecht das Fleisch dieses Fisches nach Urin[1].

Die Himmelskörper waren einst gewöhnliche Eskimos, die hier auf Erden lebten und aus irgend einem Grunde an den Himmel versetzt wurden. Die Sonne war eine schöne Frau, die mit ihrem Bruder, dem Mond, in einem Hause wohnte. Sie wurde allnächtlich von einem Manne besucht, wußte aber nicht, wer es war. Um dahinter zu kommen, schwärzte sie ihre Hände mit Lampenruß und strich ihm damit über den Rücken. Als es hell wurde,

---

[1] H. Egede: „Grönl. Perl.", Seite 117; Paul Egede: „Fortsetzung der Erzählungen", Seite 20 und 60. Hinsichtlich des Waschens mit Urin, das ich auf Seite 22 genauer besprochen habe, ist zu bemerken, daß dies ein uralter Brauch zu sein scheint. Wir finden ihn schon in den heiligen Büchern der Parsen erwähnt. So steht in der Vendidad 8, 13, daß die Leichenträger sich „mit Urin, nicht von Männern oder Weibern, sondern von kleinen Tieren oder Zugtieren" waschen sollen.

stellte sich heraus, daß es ihr Bruder gewesen; sein schöner, reiner, weißer Renntierpelz war angeschwärzt, und davon kommen die Flecken im Monde! Die Sonne ergriff nun ein Krummmesser, schnitt sich eine Brust ab, warf sie ihm hin und sagte: „Wenn Dir mein ganzer Leib gut schmeckt, so friß diese." Damit zündete sie ein Stück Lampendocht an und eilte hinaus, der Mond machte es ebenso und lief ihr nach, aber sein Docht erlosch, und deshalb sieht er glühend aus. Sie liefen einander nach, in die Luft hinauf, und dort sind sie geblieben[1]). Das Haus des Mondes liegt an der Straße der Seelen nach der Oberwelt und hat auch ein Zimmer für seine Schwester, die Sonne. Dieser Mythos scheint vom Westen zu stammen. Bei den nordamerikanischen Indianern sind Sonne und Mond Geschwister, und auch bei den Indianern am Amazonenstrom finden wir ganz dieselbe Mythe, nur ist dort der Mond ein Weib, das seinen Bruder, die Sonne, im Dunkeln besucht. Dieser macht ihre schimpfliche Leidenschaft dadurch offenkundig, daß er ihr seine geschwärzte Hand aufs Gesicht drückt. (Vergleiche auch die Mythen aus Australien und dem Himalaya auf nächster Seite.) Bei den Inkas in Peru waren Sonne und Mond gleichzeitig Bruder und Schwester und Mann und Frau. (Vergleiche auch Iris und Osiris der Egypter.)[2])

Das Merkwürdige an der Sonne ist, daß sie vorn schön, hinten aber nur ein Knochengerippe sein soll[3]). Das

---

[1]) P. Egede: „Fortſ. d. Erzähl.", S. 16 ff.; H. Egede: „Grönl. Perl.", S. 121 ff.; Rinks: Sagen und Märchen der Eskimos, S. 165 ff.; Holm: „Mitteilungen über Grönl.", Heft 10, S. 268.

[2]) A. Lang: „Custon and Myth.", S. 132 ff.; Tylor: „Prim. Cult.", I, S. 288 ff.

[3]) Vergleiche Rink: „Märchen und Abenteuer der Eskimos"

erinnert auffallend an unsere schönen Huldren, deren Rückseite hohl ist, und es scheint mir, als müßte es eine europäische, vorzugsweise nordische Vorstellung sein, die wohl die alten Nordländer mit nach Grönland brachten. Daß die Sonne hinten ein Gerippe ist, hat für die Ostgrönländer seinen Grund darin, daß ihr, wenn sie am tiefsten steht, also am kürzesten Tage, der Hintere mit scharfen Werkzeugen zerschnitten wird, weshalb sie wieder steigen muß. Die ganze Rückseite ist schon fortgeschnitten und nur das Knochengerüst geblieben¹).

Der Mond hat seiner alten Natur noch nicht entsagt, er kommt noch immer oft auf die Erde herab und geht dort auf galante Abenteuer aus. Alle weiblichen Wesen müßten sich vor ihm hüten, dürfen nicht bei Mondschein allein ausgehen, sollen nicht in den Mond sehen u. s. w. Die erotische Natur des Mondes scheint sehr alten Datums. In Australien ist er ein Kater, der ein Verhältnis mit der Gattin eines anderen hatte und deshalb beständig wandern muß. Bei den Kasias im Himalayagebirge begeht der Mond allmonatlich die unverzeihliche Sünde, sich in seine Schwiegermutter zu verlieben, die ihm Asche ins Gesicht wirft und so die Flecken im Monde verursacht²). Einer slavonischen Sage zufolge war der Mond der Mann der Sonne, wurde ihr aber untreu und verliebte

---

S. 87 und 166, Supplem. S. 44; Liebrecht in der „Germania", Band 18 (1873), S. 365.

¹) Holm: „Mitteilungen über Grönland", Heft 10, S. 142.

²) Dieser Mythos gleicht dem grönländischen so auffallend, daß die ursprüngliche Gleichheit wohl kaum bezweifelt werden kann. Bei den Kasias ist es die größte Sünde, seine Schwiegermutter zu lieben, während die Grönländer nichts Sündlicheres kennen, als sich in die eigene Schwester zu verlieben.

sich in den Morgenstern, wofür er der Quere nach zerspalten wurde¹). Bei den alten Griechen und Römern war der Mond allerdings weiblichen Geschlechtes, aber die liebe Luna war auch nicht frei von erotischen Neigungen. Ueberdies bringen die Eskimos den Mond auch mit der Kälte in Verbindung. Wenn er an einem Walroßzahne schnitzt und die Splitter auf die Erde hinabwirft, schneit es, und ebenso, wenn er in ein Rohr pustet. Er fährt, wenn er die Erde besucht, im Winter stets im Schlitten über das Eis. Daß der Mond mit der Kälte und dem Winter in Verbindung gebracht wird, ist ja ganz natürlich, da er im Winter und bei Nacht regiert. Als strenge und kalte Natur ist er begreiflicherweise Mann, während die Sonne erst weiter südlich, wo sie mit ihrer Hitze quält, zum Manne wird.

Das Donnern besorgen zwei alte Weiber, die sich um eine trockene, steife Haut streiten und je an einem Ende zerren. In der Hitze des Gefechtes stoßen sie ihre Lampen um, und dann blitzt es. Der Nebel entstand zuerst durch einen Tornarssuk, der soviel trank, daß er platzte²). Hinsichtlich der Ursache des Regens haben sie, außer der erwähnten Anschauung noch eine andere, die von der Ostküste stammt. Der Regen wird dort von einem Wesen hervorgebracht, das Asiak heißt und im Himmel wohnt. Bei anhaltend trockenem Wetter pflegten die Angekoker früher zu ihm zu reisen und ihn um Regen zu bitten. Wenn sie an sein Haus kamen und hineinguckten, saß seine Frau gewöhnlich auf der Pritsche, Asiak selber aber gut zugedeckt

---

¹) Tylor: „Prim. Cult.". Bd. 1, S. 354 ff.; A. Lang: „Mythe, Ritual and Religion", S. 128 ff.

²) Paul Egede: „Grönländische Nachrichten", Seite 150 und 206.

dicht an der Wand. Sie mußten die Frau inständig bitten, ehe sie endlich sagte: „Heute Nacht hat er sich wie gewöhnlich ein bischen naß gemacht." Dabei schüttelt sie das kurze Bärenfell, auf dem er sitzt, sodaß es davon herabtropft, und dann regnet es auf Erden[1]. Schon der Umstand, daß die Angekoker um Regen bitten müssen, dessen die von Jagd und Fischfang lebenden Eskimos ja überhaupt nicht bedürfen, scheint zu verraten, daß dieser Mythos aus anderen Gegenden stammt, in denen Ackerbau getrieben wurde. Unmöglich ist es wohl nicht, daß dieser Asiak, wie Holm meint, identisch ist mit einem der vielen Regengötter der amerikanischen Urbevölkerung, die auf den Gipfeln hoher Berge oder an ähnlichen Orten wohnten und bei den Mayas in Yucatan z. B. Chac hießen. Aber der ganze Mythos mag auch noch weiter von Westen herstammen. Der Regen wird übrigens garnicht selten als Urin aufgefaßt. Bei den Kamtschadalen begegnet uns diese Idee als direkter, roher Glaube. Wenn es regnet, lassen nach ihrer Meinung die Luftgötter ihr Wasser. Wenn der neugriechische Volksglaube den Regen mit dem Ausdrucke κατουράει ὁ θεός („Gott pißt") bezeichnet, so ist das eine alte Anschauung, die schon Aristophanes benutzt hat. Er läßt eine seiner Personen in den „Wolken" sagen, er habe früher geglaubt, daß, wenn es regne, Zeus διὰ κοσκίνου οὐρέει (durch ein Sieb pisse). Das ist derselbe Gedanke, der in mehr oder weniger abgeschwächter

---

[1] Holm: „Geographische Zeitschrift" (Kopenhagen, 1891), XI, Seite 16 ff. Die Anschauung, daß der Regen durch das Ueberfließen des Sees in der Oberwelt entsteht, kann auch aus südlicheren Gegenden stammen, wo Ackerbau und künstliche Bewässerung sich schon entwickelt haben und die Gebirgsseen durch Dämme abgesperrt sind. Die grönländische Mythe spricht auch von einem Damme, der den See verschließt (vergl. Egede und Cranz).

Form, meist mit humoristischem Anstriche, in verschiedenen deutschen, norwegischen, vlämischen u. s. w. Sprichwörtern Ausdruck findet. Seinen Grund hat er in einem uralten primitiven Glauben, den man auch bei vielen anderen Völkern, z. B. den alten heidnischen Arabern, ja sogar bei den Juden aufspüren kann [1]).

In ihrem Glauben oder Aberglauben wurden die Eskimos, wie noch heute auf der Ostküste, von ihren Priestern oder Geisterbeschwörern, den Angekokern (Angakok, Plur. Angakut) unterwiesen. Es waren die klügsten und bedeutendsten, aber oft auch die verschlagensten Männer ihres Volkes. Sie behaupten, mit Geistern sprechen zu können, in die Unterwelt wie in den Himmel zu reisen, Tornassuk und übernatürliche Wesen zu beschwören und von ihnen Offenbarungen zu erhalten u. s. w. Hauptsächlich wirken sie auf ihre Landsleute durch ihre Geisterbeschwörungen und verdanken ihren Einfluß wesentlich den Seancen, die vorzugsweise im Winter stattfinden, wenn die Eskimos in Häusern wohnen. Dabei löscht man die Lampen aus und verhängt die Fenster mit Fellen, so daß es im Zimmer völlig dunkel ist. Der Angekok selbst sitzt auf dem Fußboden. Er macht nun einen entsetzlichen Spektakel, von dem das ganze Haus erbebt, verändert seine Stimme, brüllt und schreit, spielt den Bauchredner, stöhnt, klagt, trommelt, winselt, intoniert ein schneidendes Höllengelächter und versucht alle möglichen Künste. Damit

---

[1]) Von Moltke Moe mitgeteilt. Siehe Schwartz: „Die poetischen Naturanschauungen", I, Seite 138 und 259 ff., II. Seite 198; Schmidt: „Das Volksleben der Neugriechen", I, Seite 31; Belgisch=Museum V, Seite 215; Ignaz Goldziher: „Der Mythos bei den Hebräern" Seite 88 ff.

bringt er seine Landsleute zu dem Glauben, er werde von den verschiedenen Geistern, die er beschwören soll, auch wirklich besucht, und sie seien es, von denen der Lärm herrührt.

Um Angekok zu werden, bedarf es, wie zu erwarten, einer langen Lehrzeit, oft voller zehn Jahre. Der Lehrling muß häufig längere Zeit die Einsamkeit[1]) aufsuchen und mehrere Tage hintereinander einen Stein in der Richtung der Sonnenbahn auf einem anderen reiben, wodurch er einen Berggeist beschwört. Bei dessen Anblicke stirbt er vor Schrecken, lebt aber nachher wieder auf u. s. w. Hierdurch erlangt er nach und nach seine Tornat. Er darf nicht eher davon sprechen, was er werden will, als bis er ausgelernt hat, dann aber muß es auch geschehen. Soll er ein richtiger Erzangekok werden, so muß er womöglich von einem Bären gepackt und an den Strand geschleppt werden, wo dann ein Walroß erscheint, ihn mit den Zähnen an seinen Genitalien packt, bis an den Horizont trägt und ihn dort auffrißt. Darauf gehen seine Knochen nach Hause, begegnen unterwegs den Fleischfetzen und wachsen mit diesen wieder zu einem ganzen Menschen zusammen. Jetzt ist er ein patentierter Angekok.

Der Einfluß dieser Angekoker hing natürlich von ihrer Geschicklichkeit ab. Sie scheinen indessen nicht ausschließlich Betrüger gewesen zu sein, sondern haben möglicherweise zum Teile selber an ihre Hexenkünste geglaubt. Vielleicht waren sie oft ehrlich davon überzeugt, wirkliche Offenbarungen zu haben, obwohl Egede nicht glaubt, daß sie „irgendwie wirkliches Commercium oder Gemeinschaft mit dem Teufel" gehabt.

---

[1]) Diese Vorschrift finden wir auch anderswo wieder, vergleiche Christi vierzig Tage in der Wüste.

Krankheiten können sie durch Hersagen von Zauberformeln, Einsetzen einer neuen Seele oder dergleichen heilen. Zu den von ihnen geheilten Krankheiten rechnet man auch die Uebelstände, daß ein Mann keine Seehunde fangen und eine Frau keine Kinder bekommen kann.

In letzterem Falle unternimmt der ostgrönländische Angekok noch heute, wenn er hinreichend tüchtig ist, eine Reise nach dem Monde, von wo er der Frau, die dann schwanger wird, ein Kind hinabwirft. Nach dieser beschwerlichen Reise hat der Angekok das Recht, bei der Frau zu schlafen[1]). Diese Reise nach dem Monde steht natürlich mit der obenbesprochenen erotischen Natur dieses Herrn in Verbindung. Auch bei den Indianern wird der Mond mit der Fortpflanzung in Verbindung gebracht.

Man muß den Angekok gut bezahlen, wenn seine Heilkünste Erfolg haben sollen. Andernfalls gelingt natürlich nichts. Selbstverständlich ist nicht er es, der die Geschenke erhält, sondern der Tornak; er nimmt sie nur für diesen in Empfang.

Durch ihre Verbindung mit der übernatürlichen Welt haben die angesehenen Angekoker eine Art Herrschaft über ihre Landsleute, die sich fürchten, ihnen zuwiderzuhandeln, was ja böse Folgen haben könnte. Wie unsere Priester, wenn sie tüchtige Kerle waren, nicht nur Gottes Diener waren, sondern sich auch auf die Magie verstanden und Macht über den Teufel hatten, so waren auch die Angekoker nicht einseitig. Sie thun allerdings meist Gutes, können daneben aber auch Böses thun, indem sie anderen die Seele rauben und sie von ihrem Tornarssuk auffressen lassen oder ihre Tornat aussenden, um ihre Feinde tot zu ängstigen u. s. w.

---

[1]) Holm: „Mitteilungen über Grönland", Heft 10, Seite 131.

Wir finden also auch bei den Eskimos Anfänge eines Pfaffenregimentes.

In solchen Bosheiten, wie andere durch Zauberei zu töten, ihnen die Waffen so zu verhexen, daß sie zum Fang untauglich sind, und ähnlichem, übt sich jedoch meist nur eine andere Klasse von Menschen, die sogenannten Ilisitsoker, die sowohl männlichen, wie weiblichen Geschlechtes sein können[1]). Diese Hexen und Hexenmeister sind allgemein verhaßt. Man hielt und hält sie für die Urheber alles Bösen, namentlich des Todes und der Krankheiten. Kam eine alte Frau in den Verdacht, Ilisitsok zu sein, so wurde sie ohne Gnade und Barmherzigkeit totgeschlagen. Dies kann uns nicht in Erstaunen setzen, wenn wir daran denken, wie unsere Vorfahren — die Geistlichkeit an der Spitze — ihre Hexen verbrannten. Während die Angekoker in Gegenwart anderer Leute mit den Geistern verkehren, findet der Verkehr der Ilisitsoker mit den übernatürlichen Mächten in tiefster Heimlichkeit und nur zum Schaden anderer statt. Sie müssen heimlich bei einem älteren Ilisitsok in die Lehre gehen und den Unterricht teuer bezahlen. Mit welchen übernatürlichen Mächten sie in Verbindung stehen, scheint man nicht zu wissen. Wahrscheinlich sind es ganz andere als die Verbündeten der Angekoker, und ihre Namen werden geheim gehalten. Ihre Teufelskunst wendet verschiedene Mittel an, wie Menschenknochen, Leichenfleisch, tote Tiere, Schlangen, Spinnen, Wasserkäfer u. s. w. Ihr wirksamstes Mittel aber ist die Tupilekfabrikation. Ein solcher wird in aller Heimlichkeit aus verschiedenen Tierknochen, Fell, Stücken von dem Fange oder dem Anorak

---

[1]) Die Angekoker konnten auch Männer oder Weiber sein, doch scheinen unter ihnen die Frauen stets seltener gewesen zu sein.

des Mannes, dem er Verderben bringen soll, und ähnlichen Dingen hergestellt. Alle Zuthaten werden zusammengebunden oder in ein Fell gewickelt. Nun wird der Tupilek durch Zauberlieder, die über ihm gesungen werden, lebendig gemacht. Darauf setzt sich der Ilisitsok auf einen Steinhaufen dicht an der Mündung eines Flusses ins Meer. Er dreht seinen Anorak um, so daß die Rückseite nach vorne kommt, drückt sich den Hut vors Gesicht und läßt sich von dem Tulipek zwischen den Beinen saugen. Dadurch wächst dieser, und sobald dieser groß ist, gleitet er ins Wasser hinab und verschwindet. Er kann sich in verschiedene Arten von Tieren und Ungeheuern verwandeln und soll dem Manne, gegen den er ausgesandt ist, Unglück und Tod bringen. Mißlingt es aber, so wendet er sich gegen den, der ihn ausgesandt hat[1]).

Die Tupileker erinnern so sehr an den bei uns und in Island verbreiteten Glauben an Gand und Sendinger, daß es kaum einem Zweifel unterliegt, daß die Grönländer diese Idee von unseren Vorfahren in Grönland bekommen haben. In Island sind die Gand auch eine Art Kobolde, Fabelwesen, die von Zauberern ausgeschickt werden und sich in alle möglichen Gestalten verwandeln. Wenn es ihnen nicht gelingt, den zu vernichten, gegen den sie ausgesandt sind, kehren sie zurück und töten ihren Urheber. Sie können aber auch, in Grönland sowohl wie in Island,

---

[1]) Holm: „Mitteilungen über Grönland", Heft 10, S. 135 ff.; Rink: „Märchen und Sagen der Eskimos", S. 94 ff. und 136 ff.; Supplem., S. 195 ff.; Nils Egede: „Dritte Folge der Erzählungen", S. 43 und 48; Paul Egede: „Grönländische Berichte", S. 218 und anderswo.

von anderen Zauberern oder Hexen aufgeschnappt und ihrer Macht beraubt werden[1]).

Rink sieht in diesen Ilisitsokern und ihrer Verbindung mit gesetzlosen Mächten einen möglichen Ueberrest eines älteren oder ursprünglichen Glaubens in Grönland, der von den Priestern des neuen Glaubens, den Angekokern, verfolgt wird[2]). Also vollständig übereinstimmend mit der Thatsache, daß unser Hexen und Zaubern Ueberreste alten Heidentums gewesen und deshalb heftig von den Christen verfolgt worden. Vieles scheint für Dr. Rinks scharfsinnigen Schluß zu sprechen. Mir kommt es jedoch möglich vor, daß, wie der Tupilek von dem Glauben der alten Nordländer an Gand oder Sendinger herstammt, sich auch das ganze Hexenwesen von ihnen herschreibt. Es scheinen mir gleiche Punkte genug vorhanden, um eine solche Vermutung zu rechtfertigen[3]). Der Glaube an die Macht des

---

[1]) Vergl. Carl Andersen: „Isländische Volkssagen u. Märchen", zweite Ausgabe (1877), Seite 144—149. Es ist interessant, diese isländischen Märchen mit dem zu vergleichen, was Holm aus Ostgrönland mitteilt („Mitteilungen über Grönland", Heft 10, Seite 303). Der Inhalt ähnelt ihnen sehr, ist natürlich aber den grönländischen Verhältnissen gemäß umgeändert. Aehnliche Märchen giebt es, nach Moltke Moe, der mich auf diese eigentümliche Uebereinstimmung aufmerksam macht, auch in Norwegen.

[2]) Rink: „Märchen und Sagen der Eskimos", Supplementband, Seite 84 ff.

[3]) Ein Kennzeichen der Ilisitsoker, wie auch der Angekoker, ist, daß sie Feuer ausatmen. Das ist nach dem Glauben des Mittelalters und später im europäischen Volksglauben ein Kennzeichen des Teufels. Er verleiht diese Eigenschaft oft an seine Anhänger. Das grönländische Feueratmen mag auf diesem europäischen Mittelalterglauben basieren. Daneben sind die Ilisitsoker von den Händen bis an die Ellenbogen schwarz, wenn die Angekoker sie bei ihren Geisterbeschwörungen ertappen, was auch wohl in der europäischen Volksanschauung, daß der Teufel und sein Heer schwarz sind, wurzeln könnte.

Bösen, Pakt mit dem Satan, Schwarzkunst u. s. w., also an das gesamte Zauberwesen, war seit jeher stark im Aberglauben unseres Volkes, ich hätte beinahe gesagt, stärker als der Gottesglaube selbst. Und so ist es durchaus nicht unnatürlich, daß dieser Glaube es war, was zuerst auf die Eskimos in ihrem Verkehre mit unseren Vorfahren überging. Diese schnelle, bequeme Art, übernatürliche Macht zu erlangen, mußte sie ja besonders ansprechen. Soweit ich habe erfahren können, spielt das Hexenwesen bei den Eskimos der Westküste keine bedeutende Rolle, wenn es dort überhaupt existiert.

Es bleibt noch der Amulettglaube der Grönländer zu besprechen. Amulette benutzt fast jeder. Es sind in der Regel Gegenstände von Tier- oder Menschengestalt. Ueber diesen werden Zauberlieder gesungen oder gemurmelt, und die Eltern geben sie ihren Kindern, wenn sie noch klein sind. Junge Leute können, dem Rate älterer folgend, auch selber Amulette für sich finden. Die Amulette werden das ganze Leben hindurch getragen, und zwar in der Regel auf dem bloßen Leibe oder in den Kleidern. Die Männer tragen sie z. B. in eigens dazu bestimmten Beutelchen von Seehundsfell, in die sie eingenäht werden, auf der Brust und die Weiber oft im Haar. Andere werden in das Dach des Hauses oder die Zeltwand gesteckt, aber auch im Kajak aufbewahrt, was ihn am Kentern hindern soll. Meistens hat jeder Mensch mehrere. Man schreibt ihnen die Macht zu, gegen Zauberei und Geisterschaden zu schützen, in Gefahr zu helfen und dem Besitzer gewisse Eigenschaften zu verleihen. Einzelne lassen sich auch als „Haut" verwenden und erinnern dadurch an den Gestaltwechsel unserer alten Mythologie (Falkengewand u. s. w.). Hat z. B. ein

Mann einen Vogel oder Fisch als Amulett, so kann er sich durch dessen Anrufung in einen solchen verwandeln, oder er kann die Gestalt von Holz, Tang u. s. w. annehmen, wenn entsprechende Stücke sein Amulett bilden. Der Amulettglaube ist bekanntlich über die ganze Erde verbreitet und läßt sich von den primitivsten Völkern bis zu den zivilisiertesten hinauf verfolgen. Bei den Ekimos stammt er freilich aus sehr früher Zeit und ist vielleicht der primitivste ihrer jetzigen religiösen Begriffe. Mir scheint der Ursprung dieses Volksglaubens erklärlich. Manchmal ist es natürlich ein rein äußerer Zufall, z. B. die Wahrnehmung, daß ein Mann, der im Besitze eines besonderen Gegenstandes ist, stets Glück beim Fangen hatte. Meist aber liegt der Grund doch tiefer. Sieht z. B. ein Mensch, daß ein Vogel wie der Falke unglaublich leicht davoneilt, um sich beißt, angreift u. s. w., so schreibt er jedem Teil dieses Tieres, und besonders dem Kopfe mit der darin wohnenden Seele, dem Schnabel und den Krallen etwas von diesen Fähigkeiten zu. Binden unfruchtbare Frauen sich Stücke von den Schuhsohlen der Europäer um, zu dem Zwecke, Kinder zu bekommen, so ist dies keine unnatürliche Ideeenverbindung. Da sie sehen, daß wir fruchtbar sind, meinen sie, durch diese Schuhsohlen, die einem von uns als Unterlage gedient, werde auch unsere Kraft „in ihre Kleider übergehen und ihnen in gleichen Fällen Dienste leisten"[1]. Wenn ein Knabe, der Blut hustet, und dessen ganze Familie brustschwach ist, als Amulett einen Seehundsblutpfropfen[2] bekommt, der ihm in den Anorak vor der

---

[1] H. Egede: „Grönl. Perlustration", Seite 116.
[2] Man braucht ihn, um das Ausströmen des Blutes aus der Wunde des erlegten Seehundes aufzuhalten.

Bruſt eingenäht wird, ſo iſt der Grund deutlich erkennbar.
Es iſt dieſelbe ſympathiſche Uebertragung, die eine ſo
große Rolle im Volksaberglauben aller Länder ſpielt. Oft
nehmen ſie als Amulett Stücke von den Anzügen oder
Sachen ihrer Vorfahren, und zwar in der Regel von den
Großeltern. Dies hat ſeinen Grund wohl darin, daß ſie
glauben, die Geiſter der Toten könnten ſie beſchützen und
ſie ſelber ſeien leichter imſtande, mit ihnen in Verbindung
zu treten, wenn ſie etwas von ihrem Eigentume bei ſich
tragen. Es giebt auch Beiſpiele von kleinen weiblichen und
männlichen Figuren als Amuletten[1]). Der Uebergang vom
Amulettglauben zum Fetiſchdienſte oder richtiger zur Ab=
götter= und Bilderverehrung ſcheint mir nicht gerade groß.

Uebernatürliche Hülfe haben die Grönländer auch
durch ihre Zauberformeln. Sie werden gegen Krankheit,
gegen Feinde, in Gefahr u. ſ. w. angewendet und haben
ungefähr denſelben Einfluß wie die Amulette. Man tritt
durch ſie noch weniger mit den Geiſtern in Verbindung.
Auf welche Art ſie eigentlich wirken, weiß man nicht, ja
man kennt nicht einmal die Bedeutung der Worte, die
gebraucht werden, da es uralte Formeln ſind, die von
Geſchlecht zu Geſchlecht durch Kauf überliefert werden.
Sie werden heimlich erlernt und müſſen ſofort und ſehr
teuer bezahlt werden, wenn ſie kräftig ſein ſollen. Man
ſagt ſie langſam in gedämpftem, geheimnisvollem Tone[2]) her,
und allem Anſchein nach ſtehen ſie irgendwie mit dem
Hexenweſen in Verbindung. Sie erinnern wunderbar an
unſere alten Böterinnen und deren oft ſinnloſe Zauberſprüche.
Vermutlich haben wir hier die Reſte alter, von außerhalb

---

[1]) Vergl. Holm: „Mitteilungen über Grönland“, Heft 10, Seite 118.
[2]) Vergl. Holm: „Mitteilungen über Grönland“, Heft 10, S. 119 ff.

eingeführter Bräuche, deren ursprüngliche Bedeutung verloren gegangen ist. Nach Rink[1]) kann man Zauberformeln auch dadurch erlernen, daß man einer Vogelstimme lauscht.

Außer diesen Formeln bedient man sich der Zauberlieder. Die Worte dieser Lieder sind auch den Grönländern von heutzutage verständlich, und sie dürfen in Gegenwart anderer gesungen werden.

Nach Rink scheint es, als würden in solchen Zauberformeln und besonders in den Liedern gewöhnlich die Seelen verstorbener Verwandter oder Vorfahren des Sängers um Hülfe angerufen, namentlich die der Großeltern. Aus Holms Berichten geht nichts derartiges hervor. Mir erscheint es jedoch nicht unwahrscheinlich, daß sie gleich den Amuletten oft in einer gewissen Verbindung mit den Toten stehen, also der Anfang (oder ein Ueberbleibsel) einer entwickelteren Totenverehrung sein können. So beschwor z. B. der Vater, wenn ein Junge zum ersten Mal in den Kajak gesetzt wurde, in einem Zauberliede die Seelen seiner verstorbenen Eltern oder Großeltern zum Schutze seines Sohnes.

Ein Opfern an übernatürliche Mächte tritt bei den Grönländern nur wenig hervor. Das Gewöhnlichste ist, daß sie um einen guten Fang den Inue des Meeres, den sogenannten Kungusutarissat (Plur. von Kungusutariak), die Fuchsfleisch und Fuchsschwänze sehr lieben, etwas derartiges opfern, so oft sie Füchse erbeuten. Ebenso opfern sie auf Reisen gewissen Vorgebirgen, Gletschern oder dergl., die sie für gefährlich halten, um unbeschädigt vorbeizukommen. Die Opfergabe, meist Speise und Trank, oft aber auch

---

[1]) Märchen und Sagen der Eskimos. Supplementband, S. 194.

Perlen und andere von ihnen geschätzte Dinge, werfen sie gewöhnlich vor den gefährlichen Stellen ins Meer.

Außer diesen religiösen Zeremonien haben die Grönländer noch andere, namentlich gewisse Lebensregeln mit Fasten, Enthaltsamkeit und dergl., die zum Beispiel Weiber vor und nach der Entbindung beobachten müssen. Auf alles dieses einzugehen, würde uns jedoch zu weit führen.

* * *

Aus dieser Uebersicht über die religiösen Begriffe der Grönländer geht hervor, daß sie nicht so unberührt von äußeren Einflüssen geblieben sind, wie man bisher gerne glaubte. Einflüsse von verschiedenen Seiten her lassen sich nachweisen. Wir haben Mythen gefunden, deren Wiege im fernen Inneren Asiens zu suchen ist, ja wir fanden solche, die unzweifelhaft Grönland, Südafrika und die Fidschiinseln verbinden[1]). Zwischen den Wanderungen solcher Mythen liegen lange Zeiträume. Uns interessiert es natürlich am meisten, Spuren zu finden, nach denen das erste Auftreten unserer Vorfahren in Grönland sich nicht darauf beschränkte, einige Steinruinen zu hinterlassen, sondern auch dem geistigen Leben der Eingeborenen seinen Stempel aufdrückte. Ich habe hier noch einige Beispiele anzuführen von wunderbaren

---

[1]) Die Möglichkeit, daß solche Mythen an mehreren Stellen zugleich erfunden sein könnten, ist bei dem größten Teile ausgeschlossen. Dazu haben sie zu viele und zu charakteristische Uebereinstimmungspunkte. Wir kennen freilich Beispiele, daß Stämme an verschiedenen Orten unabhängig von einander dieselben Erfindungen machen, aber ihrer sind nur wenige, und betrachten wir gewisse Geräte, Kulturpflanzen und Handfertigkeiten, so ist es geradezu überraschend, wie diese sich über große Teile der Erde verbreiten konnten. (Vergl. Peschel: „Abhandlung zur Erd= und Völkerkunde" [1877].)

Aehnlichkeiten mit europäischem, besonders nordischem Aberglauben, der wahrscheinlich durch unsere Vorfahren dorthin verpflanzt wurde.

Die Grönländer glauben, daß Kinder, die heimlich geboren werden und gleich nach der Geburt sterben oder umgebracht werden, gefährliche Gespenster (Angiak) werden. Sie suchen sich unter anderem einen Hundekopf, den sie als Kajak benutzen, um ihre Verwandten zu verfolgen und zu töten. Ihre Rache trifft entweder die später von der Mutter noch geborenen Kinder oder auch z. B. den Bruder der Mutter, der sie durch die Mißbilligung ihres Betragens dazu zwang, im Geheimen zu gebären. Manchmal verfolgen sie auch Leute in Gestalt einer Feder, eines Fausthandschuhs oder dergleichen[1]. Die ganze Vorstellung gleicht sehr dem in Norwegen allgemein verbreiteten Utburdenglauben. Die Utburden sind Kinder, die heimlich zur Welt gebracht und getötet wurden, also keinen Namen haben. Sie finden keine Ruhe im Grabe und müssen entweder ihre Mutter oder Leute, die an ihrem Grabe vorübergehen, in Gestalt eines sichtbaren oder unsichtbaren Gespenstes verfolgen[2]. Die Aehnlichkeit zwischen der norwegischen und der grönländischen Vorstellung ist so groß, daß man es wohl als wahrscheinlich annehmen

---

[1] Glahn: „Neue Sammlung der Schriften der Kgl. Norwegischen Wissenschaftlichen Gesellschaft" I (1784), S. 271; Rink: „Märchen und Sagen der Eskimos", S. 76, 279, 370. Supplementband, S. 187; Kleinschmidt: „Das grönländische Wörterbuch", Seite 33.

[2] Siehe Moltke Moes Einleitung zu Quigstad und Sandberg: „Lappländische Märchen und Volkssagen", Seite 7; Najrop: Kleinere Abhandlungen, herausgegeben von der phil.-historischen Gesellschaft (Kopenhagen, 1887), Seite 193 ff; Liebrecht „Zur Volkskunde", S. 319. Moltke Moe macht mich aufmerksam auf diese Aehnlichkeit.

kann, sie sei durch die alten Norweger nach Grönland gebracht worden[1]).

Gehen wir über zu den Märchen der Eskimos, so finden wir auch hier viele Aehnlichkeiten mit den norwegischen und europäischen. Wir haben z. B. in Norwegen ein noch ungedrucktes Märchen[2]) von drei Schwestern, die außerordentlich heiratslustig waren. Die eine sagte: „Ich möchte mich zu gern verheiraten, wäre es auch nur mit einem Fuchs"; die zweite erklärte, sie sei schon mit einem Bock zufrieden, und die dritte wollte sogar ein Eichhörnchen nehmen. Da kamen ein Fuchs, ein Bock und ein Eichhörnchen und nahmen je eine Schwester zur Frau. Der Vater der Schwestern besuchte später seine Schwiegersöhne. Als er zum Eichhörnchen kam, bat dieses seine Frau, den

---

[1]) Zugleich ist jedoch darauf aufmerksam zu machen, daß ähnliche Vorstellungen auch anderswo vorkommen. Auf Tahiti ist Oromatus, der mächtigste der Geister, ähnlichen Ursprungs, und bei den Polynesiern gelten Kinderseelen allgemein für gefährlich. (Vergleiche F. Liebrecht in „The Academy", III [1872], Seite 321.) Was mir dafür zu sprechen scheint, daß die Grönländer ihren Angiak den Norwegern verdanken, ist der Umstand, daß andere Eskimostämme diese Vorstellung, soviel ich weiß, nicht kennen. Jedenfalls kann sie bei ihnen nicht allgemein verbreitet sein. Selbst unter den Sagen, die Holm von der Ostküste mitgebracht hat, ist des Angiaks nicht gedacht. Dagegen erzählt er mehrere, dem Anscheine nach ursprünglichere Sagen von gewöhnlichen Kindern, die zu Ungeheuern werden. (Vergleiche Mitteilungen über Grönland, Heft 10, Seite 287; Rink: „Märchen und Sagen der Eskimos", S. 123, Supplementband, S. 125.) Eines darunter, das auf der Ostküste das Kind des Mondes und einer Frau ist (Mitteilungen über Grönland, Heft 10, S. 281), wird auf der Westküste statt eines Ungeheuers ein Angiak (vergleiche Rink: „Märchen und Sagen der Eskimos", Supplementband, S. 150), was wohl um so mehr als spätere Umgestaltung gelten kann, als es auch auf der Westküste Varietäten giebt, in denen der Angiak ein gewöhnliches Kind ist.

[2]) Mir von Moltke Moe mitgeteilt.

Kessel über das Feuer zu hängen. Dann gingen sie alle
drei aus und kamen an einen Fluß, wo das Eichhörnchen
untertauchte und eine Forelle herausholte. Als der Vater
nach Hause kam, bat er seine Frau, den Topf ans Feuer
zu rücken und mit ihm zu kommen. Als sie an den Fluß
kamen, wollte der Mann untertauchen, wie er es beim
Eichhörnchen gesehen hatte, ertrank aber dabei. Dieses
Märchen finden wir in Grönland in zwei Märchen geteilt
wieder. In dem einen sind es zwei Schwestern, die am
Ufer entlang gehen und sich dabei einen Walfisch und ein
Eichhorn zum Manne wünschen. Die Tiere erscheinen auch
prompt und holen sie[1]). Im zweiten ist es ein altes Ehe-
paar, das allein mit seiner Tochter lebte. Eines Tages
kam ein großer, unbekannter Mann, sagte, er wohne nach
Süden hin in der Nähe, und hielt um die Tochter an.
Er bekam sie und bat dann beim Abschiednehmen den
Schwiegervater, ihn zu besuchen. Der Alte that es denn
auch. Als er ins Haus trat, hängte die Tochter den Kessel
über das Feuer, und der Mann ging hinaus ins Freie.
Der Alte sah ihm vom Fenster aus nach, erblickte aber
nur eine Scharbe (Carbo), die aufs Wasser hinausflog,
untertauchte und mit einem Kaulkopf wiedererschien. Gleich
darauf brachte der Schwiegersohn einen Kaulkopf, der gekocht
und dem Alten vorgesetzt wurde. Bei seiner Heimkehr bat
dieser seine Frau, den Topf über die Lampe zu hängen,
ruderte dann mit ihr eine Strecke weit vom Lande ab, band
sich erst einen Stein um den Hals, darauf einen Riemen
um den Leib und sagte schließlich zu seiner Frau: „Ich
will untertauchen; wenn ich am Riemen ziehe, mußt Du

---

[1]) Rink: „Märchen und Sagen der Eskimos", S. 75 ff; Mitteilungen über Grönland, Heft 10, S. 276.

mich wieder aufholen!" Er sprang aus dem Boote und sank unter; als ihn die Frau aber wieder aufzog, war er schon ertrunken[1]). Die Aehnlichkeit zwischen diesem Märchen und dem letzten Teile jenes norwegischen ist so groß, daß der gemeinsame Ursprung sich kaum bezweifeln läßt. Es ist aber möglich, daß es nicht durch die alten Nordländer, sondern durch Hans Egede und seine Leute oder auch in noch späterer Zeit nach Grönland kam.

Folgendes Märchen ähnelt asiatischen sowohl wie europäischen Sagen. Ein Renntierjäger sah einmal eine Menge Mädchen in einem See baden. Als er die Kleider der Schönsten an sich nahm, mußte sie ihm folgen und seine Frau werden, während die anderen ans Ufer eilten, ihre Gewänder überwarfen, sich dadurch in Graugänse oder Fischenten verwandelten und fortflogen. Die Frau des Jägers bekam einen Sohn, sammelte nun aber Federn, machte davon zwei Federgewänder, mit denen sie sich und ihren Sohn in Vögel verwandeln konnte, und flog eines schönen Tages, als ihr Mann auf der Jagd war, mit dem Knaben fort. Er suchte sie überall und traf dabei einen Mann, der Holz in Späne zerschnitt. Die Späne verwandelten sich in Fische. Der Mann setzte ihn auf den Schwanz eines großen Lachses, der auch aus einem Spane gemacht war, und befahl ihm, die Augen zu schließen. Darauf brachte ihn der Fisch zu seiner Frau und seinem Sohne[2]). Die amerikanischen Eskimos haben ein ganz

---

[1]) Rink: „Märchen und Sagen der Eskimos", Supplementband, Seite 119.

[2]) Paul Egede: „Fortsetzung der Erzählungen", S. 19ff.; „Grönländische Berichte", S. 55ff.; Rink: „Märchen und Sagen der Eskimos", S. 91, „Mitteilungen über Grönland", Heft 11, Seite 20, Supplement, S. 117.

ähnliches Märchen. Bei den Samojeden wird erzählt, daß
ein Mann auf Reisen ging und ein altes Weib, das Birken
fällte, traf. Er half der Alten und ging darauf mit ihr
ins Zelt. Dort versteckte er sich, und nun kamen sieben
Mädchen, die mit der Alten redeten und dann wieder fort-
gingen. Die Alte sagte zu ihm: „Dort hinten, wo der
Wald am dunkelsten ist, liegt ein See, und in dem wollen die
sieben Mädchen baden. Geh hin und nimm einer das
Kleid fort." Er that es. Der Rest hat mit dem grönländischen Märchen nichts gemein, auch ist nicht die Rede
davon, daß die Mädchen sich in Vögel verwandeln konnten,
es wird nur erwähnt, daß ihre Heimat in der Luft
oder im Himmel lag [1]). Dieses Märchen, dessen Aehnlichkeit mit dem grönländischen von Dr. Rink („Mitteilungen über Grönland", Heft 11, Supplement, Seite 117)
betont wird, gleicht jenem jedoch nicht so sehr, wie ein
isländisches, in dem von einem Mann erzählt wird, der
eines Morgens früh an der See entlang ging und dabei
auf den Eingang einer Höhle stieß. Er hörte drinnen
lärmen und tanzen und sah draußen eine Menge Seehunds-
häute liegen. Eine davon nahm er mit nach Hause. Später
im Laufe des Tages ging er wieder an den Eingang der
Höhle. Da saß dort ein schönes, junges Mädchen, das
ganz nackt war und bitterlich weinte. Sie war der Seehund, dem die Haut gehörte. Er gab ihr Kleider, nahm
sie mit nach Hause, heiratete sie später und hatte auch
Kinder. Eines Tages aber, als er auf Fischfang war,
fand die Frau die alte Seehundshaut. Die Versuchung
war zu groß, sie sagte ihren Kindern Lebewohl, hüllte sich

---

[1]) Castrén: „Ethnologische Vorlesungen" (Helsingfors 1857),
Seite 182.

in die Haut und stürzte sich ins Meer¹). — Ueberdies ähnelt das grönländische Märchen auch den beinahe über die ganze Welt verbreiteten Schwanensagen, deren wir in Europa verschiedene haben. Daß es nicht in neuerer Zeit nach Grönland verpflanzt sein kann, beweist die Thatsache, daß Paul Egede es dort schon 1735 hörte. Die Möglichkeit, daß es die alten Nordländer nach Grönland brachten, scheint mir dadurch bekräftigt zu werden, daß Schwanensagen oder ähnliche Märchen in Amerika allem Anschein nach nicht verbreitet waren. So sagt z. B. Powers in seinem Buche über die kalifornischen Indianer, er habe bei ihnen nichts derartiges entdecken können²).

Führte es uns hier nicht zu weit, so ließen sich noch mehr merkwürdige Uebereinstimmungspunkte zwischen den grönländischen Märchen und Sagen und europäischen, besonders nordischen, nennen. Es zeigt sich also, daß der Verkehr zwischen den alten Norwegern und den Eingeborenen nicht so oberflächlich sein konnte, wie man gewöhnlich annimmt³).

¹) C. Andersen: „Isländische Volkssagen" (1877), S. 205.
²) Die Irokesen erzählen jedoch von sieben Knaben, die in Vögel verwandelt werden und ihre Eltern verlassen. Ebenso von einem Jüngling, der beim Fischen einige Knaben trifft, die ihre Flügel abgelegt haben und sich im Schwimmen üben. Sie geben ihm auch Flügel, die ihn befähigen, sie zu begleiten, nehmen ihm aber später die Flügel wieder ab und lassen ihn hülflos zurück. (Vergleiche Rink: „Mitteilungen über Grönland", Heft 11, S. 21.)
³) Man hat bisher gemeint, daß bei den Grönländern Spuren jenes Verkehrs nur in den in Kapitel I erwähnten Sagen von dem Zusammentreffen mit den alten Nordländern und in folgenden drei Worten „nîsa für nise (Meerschwein), kuánek für kvanne (Engelwurz) und kakâlek für Grönländer" zu finden seien. Daß nîsa dasselbe Wort ist wie nise (oder altnorwegisch nisa) ist begreiflich, wie auch anzunehmen ist, daß kuánek mit kvanne identisch ist. Gegen

Was ich hier an Aberglaube anzuführen hatte, scheint uns natürlich ein sinnlos verwirrtes Zeug, von dem frei zu werden nur Vorteil bringen könnte. Versetzen wir uns aber auf den Standpunkt der Grönländer, so möchte es wohl viel weniger sinnlos sein, als unsere christlichen Dogmen. Diese Dogmen müssen sie sich in ihre eigene Ideenwelt übertragen, wenn sie ihnen verständlich werden sollen. Mit anderen Worten: sie müssen sie erst mehr oder weniger heidnisch machen. Diese Umwandlung hat ihnen viel Arbeit gemacht, und wenn sie auch heute noch im Grunde Heiden sind und an ihre alten Sagen glauben, so hat doch die neue Lehre ihre Begriffe verwirrt. Schon allein deshalb könnte man meinen, das Richtigste wäre gewesen, sie ungestört bei ihrem alten Glauben zu lassen. Er gab ihnen, bei ihrem verhältnismäßig armen Ideengehalt, die leichteste Erklärung für ihre Umgebung. Er bevölkerte die Natur mit den übernatürlichen Mächten, deren sie als Trost bedurften, wenn ihnen die Wirklichkeit zu rauh und verwickelt wurde. Und wie charakterisieren diese Mythen den Eskimo! Man nehme nur seinen Wohn-

---

letzteres kann aber vielleicht sprechen, daß auf Labrador eine eßbare Tangart kuánek heißt. Kalâlek hat man für das norwegische Skraelling (Scheusal) gehalten, womit unsere Vorfahren die Eskimos bezeichneten und das, von Eskimolippen gesprochen, jenem sehr ähnlich klingen würde. Etwas wunderbar ist es aber, daß wir dasselbe Wort bei den Alaska-Eskimos als katlalik oder kallaaluch in der Bedeutung von Angekok oder „Häuptling" finden (Rink: „Mitt. ü. Grönl.", Heft 11, Suppl., S. 94, Märchen u. s. w., Suppl., S. 200). Es ist jedoch möglich, daß dieses Wort später von Grönland dorthin gelangt ist. Was mir noch als eine Erinnerung an die alten Norweger erscheinen könnte, ist vielleicht der Kreuzbogen oder Flitzbogen, den Holm auf der Ostküste fand und der früher auch auf der Westküste vorkam. Soweit mir bekannt, haben die Indianer diese Bogenart nicht.

platz im Jenseits. Dort giebt es weder Gold noch Silber, weder prächtige Kleider, noch prunkvolle Säle, wie in unseren Märchen, denn für ihn hat irdischer Reichtum keinen Wert. Dort giebt es auch keine schönen Frauen, blühende Gärten oder dergleichen. Nein, dort oben ist eine Erdhütte, nur etwas größer als die hienieden, und drinnen sitzen die Seligen und verzehren verfaulte Seehundsköpfe. Die Seehundsköpfe liegen in großen Haufen unter den Pritschen und nehmen nie ein Ende. Oder er erträumt sich dort herrliche Jagdgründe mit Massen von Wildpret und vielem Sonnenschein. Unser Paradies mit Engeln in weißen Gewändern, wo die Seelen ringsherum auf Stühlen sitzen, ist ihm ein langweiliges, farbloses Dasein. Er versteht es nicht, es kann keine Sehnsucht in ihm erwecken. Und wir können dem Angekok nicht böse sein, der Nils Egede erklärte, ihm sei das Haus des Tornarssuk oder des „Teufels", wo er schon oft gewesen, viel lieber; denn „im Himmel ist keine Nahrung zu bekommen, aber in der Hölle giebt es Seehunde und Fische genug".

Man sollte erwarten, daß den Missionaren[1]) bei einem so friedliebenden gutmütigen Volke wie den Eskimos der

---

[1]) Die Missionsthätigkeit in Grönland, das dazumal norwegisches Kronland war, begann 1721 mit Hans Egede, auf dessen Veranlassung in Bergen eine kombinierte Handels- und Missionsgesellschaft gebildet wurde. Später wurde diese Mission von der dänisch-norwegischen Regierung übernommen und nach der Trennung beider Reiche im Jahre 1814, bei der Dänemark die norwegischen Länder Grönland, Island und die Färöer behielt, von der dänischen Krone fortgesetzt. Zehn Jahre nach Egedes Ankunft sandte Graf Zinzendorf, der von der Mission dort gehört hatte, auch drei Mährische Brüder hin. Die drei verschafften sich eine kleine Gemeinde, und auch diese deutsche oder Herrnhutermission ist seitdem fortgesetzt worden. Sie besitzt jetzt einige Stationen im Bezirke Godthaab und ein paar im südlichsten

Sieg über den heidnischen Glauben hätte leicht werden müssen. Aber man kann nicht sagen, daß dies der Fall war. Die Eingeborenen hatten viel gegen die christlichen Behauptungen einzuwenden. So konnten sie z. B. nicht begreifen, daß das Vergehen Adams und Evas „so groß sein und so traurige Folgen nach sich ziehen" konnte, daß das ganze Menschengeschlecht deswegen verflucht sein sollte. „Da Gott alle Dinge weiß, weshalb hat er es denn zugelassen, daß die ersten Menschen sündigten?" Daß diese ihren freien Willen gehabt, schien ihnen geradezu dumm, und hätte Gott die That verhindert, so wären Adams Nachkommen nicht so verderbte Menschen geworden, und Gottes Sohn hätte nicht zu leiden brauchen.

Ein Mädchen war durchaus unzufrieden mit den Antworten, die sie auf derartige Einwände erhielt. „Sie wollte solche Antworten haben, daß sie in ihrem Innern zustimmen und fühlen könnte, dies alles sei wahr, und nun könne sie diejenigen, die gegen diesen Teil unserer Lehre so viel zu sagen hätten, zum Schweigen bringen." Ebenso fand man, daß Adam und Eva sehr einfältig gewesen sein müßten, da sie sich mit einer Schlange in Unterhaltung einließen, und „furchtbar versessen auf Obst, da sie lieber sterben und leiden, als auf ein paar große Beeren verzichten wollten". Andere meinten, das sehe den Kavdlunakern (Europäern) ähnlich; denn „die gierigen Leute haben nie genug an dem, was sie haben, und wollen mehr haben, als sie brauchen". Ein Angekok erklärte es für ein richtiges Pech, daß der große Angekok Christus, der sogar Tote wieder lebendig

---

Teil des Landes. Die Herrnhutergemeinden zeichnen sich, nach meiner Auffassung, hauptsächlich dadurch aus, daß bei ihnen noch mehr Entartung und Elend anzutreffen ist als bei den anderen Eskimos.

machen konnte, nicht bei den Eskimos geboren worden sei. Die hätten ihn geliebt, hätten ihm gehorcht und nicht an ihm gehandelt wie die schlechten Kavdlunaker. „Welche verrückte Menschen! den zu töten, der lebendig machen kann!" Da sie die Christen sich streiten und prügeln sahen, hatten sie wenig Vertrauen zur christlichen Lehre und erklärten: „Vielleicht würden wir durch solche Kenntnis auch unmenschlich." Und sie meinten, es könne nur dann gesittete Europäer geben, wenn sie „einige Jahre in Grönland gelebt und mores gelernt hätten".

Einige, besonders hartnäckige Zweifler fragten, warum denn Gott, wenn das Christentum etwas so Notwendiges sei, sie nicht früher darin unterwiesen, da dann ja auch ihre Vorfahren hätten in den Himmel kommen können. Paul Egede antwortete, Gott habe vielleicht gesehen, daß sie sein Wort nicht würden angenommen, sondern es verachtet haben; dann aber wären sie noch strafbarer geworden. Darauf erklärte ein alter Mann, er habe viele gute Leute gekannt und selbst einen frommen Vater gehabt, und wenn es vielleicht auch Verräter des Wortes unter ihnen gab, „so waren doch auch Frauen und Kinder da, die immer leichtgläubig sind". Ein andermal setzte Paul Egede ihnen auseinander, irdisches Gut oder „Lumpenzeug" sei viel zu unwürdig, um in den Himmel zu kommen. Ein Skeptiker entgegnete: „Ich wußte nicht, daß es nicht der Mühe wert ist, daran zu denken, daß wir es im Himmel gut haben sollen. Warum sollen wir denn wünschen, die Erde zu verlassen?"

Als die Bibel übersetzt werden sollte, stellten sich große Bedenklichkeiten heraus. Selbst mehrere der christlichen Grönländer meinten, es würde ihren ungläubigen Landsleuten nicht dienlich sein, etwas von „Jakobs Falschheit und Betrügerei gegen seinen Vater und seinen Bruder, von der Polygamie der Patriarchen und besonders von Simeons und Levis beispielloser Schlechtigkeit" zu erfahren. „Lots Geschichte" erschien ihnen auch ungeeignet. „Ein Auszug des Bedeutendsten wäre gewiß besser für dieses Volk" [1]).

Die Sakramente des Altars und der Taufe mußten ihnen natürlich als die ärgste Hexerei erscheinen. Als sie einmal einige Europäer diese Zeremonie vornehmen sahen, „fragte ein Angekok mich," sagt Nils Egede, „weshalb ich immer auf die, welche hexen wollen, schimpfe; er habe nun doch selbst gesehen, wie der Priester über uns gehext". Egede fand darauf nur die ziemlich nichtssagende Antwort, dies geschehe „auf Christi Gebot"; mehr brauchte seiner Ansicht nach „der Schafskopf nicht zu wissen". Als die Missionare einmal einem Eskimo sagten, er sei „Gott für die vielen Kinder, die er ihm gegeben, besonderen Dank schuldig," antwortete jener erbost: „Das, was Du sagst, daß Gott mir Kinder gegeben, ist eine große Lüge, denn ich habe sie selbst gemacht." Zu seiner Frau gewandt, fügte er hinzu: „Ist das nicht wahr?"

Ihre Kritik der Lehren und des Auftretens der Missionare war manchmal so beißend, daß selbst der verständige, brave Kaufmann Dalager zugeben muß: „Sogar die Dümmsten, die weit entfernt von der Kolonie leben, haben mir in dieser Beziehung oft solche Objektionen gemacht, daß mir der Schweiß auf die Stirn trat und ich stöhnen mußte."

Der Gottesdienst scheint sie anfangs sehr gelangweilt zu haben. Sie wollten lieber von Europa hören und

---

[1]) Vergl. Paul Egede: „Grönlandische Berichte", Seite 117 und 162.

kamen mit vielen naiven Fragen, wie: "Ob der König sehr groß sei? Ob er stark sei? Ob er ein großer Angekok sei, und ob er viele Walfische gefangen habe?" Paul Egede erzählt, wenn sie fanden, sein Vater predige zu lange, gingen sie zu ihm hin und fragten, ob er nicht bald aufhören würde. Er mußte ihnen dann am Arme vormessen, ein wie großes Stück noch fehlte, und wenn ihnen dies gezeigt war, setzten sie sich wieder an ihren Platz und schoben jeden Augenblick die an den Arm gelegte Hand weiter. Sobald der Prediger nach einem Satz eine Pause machte, beeilten sie sich, mit der Hand bis auf die Fingerspitzen hinunterzugleiten. Wenn er aber wieder anfing, riefen sie "Ama", was "Noch mehr" bedeutet, und schoben die Hand wieder bis auf den halben Arm hinauf. Mir, dem Leiter des Gesanges, hielten sie oft mit einem nassen Seehundsfellhandschuh den Mund zu, wenn ich einen neuen Psalm anstimmte oder ihnen zu lange sang. Das Benehmen der Missionare gegen die Eingeborenen ist nicht immer angemessen gewesen. Ich kann aus ihren eigenen Berichten ein paar Beispiele dafür anführen. "Ich ließ ihn wissen, daß er, falls er sich nicht im Guten überreden ließe, sondern Gottes Wort verachtete, von mir dasselbe Traktement erhalten sollte, das Angekoker und Lügner bekommen haben (nämlich Prügel)." — — "Nachdem ich es lange mit guten Worten und Ermahnungen versucht und alles nichts helfen wollte, griff ich zu meinem gewöhnlichen Mittel, bläute ihn tüchtig durch und jagte ihn aus der Thür"[1]). Ein Mädchen wurde von ihrem "Priester geschlagen, weil sie nicht glauben konnte, daß Gott so strenge sei, wie er ihn darstellte. Er hatte gesagt, alle ihre Vorfahren seien bei dem Tornarssuk

---

[1]) Niels Egede: "Dritte Folge der Relationen", S. 32. u. 45.

und müßten dort ewige Pein erdulden, weil sie nichts von Gott wüßten." Sie entschuldigte ihre Vorfahren damit, daß sie nie etwas von ihm gehört, der Geistliche aber wurde zornig, und als sie gar sagte, „es sei ihr schrecklich zu hören, daß Gott ihnen für dieses Versehen so fürchterlich zürne, daß er ihnen in Ewigkeit nicht vergeben könne, was doch sonst nur böse Menschen zu thun pflegten," bekam sie Schläge [1]). Von solchem Auftreten von Landsleuten und christlichen Missionaren einem so friedlichen Volke gegenüber zu hören, mag unseren Ohren unangenehm klingen. Die Thatsache wird aber schwerlich einen besseren Eindruck auf die Eingeborenen gemacht haben. Man muß die Gutmütigkeit der Eskimos bewundern, daß sie nicht darauf verfielen, die Missionare einfach zu vertreiben. Zu deren Entschuldigung kann etwa dienen, daß sie in Europa und in einem roheren Zeitalter, als das unsere ist, geboren sind.

Anfangs ging es mit der Bekehrung der Eingeborenen schlecht und langsam. Dann aber machten diese allmählich die Entdeckung, daß die Missionare eigentlich große Angekoker und ihre Ceremonien, die Wassertaufe, Gottes Wort, Sprüche, die christlichen Bücher u. s. w. Zaubermittel waren. Die Zaubermittel schienen vorzüglich geeignet, Krankheiten zu heilen, gegen Not zu schützen, guten Fang und andere Vorteile zu verschaffen. Garnicht davon zu reden, daß die Bekehrung und ein wenig Kopfhängen oft sofortige Frucht einbrachte in Gestalt kleiner Belohnungen seitens der eifrigen Missionare. Sie sagten daher von diesen: „Es sind gute Leute, sie gaben uns zu essen, wenn wir glaubten und betrübt aussahen." Als ein Vater, dessen Sohn gefährlich erkrankt war, verschiedene Angekoker

---

[1]) Paul Egede: „Grönländische Berichte", S. 221.

vergeblich erprobt hatte, beriet er sich mit einem von ihnen, ob er nicht bei dem Geistlichen der Kolonie Trost suchen sollte. Der alte Angekok erwiderte gleichgültig: „Du kannst hierin nach Deinen Gedanken handeln, denn ich bin der Ansicht, daß Gottes Wort und die Worte vernünftiger Angekoker gleich kräftig sind." Nach und nach wurde das denn auch die allgemeine Ansicht, und da es sich mehrmals so glücklich traf, daß Gottes Wort in ähnlichen Fällen kräftiger als das Wort eines Angekoks zu wirken schien, war es natürlich, daß einige sich taufen ließen. War erst einmal ein Beispiel gegeben, so folgten selbstverständlich viele, besonders, wenn angesehene Fänger vorangingen.

Aber wenn die Grönländer auch dem Namen nach zum Christentume übergingen, hielten sie doch an ihrem alten Glauben fest und thun das sogar heute noch. Es hielt anfangs sehr schwer, ihnen das Falsche in den Erdichtungen und Geschichten ihrer Angekoker nachzuweisen. Wenn ihnen deswegen Vorwürfe gemacht wurden, antworteten sie der Wahrheit gemäß, daß „sie nicht gewohnt seien zu lügen, und deshalb alles glaubten, was man ihnen sage". Als Beispiel ihrer Leichtgläubigkeit erzählt Nils Egede: „Am 23. Februarius kam eine Dirne weinend zu mir und klagte mir, daß ein altes Hexenweib von ihr gesagt habe, sie sei schwanger. Ich fragte, was dies mich angehe und wie sie sich so betragen könne, denn solches Thun zieme sich nicht für eine Jungfrau. Sie aber antwortete, sie wisse von keinem Manne, und bat mich dann, doch einmal ihren Leib zu befühlen, wie hart der sei. Da ich wußte, daß sie halbgargekochte Erbsen gegessen, sagte ich, dies sei ihr Leiden." Er gab ihr darauf ein wenig Branntwein und sagte, sie „würde noch vor dem nächsten Morgen mit den Erbsen niederkommen." Am nächsten Tage kam sie, um sich zu bedanken, und erklärte, „sie habe sich noch nie so geängstigt". Als er sie fragte, wie sie habe so einfältig sein können, sich dergleichen einreden zu lassen, antwortete sie: „Wir glauben alles."

Daß sie jedoch nicht alles glaubten, was ihnen die Europäer erzählten, scheint doch unter anderem aus Folgendem hervorzugehen. Einige Grönländer versuchten Nils Egede einzureden, sie hätten auf Discö „einen Bären getötet, der so groß war, daß er Eis, das nie auftaute, auf dem Rücken hatte." Egede blieb ungläubig. Da erklärten sie ihm: „Wir haben das, was Du uns erzählst, nie angezweifelt, Du aber willst das nicht glauben, was wir Dir sagen."

Als Beispiel, wie tief die christliche Anschauung geht und wie die Eskimos zum Teil noch heute die Taufe auffassen, sei eines erwähnt. Ein Katechet, also ein zum Geistlichen Ausgebildeter und Stellvertreter des Predigers, taufte vor einigen Jahren in Nordgrönland nicht nur die Kinder seiner Gemeinde, sondern auch die jungen Hunde im Namen des Vaters, des Sohnes und des heiligen Geistes. Seine Frau hatte keine Kinder, und diesem Uebelstande glaubte er dadurch abhelfen zu können, daß er sie taufte; das Jahr darauf gebar sie denn auch richtig einen Sohn.

Was von ihrem alten Heidentum heutzutage am meisten in ihrer Phantasie spukt, ist nach meiner Erfahrung der Glaube an die Kivitut oder Gebirgsmenschen (vergleiche weiter oben), die sie sehr fürchten und alle Augenblick zu sehen glauben. Während wir in Godthaab waren, wurden wiederholt welche gesehen. So oft ihnen etwas aus ihren Vorratsverstecken gestohlen wird, hat es natürlich ein Kivitok gethan, und verunglückt ein Kajakmann, ohne daß die Leiche antreibt, so ist er ins Gebirge gegangen und Kivitok geworden. Dieser Glaube scheint in neuerer Zeit sehr überhand genommen zu haben. Ein Katechet tadelt seine Landsleute deswegen in der "Atuagagdliutit" und ruft aus: "Nein, laßt uns von denen, die auf dem gefahrvollen Meere umkommen, nur glauben, daß ihre Glieder auf dem großen Kirchhofe des Meeresgrundes ausruhen und ihre Seelen in ewiger Seligkeit weiterleben!"[1]

Wie eingewurzelt ihre abergläubische Furcht ist, wurde mir einmal auf unheimliche Weise bewiesen. Ich ging in Godthaab eines Abends spät mit einem Brief, den fremde Kajakleute am andern Morgen in aller Frühe mitnehmen sollten, in ein anderes Eskimohaus. Als ich eintrat, lag das ganze Haus in tiefem Schlafe. Die dicht nebeneinander gedrängten Männer und Frauen auf der Hauptpritsche sahen aus, wie Heringe auf einer Trockenplatte. Um nicht mehr als nötig zu stören, wollte ich nur Jakob wecken, den einen unverheirateten Sohn des Hauses, der mir ein guter Freund war und mit dem ich täglich verkehrte. Ich rüttelte ihn und rief ihm "Jakob" ins Ohr. Er schlief ebenso fest weiter, und ich mußte ihn erst lange und nachdrücklich rütteln, ehe er endlich etwas blinzelte und grunzte. Als er mich aber über sich gebeugt sah, wurden seine Augen starr vor Entsetzen. Er fuhr in die Höhe, stieß einen gräßlichen Schrei aus und schlug mit Händen und Füßen um sich. Er schrie immer lauter und zog sich, unausgesetzt fechtend, immer mehr nach der Wandseite der Pritsche zurück. Nun fuhren auch die andern auf

---

[1] Uebersetzt von Frau Signe Rink.

der Hauptpritsche in die Höhe und blickten mich ebenso starr und verglast an, während ich Aermster vor Staunen darüber, daß meine friedliche Wenigkeit einen solchen Spektakel verursachte, ganz sprachlos dastand. Endlich wurde ich wieder Herr über meine Zunge, näherte mich Jakob, reichte ihm die Hand und sprach einige beruhigende Worte. Nun aber wurde es noch ärger. Da ich sah, daß alles Reden umsonst war, schwieg ich still und fing an zu lachen, und nun hörte das Geheul ebenso plötzlich auf, wie es begonnen hatte. Jakobs Gesicht färbte sich so rot, als es entfärbt gewesen war, und er murmelte beschämt etwas davon, er habe geträumt, ein Kivitok wolle ihn ins Gebirge schleppen. Ich gab ihm den Brief und machte mich möglichst schnell aus dem Staube. Den nächsten Tag wußte die ganze Kolonie, daß ich der Kivitok gewesen, den man in der Nachbarschaft hatte heulen hören.

Kapitel XIV.

Europäer und Eingeborene.

Das Verhalten der Europäer gegen die Grönländer steht in vieler Beziehung einzig da. Man hat die Grönländer besser behandelt als alle anderen Naturvölker, die je unseren Zivilisationsversuchen ausgesetzt waren. Die dänische Regierung verdient für ihr Auftreten in dieser Hinsicht die höchste Anerkennung, und es wäre nur zu wünschen, daß andere Staaten ihrem Beispiele folgen möchten. Sie hat in ihrer Handlungsweise nicht unwesentlich auf das wirkliche Wohl der Eingeborenen Rücksicht genommen, und man kennt kaum ein anderes Jagdvolk, das in so enge Berührung mit Zivilisation und Christentum kam und sich dabei so gut und so lange halten konnte.

Ein Eifer für die einmal gewählte Aufgabe, wie der, der unsern Landsmann Hans Egede und die ersten Missionare in dieses damals wenig bekannte Land trieb und sie dort Entbehrungen genug ertragen ließ, ist sicherlich auch nicht gewöhnlich. Es geschah in guter Absicht, und sie meinten das zeitliche und ewige Wohl der Eingeborenen zu fördern. Vergleichen wir diese Mission und die ganze Behandlung Grönlands mit dem Auftreten der zivilisierten Völker an anderen Stellen der Erde, so gelangen wir zu der Ueberzeugung, daß durch das Ganze ein außergewöhnlich humaner Geist geht, und wer die Geschichte der grönländischen Verwaltung verfolgt, wird ständig neue und trostreiche Beweise finden.

Aber die zivilisierten Menschen sind nur einmal trotz allen guten Willens geneigt, auf ein Naturvolk wie auf eine tiefer stehende Rasse hinabzusehen. Davon finden wir auch in der grönländischen Geschichte verschiedene Spuren. Sogar der begeisterte Hans Egede, aus seinen eigenen Schriften werden wir es sehen, verachtete in nicht geringem Maße die Eingeborenen, die zu bekehren er für seine Lebensaufgabe hielt. Ja er sagt selbst, daß er sie oft ohrfeigte und mit einem Tauende auf den nackten Rücken schlagen ließ. Als er einmal von einem Knaben erfuhr, daß ein Angekok, Namens Elik, gesagt, es würde leicht sein, die ins Land gekommenen fremden Männer auszurotten, zog er mit sieben Bewaffneten aus, überfiel den Angekok, nahm ihn gefangen und brachte ihn in die Kolonie. Dort „erhielt er einige Schläge mit dem Tauende und wurde in Fesseln gelegt". Am Abend kamen die Söhne des Angekoks, um sich nach ihrem Vater zu erkundigen, und „durften nach erbetener Erlaubniß ihre Zelte nach der Kolonie bringen". Einige Tage darauf wurde der Gefangene frei gelassen und zog mit den Seinen ab. Man sollte glauben, daß die Grönländer den Fremden nach solcher Behandlung grollen mußten, aber ihre Gutmütigkeit und Gastfreiheit ist unvergleichlich. Das Schicksal wollte, daß im Winter darauf Hans Egedes Sohn Paul, der auch an jener Gewaltthat beteiligt war, vom Sturm an einen Ort verschlagen wurde, wo er unerwartet den Angekok Elik traf. Es war ihm, wie er selbst sagt, nicht angenehm, ihn mit so vielen Fremden zu treffen, aber zu seinem großen Erstaunen wurden die Verirrten von dem Angekok eingeladen. Er legte sogar auf seine eigene Pritsche ein Renntierfell für Paul Egede. Der Missionar mußte drei Tage da bleiben und wurde aufs beste bewirtet¹). Das heißt doch "Böses mit Gutem vergelten" und "die lieben, die Euch hassen". Egede aber meinte, es sei die Bereitwilligkeit der Grönländer, sich in "ihre Strafe, wenn sie sie verdient zu haben glauben", zu finden.

Hans Egede hatte noch eine Angewohnheit, die gerade keine große Rücksicht gegen die Eingeborenen verrät. Er nahm dann und wann Kinder gegen den Willen der Angehörigen zu sich und behielt sie, um von ihnen die Sprache zu erlernen. Deshalb dichteten sie auch ein Lied über ihn: "Es ist von Westen her über das große Meer ein fremder Mann gekommen, der Knaben stiehlt und ihnen dicke Suppe mit Haut darauf (Brei) und getrocknete Erde aus seinem eigenen Lande (Schiffszwieback) zur Speise giebt". Als Paul Egede einmal einer Mutter ein Geschenk anbot, damit sie ihm ihren Sohn noch länger ließe, antwortete sie, Kinder seien keine Handelsware.

Noch heute finden wir in Grönland Beweise dafür, wie schwer es ist, sich von der eingewurzelten Verachtung für alle sogenannten Eingeborenen freizumachen. Die Kolonisation der Europäer hat nur den Zweck, dem Lande Gutes zu thun. Der Handel wird ja ausschließlich zum Besten der Missionare und der Eingeborenen getrieben. Das hat jedoch nicht verhindern können, daß in der sozialen Stellung der Europäer und der Fremden ein großes Miß-

---

¹) Paul Egede "Grönländische Berichte", Seite 21 ff., vergl. auch Seite 25.

verhältnis entstand. Die Fremden gelten bei sich selbst, wie bei den Grönländern als eine höhere Rasse, als die Herren des Landes, denen man gehorchen muß, während sie doch, wenn sie wirklich nur um der Eingeborenen willen da wären, eher deren aufopfernde Diener sein müßten. Teils bewußt, teils unbewußt, haben die Europäer gut dafür gesorgt, ein solches Verhältnis zu entwickeln und die Eingeborenen stets nur wie ihre Untergebenen zu behandeln. Wir kamen ja in das Land, um das Christentum zu predigen. Wie aber stimmt dies mit unserer christlichen Freiheits- und Gleichheitslehre?

Als Beispiel, wohin dieses Verhältnis führen kann, ist zu erwähnen, daß es in den meisten südgrönländischen Kolonien den Eskimos verboten ist, Hunde zu halten, weil die paar dort wohnenden europäischen Familien Ziegen zu halten wünschen. Das Verbot ist allerdings in mehreren Fällen vom Vorstande (vergl. S. 281 f.) erlassen worden, aber die Europäer selbst haben es beantragt, und da die Grönländer sich, wie gesagt, ihnen in allen Dingen fügen, war es nicht schwer, sich ihrer Zustimmung gegen den eigenen Wunsch zu versichern. Ich habe sie nachher sich bitter beklagen hören, daß sie so dumm sein konnten, für ein solches Verbot zu stimmen. Am grellsten tritt die Ungerechtigkeit zu Tage, wo sich die deutschen Missionare aufhalten. Dort erläßt der fromme Herr einfach einen Ukas, der seiner ganzen Gemeinde das Hundehalten verbietet, damit seine Ziegen unbelästigt bleiben.

Ich habe mit sonst sehr verständigen und warmherzigen Leuten dort oben gesprochen, die meinten, es sei doch klar, daß das Halten von Hunden verboten sein müsse, da diese ja die Ziegen jagten und ängstigten. Wandte man dann ein, daß es doch vernünftiger sei, die Ziegen zu verbieten, da der Europäer nur wenige, der Grönländer aber viele seien, so wurde man einfach ausgelacht. Daß sie selbst erst in das Land übersiedelten und die Eskimos seit unvordenklichen Zeiten Hunde gehalten haben, davon redete keiner. Auch schienen sie es nicht weiter für schlimm zu halten, daß die Ziegen oft den Rasen von den Wänden und Dächern der Grönländerhäuser losrissen, Schaden unter den zum Trocknen aufgehängten Fischen der Eskimos anrichteten und ähnlichen Unfug ausübten.

Des weiteren bezeichnend für die Art, mit der man die Rechte eines Europäers und eines Eingeborenen betrachtet, sind die Verordnungen über den Branntweinverkauf. Während es (wie in Kapitel V erwähnt) verboten ist, den Kindern des Landes Schnaps zu verkaufen, können die Europäer dort oben soviel bekommen, als sie nur wünschen. Das ist ein Mißgriff; denn es muß die Eingeborenen empören, ständig zu sehen, daß sie selbst nicht gut genug sein sollen, das zu bekommen, worauf der schlechteste Europäer ein Anrecht hat. Noch schädlicher aber wirkt die Verordnung deshalb, weil sie dahin führt, daß die Grönländer im Dienste des Handels oder der Europäer täglich Branntwein bekommen können, und alle anderen ebenso, sobald sie den Europäern etwas verkaufen. Daß dies zu den gröbsten Mißbräuchen führt, liegt auf der Hand. Ich will mich nicht einmal dabei aufhalten, daß es einzelnen, hervorragenderen Eingeborenen von gemischter Herkunft gestattet ist, sich alljährlich bestimmte Mengen dieses Getränkes aus Europa zu verschreiben.

Das Verbot des Branntweinverkaufes ist natürlich eine direkte Notwendigkeit, wenn der Untergang der Eingeborenen nicht in hohem Grade beschleunigt werden soll. Jedoch wäre es dann das einzig Wahre und Folgerichtige, daß sich dieses Verbot auf die Europäer sogut wie auf die Eingeborenen erstreckte. Ich weiß, daß manche behaupten, dies sei den Europäern gegenüber, die stets an Alkoholgenuß gewöhnt waren, eine ungerechte Forderung. Ich weiß auch, daß dieser Grund besonders einschlägt bei den Leuten aus Dänemark, wo ja selbst in der Arbeiterklasse bei den meisten Mahlzeiten ein Schnaps genommen wird, Alkohol also als Bedarfsgegenstand gilt. Dessenungeachtet kann ich nur finden, daß es für alle Teile das Beste und Richtigste gewesen wäre. Ungerecht kann man ein solches Verlangen nicht nennen, denn es steht jedem, der sich nach den Bedingungen erkundigt, frei, aus Grönland wegzubleiben, und ich hege keine Befürchtung, daß dort oben nicht doch noch genug Europäer bleiben werden.

Meine Forderungen aber gehen weiter. Ich meine, man müßte nicht nur den Branntweinverkauf verbieten, sondern auch den Handel mit Kaffee, Tabak, Thee und den anderen entschieden schädlichen oder wertlosen Produkten, die wir bei den Eingeborenen einführten. Sie hatten wahrhaftig keine Sehnsucht danach, es dauerte sogar lange Zeit bis wir sie gelehrt, an diesen Dingen Genuß zu finden, ja, die Ostgrönländer mögen z. B. noch heute keinen Kaffee. Auf der Westküste haben wir indessen, wie oben erzählt, unheimlichen Erfolg gehabt, und der Kaffee ist kein unwesentlicher Faktor bei ihrem Untergang. Verböte man aber, den Eingeborenen Kaffee zu verkaufen, so müßte seine Einfuhr auch für die Europäer untersagt werden. Dies wird manch einer Fanatismus nennen. Mag er es thun, ich bin nun einmal der Ansicht, daß, wenn wir wirklich zum Besten der Grönländer in das Land gekommen sind und dort wohnen wollen, um sie zu unterrichten, wir dies auch mit Thaten zeigen und den Forderungen einer solchen verantwortlichen, schwierigen Aufgabe völlig gerecht werden müssen, indem wir uns in die kleinen Entbehrungen schicken, die sie uns auferlegt. Solch aufopfernde That läßt sich nicht ohne Entbehrungen durchführen; Christi Apostel haben auch Leiden auf sich genommen, und können wir dies nicht, so sind wir einer solchen Aufgabe nicht gewachsen, sind ihrer auch nicht würdig und sollten lieber davon ablassen. Sind wir indessen nicht um der Grönländer willen, sondern unsertwegen gekommen, dann freilich ändert sich die Sache. Dann müssen wir aber auch das Ding beim rechten Namen nennen und nicht mit dem des Christentums und dem der Zivilisation schmücken.

Um einigermaßen dem gesetzlosen Zustande abzuhelfen, der infolge der Missionsthätigkeit und ebenso sehr dadurch entstehen mußte, daß die zugezogenen Fremden bis zum Geringsten herab sich berechtigt glaubten, die Eingeborenen zu verachten und zu beherrschen, hat Dr. Rink mindestens die Einrichtung der sogenannten Vorstände durchgesetzt. Sie bestehen aus eingeborenen Mitgliedern, von denen jede Ansiedlung oder jeder kleinere Kreis je eines wählt. Der Zweck war die Ordnung aller inneren Gemeindeangelegenheiten, die Festsetzung der Armenunterstützungen, die Aufrechthaltung von Zucht und Ordnung u. s. w. Da die Grönländer selbst von solchen Dingen nichts verstanden, sollte der Prediger jedes Distrikts als Vorsitzender und die dort wohnenden Europäer als Mitglieder im Vorstande sein, um den eingeborenen Vorstehern Rat zu erteilen und sie zu leiten. Es hat jedoch den Anschein, als ob die Europäer nach und nach die wirkliche Macht erlangt hätten und die anderen sich nach ihren Wünschen richteten. Der schöne Gedanke dieser Institution, die Eingeborenen sollten sich auf diese Weise selbst regieren lernen, ist sicher aller Anerkennung wert. Dr. Rink hat dadurch wirklich eine Wendung zum Besseren in der neueren Geschichte der Grönländer herbeigeführt. Die Institution leidet jedoch am nämlichen Fehler wie alle anderen Veranstaltungen der Europäer zum Besten der Eingeborenen, nämlich daran, daß sie nicht aus dem Volke selbst hervorging, das von ihr Gebrauch machen soll. Es ist nie Sache des Augenblicks, neue soziale Bräuche wirklich durchzuführen. Dergleichen geschieht nicht willkürlich, sondern ist die Frucht langsamer Entwicklung eines Volkes. Eine Institution, die von Fremden ausgeht, wird jedenfalls sehr lange Zeit brauchen, ehe sie sich wirklich einbürgert. Viele Grönländer halten es jetzt für eine Ehre, Vorsteher zu sein. Ich habe aber auch Beispiele gesehen, daß andere, und zwar die Tüchtigsten, sich dagegen sträubten. Sie hielten es für wichtiger, ihrem Fange nachzugehen und ihre Familie zu versorgen, als lange Reisen zu machen, um Sitzungen beizuwohnen, in denen sie bei ihrem großen Respekt vor den Europäern doch nur diesen zu Munde reden und die von ihnen gewünschten Bestimmungen treffen könnten.

Man könnte sich aus dem Vorhergehenden und aus manchem Anderen, was in diesem Buche zu sagen war, zu dem Schluß berechtigt glauben, daß die Grönländer ein wenig selbständiges Volk seien und wie geschaffen zur Unterwerfung. Aber dieser Schluß ist falsch. Die Grönländer haben im Gegenteil ursprünglich ein sehr ausgeprägtes Freiheits- und Selbständigkeitsgefühl. Als die

Europäer zuerst ins Land kamen, standen die Eingeborenen nach ihrer eigenen Schätzung mindestens ebenso hoch wie jene. Der Gedanke, daß man zu irgend jemand in untergeordnetem oder dienendem Verhältnis stehen könnte, wie sie es bei den Europäern sahen, erschien ihnen ebenso fremd, wie entwürdigend. Allerdings hat bei ihnen der Hausvater über seine Familie oder über die Familien, die gemeinsam ein Haus bewohnen, eine gewisse Herrschaft. Sie ist aber den Verhältnissen so angemessen und tritt so wenig hervor, daß sie kaum fühlbar ist. Gesinde haben sie auch, insofern Mädchen und Frauen ohne Eltern oder Versorger oft von guten Fängern aufgenommen werden und mit der Hausmutter, den Töchtern und den Schwiegertöchtern zusammen alle Arbeit verrichten müssen. Sie sind den andern aber in der Regel gleichgestellt, und das Dienstverhältnis besteht mehr nur dem Namen nach. Männliche Diener dagegen kommen nicht vor. Es wurde ihnen schwer, sich mit dem Gedanken auszusöhnen, Diener eines anderen zu sein. Noch heute leiden sie vor allem nicht Aufträge in befehlendem Tone, wenn sie sich auch in ihrer großen Friedfertigkeit oft schweigend darin finden.

Dieses ausgeprägte Freiheitsgefühl machte es den Europäern anfangs schwer, grönländische Diener zu bekommen. Allmählich aber hat die Civilisation die Grönländer auch nach dieser Richtung demoralisiert. Jetzt treten selbst Fänger in den Dienst des Handels und sind sogar stolz darauf, da sie nun unter anderem auch als dänische „Beamte" jeden Morgen ihren Snapsemik bekommen.

Die dänischen Frauen aber werden mir noch heute bezeugen, daß man seine liebe Not damit haben kann, den Stolz grönländischer Mägde nicht zu verletzen. Diese Mägde

sind flink und liebenswürdig, solange man sie gut behandelt.
Sagt man ihnen aber ein hartes Wort, so verschwinden sie
oft ohne weiteres und kommen nicht wieder. Mag nun die
betreffende Hausfrau nicht zu Kreuze kriechen und um Ver-
zeihung bitten, so kann sie sich nach einer andern Magd
umsehen. Wenn der Grönländer bisweilen einen sklavischen
Eindruck macht, so kommt dies, glaube ich, von der verblüffenden Geduld, mit der er sich in alles findet und sogar
die offenbarste Ungerechtigkeit mit überlegener Ruhe hin-
nimmt. Diese Geduld muß es sein, was Egede die angeborene Dummheit und Gleichgültigkeit der Grönländer,
die unvernünftige und viehische Erziehung ihrer Kinder
u. s. w. nennt. Ich glaube, ein hartes Los hat sie diese
dem Anscheine nach phlegmatische Ruhe gelehrt. Schon ihr
vom Zufall abhängiger Fang stellt die Geduld oft auf eine
harte Probe, dann bereits, wenn das Schicksal ihnen so
ungünstig ist, daß sie Tag für Tag ohne Beute zu ihrer
darbenden Familie zurückkehren müssen. Egede darf sicher
am allerwenigsten über diese Eigenschaft klagen. Wäre sie
und die große Friedfertigkeit nicht ein Hauptzug der Eskimos
gewesen, so hätten sie sich gewiß nicht so ruhig in das oft
gewaltsame Auftreten der ersten Europäer gefunden. Ich
habe oft genug ihre stoische Geduld bewundern müssen,
wenn sie z. B. des Morgens stundenlang im Hausgange
des Kolonialverwalters oder draußen vor seiner Thür im
Schneegestöber warten mußten, da der Herr Verwalter und
sein Handelsgehülfe anderweitig beschäftigt waren. Sie
wollten ein kleines Geschäft mit ihnen machen, bevor sie
in ihr Heim zurückkehrten, das oft viele Meilen von der
Kolonie entfernt lag, und es mochte für sie von großer Bedeutung sein, möglichst bald abzufahren. Manchmal sah

sogar das Wetter unsicher aus, und dann war jede Minute mehr als kostbar, aber sie warteten gleich ruhig und scheinbar gleichgültig. Fragte ich sie, ob sie abreisen wollten, so antworteten sie nur: „Ich weiß nicht" oder „Ja, wenn das Wetter nicht schlechter wird" oder dergleichen, nie aber hörte ich sie sich beklagen.

Folgende Geschichte aus Godthaab illustriert besser als alles andere diese Seite ihres Charakters. Ein Inspektor schickte einmal ein Frauenboot mit Besatzung nach dem Ameralikfjord, um dort Gras für seine Ziegen zu holen. Die Leute blieben indessen lange fort, und niemand konnte begreifen, wo sie blieben. Endlich kamen sie wieder. Als der Inspektor sie fragte, wo sie so lange geblieben seien, antworteten sie, bei ihrer Ankunft sei das Gras noch zu kurz gewesen, und daher hätten sie sich dort niedergelassen und gewartet, bis es lang genug war.

So warten die Grönländer ruhig, bis ihr eigener Untergang gleichfalls zur Reife gediehen ist. — Es ist **ein** geduldiges Volk.

Kapitel XV.
Was haben wir erreicht?

Der Zweck unserer Mission und unserer Kulturarbeit in Grönland war zunächst, daß sie uns bei Gott und den Menschen Ehre bringen und die Seligkeit in jener Welt sichern sollten. Danach aber wollten wir auch den Eingeborenen nützen. Haben wir das nun erreicht?

Betrachten wir erst die rein materielle Seite. Von vornherein sollte es scheinen, als müßten wir diesem auf der Stufe des Steinalters lebenden Volke viele Dinge zur Erleichterung seines harten Daseinskampfes bringen können. Das war in Wirklichkeit durchaus nicht der Fall. Das Wichtigste, die Waffen, und die Fanggeräte, haben wir in keiner Hinsicht verbessern können. Allerdings haben wir Eisen gebracht, und dieses ist besser für die Harpunenspitzen und Messer. Aber teils besaßen die Grönländer es schon, teils kamen sie auch so aus. Sie gaben ihren Harpunen Spitzen von hartem Stein oder Knochen, ihre Messer machten sie aus demselben Material und fingen damit reichlich so viele Seehunde wie jetzt.

Unsere Schußwaffen aber waren für sie doch ein großer Fortschritt? Gerade das Gegenteil. Die Flinte hat sie verleitet, unter den Renntieren eines kleinen augenblicklichen Gewinnes halber entsetzliche Verwüstungen anzurichten. Das ging soweit, daß auf dem kleinen Streifen nackten, zerklüfteten Landes längs der Westküste alljährlich mindestens sechzehntausend Renntiere erlegt wurden. Es wurde von ihnen meistens nur das Fell mitgenommen und an die Europäer verkauft, während das Fleisch liegen blieb und nutzlos verfaulte. Daß dies die Renntiere beinahe ausrottete, ist klar, und die Jagd mußte so ziemlich aufhören, weil „die Renntiere die Küste verlassen" hatten. Als die Jagd noch mit Pfeil und Bogen betrieben wurde, war sie sehr einträglich, das Abschlachten wurde nie so groß, daß der Renntierbestand sich nicht hätte halten können.

Aber auch für die Seejagd war das Gewehr kein Glück. Wenn viele Seehunde in einem Fjorde sind, werden sie durch die Schüsse erschreckt und gehen sofort ins offne Meer, während der Harpunenfang lautlos vor sich ging. Es ist natürlich leichter, einen Seehund zu schießen, als ihn mit der Harpune zu erlegen, und darum hat die Flinte die alte Methode in Verfall gebracht. Und doch war sie für die Eskimos die wichtigste; denn während der Flintenfänger bei stürmischem Wetter zu Hause sitzen muß, kann der Harpunenfänger stets hinaus und für seine Familie sorgen. Ferner ist der Harpunenfang rationeller, weil man dabei in der Regel auch die nur verwundeten Tiere mit heimbringt, während man mit dem Gewehr oft die Tiere nur anschießt und viele sogar erlegt, ohne sie dann auch zu bekommen.

Die Schrotflinte hat sich ebensowenig als nützlich erwiesen. In vielen Distrikten hat die Einführung dieses Gewehres die Bewohner dazu verleitet, sich mehr auf die leichtere Vogeljagd als auf den Seehundsfang zu legen, der doch das ist und bleibt, wovon das Dasein der Eskimogesellschaft abhängt. Der Seehund liefert Fleisch und Speck zum Essen wie zum Brennen, er giebt Fell zu Kajaken, Booten, Zelten, Häusern, Kleidern, Stiefeln u. s. w. — er läßt sich nicht ersetzen. Ein anderes Ungemach ist, daß die Grönländer mit Hilfe der Schrotflinte auf einige Vögel, wie die Eidervögel, derartig Jagd machen können, daß ihre Zahl mit jedem Jahre abnimmt. Auch das kann kein gutes Ende nehmen, denn die Vogeljagd ist für viele Familien Lebensbedingung geworden. In Godthaab z. B. leben die Einwohner den größten Teil des Winters davon, und dort giebt es nur wenige, die dann auf den Seehundsfang ausgehen können. Früher erlegte der Eskimo das Federwild mit dem Wurfpfeil. Er erbeutete auch damals viele Vögel und bekam, „was er nur verwundete". Wenn er jetzt dagegen seine Schrotladung in die Eidervögelschar hineinfeuert, läßt sich kaum zählen, wie viele fallen, ohne irgend wem zugute zu kommen.

Nein, wir können uns wahrhaftig nicht schmeicheln, ihre Fangmethoden vervollkommnet zu haben, wir haben nur eine Unordnung hineingebracht, deren zerstörende Folgen noch nicht zu übersehen sind.

Das Schlimmste von allem aber, und gar nicht wieder gut zu machen ist der Schaden, den wir ihnen mit der Einführung aller unserer europäischen Produkte beigebracht haben. Wir sind, wie erwiesen, unmoralisch genug gewesen, den Eskimo an Kaffee, Tabak, Brot, europäisches Zeug und Putz zu gewöhnen, und er hat uns seine notwendigen Seehundsfelle und seinen Speck verkauft, um sich dafür anzuschaffen, was ihm doch nur den zweifelhaften Genuß des

Auf der Sommerreise.

Augenblicks gewährte. Inzwischen verfaulte sein Frauenboot aus Mangel an Häuten, er konnte sich kein Zelt mehr aufschlagen, und es kam sogar vor, daß der Kajak, die Lebensbedingung eines Eskimos, ohne Bezug auf dem Lande lag. Im Winter mußte man in den Häusern die Lampen oft ausgehen lassen, weil der Speck im Herbst an die Handelsgesellschaft verkauft worden war. Der Eskimo selbst ging im Winter oft in schlechten europäischen Lumpen, statt der guten, warmen Pelzkleidung, die er früher trug. Er ist immer ärmer geworden, die schönen Sommerreisen mußten zum großen Teile eingestellt werden, weil Frauenboot und Zelt verloren sind, und das ganze Jahr hindurch bleiben sie eingeschlossen in den engen Häusern, wo ansteckende Krankheiten einen so guten Herd finden und schlimmer als je am Volke zehren. Als ein Beispiel, wie weit der Verfall an einigen Stellen vorgeschritten ist, läßt sich anführen, daß an einem Orte bei Godthaab vor einigen Jahren noch elf Frauenboote[1] waren, während es dort jetzt nur noch ein einziges giebt — und dieses einzige gehört dem Missionar[2].

Sieht man die grönländischen Volkszählungslisten der letzten Jahre an, so könnte man sich beruhigt fühlen. Die Zahl der Eingeborenen auf der Westküste betrug 1855 nur 9644 Seelen, während sie sich 1889 auf 10177 belief. Man sollte aber sein Gewissen lieber nicht mit diesen schönen

---

[1] Daß ein Mann ein Frauenboot besitzt, was früher allgemein der Fall war, gilt jetzt als ein entscheidender Beweis für die Tüchtigkeit und den Wohlstand des Besitzers, da er ja viele Seehunde fangen muß, um Felle genug für ein solches Boot zu haben. (Vergl. überdies S. 71 ff.)

[2] Zu dem großen Verfalle haben an diesem Orte aber auch weitere Umstände, wie der Fortzug guter Fänger, beigetragen.

Zahlen einschläfern. Sie sind nur übertünchte Gräber, und die Volksmenge der dazwischenliegenden Jahre wird zeigen, wie groß das Hin- und Herschwanken ist. Im Jahre 1881 gab es nicht mehr als 9701 und 1883 nicht mehr als 9744 (also seit 1855 eine Zunahme von nur hundert Individuen); im Jahre 1885 war die Zahl der Eingeborenen allerdings auf 9914 und 1888 auf 10221 gestiegen, war dann 1889 aber wieder auf 10177 heruntergegangen. Ueber die spätere Zeit habe ich keine authentischen Nachrichten. Daß dort keine gesunden Verhältnisse herrschen, beweisen diese Zahlen. Zunahme und Abnahme streiten sich bereits um die Herrschaft. Auch darf man nicht vergessen, daß Hans Egede die Volksmenge auf der Westküste vor anderthalb Jahrhunderten auf 30000 Seelen schätzte. Das mochte viel zu hoch gegriffen sein, aber es ist doch weit hinunter bis zu 10177. — Dieses Volk segelt mit Leichen im Lastraum.

Die Kränklichkeit hat sich in den letzten Jahren in beunruhigendem Grade entwickelt. Besonders greift der Krebsschaden des grönländischen Volkes immer mehr um sich, die Auszehrung oder richtiger die Tuberkulose. Es dürfte nicht viele Beispiele von Gemeinwesen geben, in denen ein so großer Teil der Einwohner dieser Krankheit anheimgefallen ist. Ob wir sie nach Grönland gebracht haben, ist nicht gewiß, aber wahrscheinlich. Jedenfalls hatten wir, wie ich schon mehrmals hervorhob, in verschiedener Weise einen entscheidenden Einfluß auf die Verbreitung dieser und anderer ansteckenden Krankheiten[1]).

---

[1]) U. a. dadurch, daß ihre Kleidung jetzt schlechter ist, daß sie das ganze Jahr hindurch in ihren feuchten, ungesunden Häusern, wo die Ansteckungskeime den vorzüglichsten Nährboden finden, leben müssen. daß sie europäische Kost haben u. s. w.

Die Tuberkulose ist jetzt so allgemein, daß ich beinahe sagen möchte, es sei viel einfacher, die wenigen zu nennen, die sie nicht haben, als aufzuzählen, wer sie hat. Aber es ist merkwürdig, wie widerstandsfähig die Eingeborenen gegen diese Krankheit sind. Sie können in ihren jungen Jahren schon so von ihr ergriffen sein, daß sie Blut speien, und erreichen trotzdem ein ziemlich hohes Alter. Ich habe sogar gute Fänger gesehen, die ausgesprochen schwindsüchtig waren, die bei einem Anfall viel Blut aushusteten und wenige Tage später schon wieder auf den Fang ausgingen. Dies ist wohl teilweise ihrer fetten Kost und besonders dem Specke zuzuschreiben, der vorzüglich geeignet ist, sie widerstandsfähig gegen diese Krankheit zu machen. Es hat sich auch herausgestellt, daß die Leute in den Kolonien, wo man mehr nach europäischer Weise lebt, der Krankheit meistens unterliegen. Gewöhnlich werden sie jedoch überall von ihr geschwächt und können nichts Rechtes mehr leisten. Wie lähmend dies auf ein so kleines Gemeinwesen einwirken muß, kann man sich selbst sagen. Eine Seuche, wie die Pocken, die wir ihnen natürlich auch schenkten und die einen großen Teil der Bevölkerung hinweggerafft haben, ist jener bedeutend vorzuziehen. Sie tötet ihre Opfer meistens bald und wirkt nicht wie dieses langsame, schleichende Gift[1]).

[1]) Merkwürdig ist, daß die Grönländer zum großen Teile frei geblieben sind von Syphilis — bekanntlich eine unserer ersten Gaben an die Naturvölker, die wir uns zum Opfer unserer Kulturarbeit ausersehen. Sie ist dort oben nur an einer Stelle zu finden, nämlich in Arsuk, in Südgrönland, wo man die Krankheit zu isolieren sucht. Hierzu ist es erst in den letzten Jahren gekommen. Doch, wie ich erfahre, hat sie um sich gegriffen, und es ist leider Aussicht vorhanden, daß sie sich ausbreiten und die ganze Bevölkerung auch auf diese Weise verseuchen wird.

So sehen wir also als das Resultat unseres Einflusses auf die irdischen Angelegenheiten der Grönländer einen ständigen Rückgang von früherem Wohlstand und Gedeihen zu hoffnungsloser Armut und Schwäche.

Mancher wird dies zugeben, zugleich aber einwenden, daß wir doch eigentlich nach Grönland kamen, um das geistige Niveau und die Kultur der Eskimos zu heben, und daß dies auf Kosten ihrer irdischen Wohlfahrt geschehen müsse. Betrachten wir also auch diese Seite unseres Wirkens! Viele Menschen glauben ja, es lasse sich aus einem so spröden Stoffe, wie ein Naturvolk es ist, mit einem Schlage ein entwickelter Kulturstaat schaffen. Es ist sehr naiv, zu glauben, die menschliche Natur lasse sich nach dem Gutdünken einzelner Völker ändern. Allerdings ist die menschliche Natur veränderlich; aber ihre Entwickelung geht gerade so langsam vor sich, wie alle andere Entwickelung in der großen Natur. Wir dürfen uns nicht einbilden, daß es angehe, uns blindlings auf ein Naturvolk mit unserer Kultur zu stürzen und sie ihm einzupflanzen, wie wir es in Grönland und anderswo gethan haben. „Versuche eine Hand mit fünf Fingern in einen Handschuh mit nur vieren hineinzuzwängen," sagt Spencer, „und die Schwierigkeit gleicht genau der Schwierigkeit, einen entwickelten oder zusammengesetzten Begriff in einen Geist hineinzubringen, der nicht eine entsprechend zusammengesetzte Aufnahmefähigkeit besitzt."

Die einzige Veränderung, die man an einem Naturvolke ziemlich schnell vornehmen kann, ist sein Verfall und Untergang. Eine solche Veränderung zeigt sich in geistiger Beziehung, sobald wir versuchen, einem Volk auf einer anderen Kulturstufe neue ethische Begriffe beizubringen.

Und dies ist genau das, was wir bei den Eskimos ausgerichtet haben. Da wir z. B. mit Verachtung ihrer Gesetze und Bräuche versucht haben, sie unsere Eigentumsbegriffe zu lehren, die doch nur für eine entwickeltere, aber weniger christliche Gesellschaft als die der Eskimos passen, können wir nun erwarten, dadurch etwas anderes zu bewirken, als Verwirrung und Gärung? Ihr ganzer Staat war eingerichtet nach ihren ursprünglichen, sozialistischen Eigentumsbegriffen; mit den neuen, ihnen fremden aber ist das jetzige Leben unvereinbar, und so ist der Untergang unvermeidlich. Wie hiermit aber, geht es mit allen anderen Begriffen, die wir ihnen einimpfen wollen.

Wie viel Unglück, um noch ein Beispiel anzuführen, haben wir ihnen durch unser Geld gebracht! Früher hatten sie keinen Anlaß zum Sparen oder Reichtumsammeln. Die Erzeugnisse ihrer Arbeit halten sich nicht unbegrenzte Zeit, und alles Ueberflüssige konnte man verschenken. — Dann aber erhielten sie das Geld; — und wenn sie nun mehr haben, als für den Augenblick vonnöten, wird die Versuchung oft zu groß, das Ueberflüssige an die Europäer zu verkaufen, statt es wie früher darbenden Nachbarn zu geben; denn für das Geld, das sie dafür bekommen, können sie sich ja die heißersehnten europäischen Waren anschaffen. — So wird ihre alte, aufopfernde Nächstenliebe von uns Christen mehr zerstört, als entwickelt. Und das Geld setzt seinen untergrabenden Einfluß unaufhaltsam fort. Ihre Erbschaftsbegriffe waren früher sehr schwach, da sie, wie gesagt, dem Toten seine Kleider und Sachen mit ins Grab gaben. Jetzt dagegen bietet das Geld den Hinterbliebenen Gelegenheit, die Hinterlassenschaft zu verkaufen: und sie scheinen jetzt nicht mehr darüber zu erröten, als ihr Erbteil in Empfang zu nehmen, was sie auf diese Art erhalten. Dies könnte als ein Vorteil erscheinen, aber sie werden habsüchtig und gierig, was sie früher mehr als alles andere verabscheuten. Auch darin beugt und knechtet das Geld die Gemüter.

Sehen wir aber hiervon ab. Unser eigentliches Ziel sollte wohl sein, sie zu gebildeten Menschen zu machen und ihnen mehr geistige Interessen zu geben. Angenommen selbst, dies könnte uns gelingen, so würde es für ein Volk wie das der Eskimos doch nur ein neues Verhängnis sein, Interessen kennen zu lernen, die sie von dem Einzignötigen, sich und ihre Familie zu versorgen, abziehen. Als glänzendes Resultat wird hervorgehoben, daß die meisten Eingeborenen auf der Westküste jetzt lesen und schreiben. Ja, leider können sie es! Dergleichen lernt sich nämlich nicht umsonst, und sie müssen wahrhaftig teures Lehrgeld zahlen. Ein Eskimo kann unmöglich Zeit auf die Aneignung dieser Kenntnisse verwenden und dabei ein ebenso guter Fänger bleiben, wie damals, als er nur ein Interesse hatte und nichts weiter lernte, als seinen Kajak rudern und den Fang betreiben[1]). Daß die Kajaktüchtigkeit abgenommen hat, können wir auch aus den vielen Unglücksfällen der letzten Jahre ersehen Während früher, nach Rink, alljährlich nur 15 bis 20 Kajakmänner ertranken, sind 1888 und 1889 je 31 Unglücksfälle dieser Art vorgekommen.

Was soll der Eskimo mit Lese- und Schreibfertigkeit? Seinen Fang lernt er so wahrhaftig nicht. Er unterrichtet

---

[1]) Während dies gedruckt werden soll, erscheint ein Buch von Gejerstam „Der Kulturkampf in Herjedalen", in dem hervorgehoben wird, daß unser Schulunterricht auch den Rentierlappen zum Verderben geworden ist, indem er ihr Interesse für ihren Lebensberuf verringerte.

sich durch die wenigen Bücher, die er hat, nur über andere und bessere Länder, unerreichbare Verhältnisse und Erleichterungen, die er bisher nicht kannte, und die Folge ist, daß er unzufrieden wird mit seinen eigenen Verhältnissen, die für ihn früher die denkbar glücklichsten waren. Und dann kann er in der Bibel lesen.. Sollte er aber wirklich viel davon verstehen? Und wäre es ihm nicht ebenso dienlich, wenn ihm der Inhalt erzählt würde, wie es mit den alten Sagen war? Der Vorteil ist wahrhaftig nicht der Art, daß sich behaupten ließe, er sei zum rechten Preis erkauft. Wir dürfen nie vergessen, daß die Eskimogesellschaft am Rande ihres Daseins steht. Eine konzentrierte Anspannung aller ihrer Kräfte ist notwendig, wenn sie den Kampf mit der harten Natur bestehen soll; ein wenig mehr Ballast, und sie muß untergehen. Das thut sie schon, und dann kann alles Wissen dieser Welt ihr nichts mehr helfen.

Niedergang und Verfall in jeder Hinsicht, das ist es also, worauf die Europäer als Resultat ihres Wirkens in Grönland zurückblicken können. Und die einzige Entschädigung, die wir ihnen dafür gaben, ist das Christentum. In dieser Beziehung wurde ein gutes Resultat erreicht. Christen sind jetzt alle Grönländer der Westküste — wenigstens dem Namen nach. Da aber scheint mir die Frage nahe zu liegen: „Ist dieses Christentum nicht auch sehr teuer erkauft? Und müssen nicht selbst dem eifrigsten Gläubigen Zweifel aufsteigen, ob es diesem Volke zum Segen gereicht habe, wenn er sieht, daß es die Heilslehre mit seinem ganzen Gedeihen hat bezahlen müssen?"

Und was muß man denn am Christentume am höchsten stellen: seine Dogmen oder seine Moral? Ich glaube, selbst der beste Christ muß zugeben, daß die letztere das ist, was bleibenden Wert hat. Die Geschichte lehrt ihn, daß die Dogmen stets wechselten, und was hat es denn für einen Wert, daß wir ihm gerade diese, die er kaum versteht, zuführten? Will wirklich jemand im Ernst behaupten, daß es bei einem Volke vor allem auf die Dogmen ankommt, zu denen es sich bekennt? Sollte nicht stets die Moral, der es huldigt, die Hauptsache sein? Und die Moral des Eskimos war, wie wir sahen, in vieler Beziehung reichlich so gut, wie die der christlichen Staaten. Es ist uns mit all unserem Unterricht nur gelungen, sie so zu verpfuschen, daß der Grönländer jetzt auch in dieser Hinsicht gesunken ist.

Und nun zum Schlusse noch die Frage: Ist ein Eskimo, der dem Namen nach Christ ist, aber seine Familie nicht ernähren kann, kränklich ist und immer tiefer ins Elend gerät, denn einem Heiden, der in „geistiger Finsternis" lebt, aber seine Familie ernähren kann, sich einer kräftigen Gesundheit erfreut und stets zufrieden ist, wirklich vorzuziehen? Für einen Eskimo wird die Antwort jedenfalls nicht zweifelhaft sein. Wenn seine Einsicht so weit reichte, würde er gewiß inbrünstig beten: „Gott, schütze mich vor meinen Freunden! Vor meinen Feinden werde ich mich schon selber schützen!"

Schluß.

Wenn wir nun zum Abschluß noch einen Blick zurückwerfen: was haben wir gesehen?

Wir haben ein von der Natur hochbegabtes Volk gefunden, das gut lebte und trotz seiner Fehler auf einer hohen Stufe der Moral stand. Aber durch unsere Kulturarbeit, unsere Produkte und unsere Mission sind seine irdischen Lebensverhältnisse sowohl wie seine Moral und seine Gesellschaftsordnung in betrübender Weise in Verfall geraten, und heute scheint das ganze Volk dem Untergang geweiht.

Und dennoch wurde es, wie wir sahen, rücksichtsvoller und besser behandelt, als je ein anderes Naturvolk. Sollte hierin nicht ein ernster Wink liegen? Und sind nicht, wenn wir uns unter anderen Naturvölkern umsehen, die Folgen der Bereicherung mit den Europäern und den Missionaren überall die gleichen?

Was ist aus den Indianern geworden? Wo sind die einst so stolzen Mexikaner? Wo die hochbegabten Incas von Peru? Wo ist Tasmaniens Urbevölkerung geblieben? Und wie steht es mit den Wilden von Australien? Bald wird keiner von ihnen mehr imstande sein, seine Stimme anklagend gegen die Rasse zu erheben, die ihnen Untergang gebracht hat. Und Afrika? Ja, das soll ja nun auch christlich werden. Wir haben schon damit angefangen, es auszubeuten, und wenn die Neger kein zäheres Leben haben als die anderen, so werden sie auch wohl denselben Weg gehen, wenn erst das Christentum mit voller Musik kommt. Und doch lassen wir uns nicht abschrecken und machen noch immer viel Redens davon, daß wir den armen Wilden die Segnungen des Christentums und der Civilisation bringen.

Ist nicht, wenn wir die Missionen der Gegenwart betrachten, das Ergebnis beinahe überall dasselbe? Denken wir an ein Volk, wie das chinesische, das ja auf einer hohen Kulturstufe steht und von dem man demnach annehmen müßte, es sei vorzüglich für die neue Lehre geeignet. Einer der „aufgeklärtesten Mandarinen Chinas", der selbst „Christ ist und an europäischen Universitäten studiert hat", schreibt in den „North China Daily News" einen Artikel über die Mission und ihren Einfluß[1]). Es heißt dort unter anderem: „Ist es nicht im Gegenteil ein öffentliches Geheimnis, daß nur die erbärmlichsten, schwächsten, unwissendsten, ärmsten und bübischsten Leute unter den Chinesen das sind, was die Missionare ‚Bekehrte' nennen?" „Läßt es sich nicht beweisen, frage ich, daß diese Bekehrten Menschen, die den Glauben ihrer Kindheit fortgeworfen haben, und denen von ihren Lehrern verboten wird, Sympathie für die Erinnerungen und Ueberlieferungen unserer uralten Geschichte zu zeigen, ja, die alles dieses verachten — ist es nicht erwiesen, daß diese Leute sich, wenn sie die Hoffnung auf irdischen Gewinn aufgeben mußten, schlimmer zeigten, als der ärgste Chinesenpöbel? Die Missionare können z. B. ihren Zuhörern erzählen, die Mandarinen seien Idioten, weil sie an Himmelszeichen und ähnlichen Unsinn glauben. Aber den Tag darauf werden

---

[1]) Uebersetzt im „Morgenbladet", Nr. 636 (17. Okt. 1891)

sie vielleicht denselben Zuhörern erzählen, daß die Sonne und der Mond wirklich stillstanden, als der Hebräerfeldherr Josua es ihnen befahl." In betreff der Wohlthätigkeit der Missionare gegen die Eingeborenen und der Linderung von Not und Elend durch sie fragt er: „Läßt sich beweisen, daß diese Hülfe ein Aequivalent für das Geld ist, das die chinesische Regierung allein für den Schutz der Missionare bezahlen muß? Ich glaube, schon die Zinsen dieser ungeheuren Summen würden genügen, um einen weit größeren Stab von geschickten europäischen Aerzten und tüchtigen Krankenpflegerinnen zu besolden." „Ueberzeugt Euch, wie viel von den Millionen, die barmherzige Menschen in Europa und Amerika für die Chinamission einsammeln, auf die Linderung von Not verwandt wird. Laßt feststellen, wie viel der Unterhalt der Missionare, ihrer Frauen und Kinder, der Bau ihrer prächtigen Häuser und Sanatorien, das Porto und Papier für ihre bücherähnlichen, rosenfarbigen Missionsberichte, ihre Kongresse und viele andere Dinge kosten!" „Ist es nicht ein öffentliches Geheimnis, daß die ganze Mission geradezu ein Wohlthätigkeitsunternehmen zu Gunsten stellenloser Personen in Europa und Amerika ist?" Er fragt ferner, ob jemand daran zweifle, daß die Missionare „mit ihrer hohen Meinung von ihrer eigenen Unfehlbarkeit oft sehr unverschämt und anmaßend sein könnten und daß sie sich in Dinge mischten, die sie gar nichts angingen. Wenn jemand in Zweifel sein sollte, ob die Missionare, im Ganzen genommen, zu Obigem imstande sind, so lese er ihre Schriften und achte auf den darin herrschenden Geist und Ton."

Das ist die Geschichte von Grönland in anderer Auflage. Der Unterschied ist nur, daß die Chinesen, wenn sie sich den Missionaren, die sie nicht hergebeten haben, widersetzen, nicht geohrfeigt und mit dem Tauende geprügelt werden. Wenn sie aber in der Erkenntnis des drohenden Unglücks „die fremden Mächte bitten, im Interesse Chinas, wie auch Europas und Amerikas die Missionare zurückzurufen", und die Missionare, falls ihre Bitten nichts nützen, mit Gewalt vertreiben wollen, dann rufen diese Herren, die gekommen sind, das Evangelium des Friedens zu verkünden, ihre Regierungen um Schutz an. Und es werden ihnen Kanonenboote und Truppen geschickt, ein vernichtendes Feuer von Projektilen und Kartätschen wird auf die Eingeborenen gerichtet, und auf die Waffen ihrer Landsleute gestützt, verlangen die frommen Missionare eine gehörige Entschädigung für den Schaden, den sie an Gut und Habe erlitten haben. Wohl deshalb, weil geschrieben steht: „Ihr sollt nicht Gold, noch Silber, noch Erz in Euren Gürteln haben; auch keine Tasche zur Wegfahrt, auch nicht zween Röcke, keine Schuhe und keinen Stecken" (Matthäus 10, V. 9—10).

Wir kennen sicher dieselbe Rasse wieder, die China, als es sich gegen das zerstörende Gift „Opium" wehrte, durch einen blutigen Krieg zwang, seine Häfen dem Opiumhandel zu öffnen, damit die Europäer Geld verdienten, während die chinesische Gesellschaft untergraben wurde. Dies war von Anfang bis zu Ende eine so schändliche Niederträchtigkeit, daß keine Sprache Worte dafür hat. — Die Eskimos haben leider nur zu recht, wenn sie die Europäer für ein ehrloses, verderbtes Volk halten, das nach Grönland kommen müßte, um Moral zu erlernen.

Und sind die Resultate der Missionen anderswo besser? Wohl kaum.

Kürzlich erschien eine Statistik der in Indien begangenen Verbrechen, aus der hervorgeht, daß die meisten auf die Europäer fallen; dann kommen die bekehrten Indier, dann die Anhänger des Brahmanismus, und ganz zuletzt erst die Buddhisten. Aus Afrika liegt mir keine Statistik vor, aber nach allem, was ich hörte, kann man auch dort nicht mit den Ergebnissen der Missionen prahlen. Und für diese Heidenmission in Afrika und Indien opfert auch unser Land alljährlich Hunderttausende. Haben wir es denn so reichlich, daß man dieses Geld daheim nicht nützlicher anwenden könnte? Es ist ein hübscher Gedanke, die armen Wilden, die man niemals sah und deren Not man nicht kennt, zu unterstützen. Sollte es aber nicht noch hübscher sein, den vielen Elenden zu helfen, deren Not wir Tag für Tag vor Augen haben? Wenn wir schon durchaus Gutes thun wollen, warum nicht mit dem Nächstliegenden beginnen? Ist dann in der Heimat allen geholfen, so kann man noch immer auf Reisen gehen und zusehen, ob auch anderswo jemand unserer Hülfe bedarf.

Es ist durchaus nicht meine Meinung, daß jede Mission schädlich wirken muß. Ich glaube aber, daß eine Mission, um wirklich gut zu sein, Anforderungen stellt, denen die heutige Zeit nicht mehr gerecht werden kann. Denn erstens bedarf es dazu einer solchen Anzahl edler, aufopfernder und bedeutender Männer, wie man sie nicht auf einmal findet — wir treffen einen oder zwei, vielleicht auch drei, aber keinen festen Stab — und zweitens strömt im Kielwasser der Mission unvermeidlich soviel Schlechtes über das eingeborene Volk herein, daß die beste Mission dem ebensowenig abhelfen kann, wie es in der Macht der Missionare steht, ihm den Eingang zu verschließen. Es läuft also schließlich wieder auf dasselbe Resultat hinaus.

Werden uns denn nicht einmal die Augen aufgehen für das, was wir da thun? Werden sich nicht einmal alle wahren Menschenfreunde von Pol zu Pol zu einem gemeinsamen erdrückenden Protest aufschwingen gegen dieses ganze Unwesen, diese selbstgerechte, skandalöse Behandlung anderer Kulturen und anderer Glaubensbekenntnisse?

Es wird eine Zeit kommen, da unsere Nachkommen uns strenge verurteilen und dieses Unwesen, das uns mit den Grundsätzen der christlichen Lehre übereinzustimmen scheint, als tief unmoralisch bezeichnen. Dann wird auch die Moral soweit entwickelt sein, daß nur die tüchtigsten, geeignetsten Persönlichkeiten entsendet werden, und daß sie sich anfangs damit begnügen müssen, das Leben und die Kultur eines fremden Volkes gründlich zu studieren und zu untersuchen, ob es wirklich unserer Unterstützung bedarf. Ist das der Fall, so wird man sich fragen, auf welche Weise am besten unsere Hülfe eingreift. Ist das Resultat jener Untersuchungen aber die Einsicht, daß man dort doch nichts Gutes ausrichten kann, dann wird man den Plan auch wieder fallen lassen. Doch freilich, ehe wir erst soweit sind, werden die meisten fremden Völker wohl vernichtet sein, wenn sie es nicht heute schon sind.

Fragen wir schließlich, ob es für das grönländische Volk denn gar keine Rettung giebt. Alle, die die Verhältnisse kennen, werden einräumen, daß daran nur zu denken wäre, wenn sich die Europäer nach und nach aus Grönland zurückzögen. Sich selbst überlassen und den fremden, verwirrenden Einflüssen nicht weiter preisgegeben, würde man sich zu den alten Verhältnissen vielleicht nach und nach wieder zurückfinden können, und dann könnte die grönländische Gesellschaft auf Rettung hoffen. Diese Möglichkeit ist aber jedenfalls noch auf lange Zeit hinaus nur ein schönes Luftschloß. Denn erstens widerstritte es der Eitelkeit eines europäischen Staates, einen einmal angefangenen Zivilisationsversuch wieder aufzugeben, den er mit großen Zahlen in das Kreditkonto seiner im Jenseits abzulegenden Rechnung eingetragen hat, und zweitens dürften, falls die Dänen auf ihre Kolonien verzichteten, auch die Schiffe anderer Nationen mit den Eingeborenen keinen Handel treiben und ihnen europäische Produkte, namentlich Branntwein, zuführen.

Doch, abgesehen von der Berührung mit uns, droht den Eskimos auch die Gefahr, daß die Zahl der Seehunde in beunruhigendem Grade abnimmt. Dies rührt nicht von dem Fang her, den die Grönländer selber treiben. Ihre Ausbeutung verschwindet gegen die Hunderttausende von neugeborenen Jungen, welche europäische und amerikanische Robbenjäger alljährlich auf dem Treibeis bei Newfoundland erschlagen. Auch hier also schädigt die weiße Rasse den Eskimo. Doch selbst, wenn er dies wüßte, kann er es nicht hindern, denn seine Stimme reicht nicht weit. Und doch ist es eine Jagd, ohne die unsere Gesellschaft sehr gut bestehen könnte, für ihn aber ist der Seehund — das Leben! So ist denn dieses liebenswürdige Volk unvermeidlich dazu bestimmt, entweder ganz unterzugehen oder zu einem Schatten dessen, was es einst war, herabzusinken. Der Grönländer aber ist heiter und vielleicht glücklicher, als die meisten von uns; er erkennt sein Unglück nicht und haßt uns nicht, sondern ist freundlich zu uns und freut sich, wenn wir zu ihm kommen.

Grönland war einst eine gute Einnahmequelle für den dänischen Staat. Die Zeit ist vorbei. Jetzt kosten der königlich-grönländische Handel und die Mission jährlich große Summen, und es wird noch immer schlimmer werden. Kann man erwarten, daß der dänische Staat auf die Dauer das so fortgehen läßt? Wäre es nicht richtiger und besser, wenn er beizeiten seine abseits wohnenden Handelsleute zurückriefe, die einzelnen Kolonien eingehen ließe und die Läden und Häuser den Eingeborenen zur Verteilung überwiese? Ja, meiner Ansicht nach sollte man die Warenbestände einpacken, sie und die Kaufleute an Bord der neun Schiffe des grönländischen Handels bringen und mit allem heim nach Dänemark segeln. Einmal wird es doch geschehen müssen, dann aber wird vielleicht niemand mehr zurückbleiben, um Grönland zu bevölkern. Die erstarrte Leblosigkeit des Binneneises wird sich hinziehn bis zum Meere, und an den menschenleeren Ufern wird nur das wehmütige Flöten der Möven noch zu hören sein. Die Sonne wird auf- und niedergehen und ihren Strahlenglanz an ein verlassenes Land verschwenden. Nur vereinzelt berührt dann ein fremdes Schiff die öden Küsten. ——— Aber in den langen Winternächten werden die Toten ihren glänzenden Reigen tanzen über dem ewigen Todesschweigen ihres Schneelandes. — —

www.ingramcontent.com/pod-product-compliance
Lightning Source LLC
Chambersburg PA
CBHW020607300426
44113CB00007B/546